国际汉语教师发展丛书

汉语作为第二语言教学认知心理学

徐子亮　著

北京语言大学出版社
BEIJING LANGUAGE AND CULTURE UNIVERSITY PRESS

图书在版编目(CIP)数据

汉语作为第二语言教学认知心理学/徐子亮著. —
北京：北京语言大学出版社，2017.6
ISBN 978－7－5619－4946－7

Ⅰ. ①汉… Ⅱ. ①徐… Ⅲ. ①汉语—对外汉语教学—
教学研究 Ⅳ. ①H195.3

中国版本图书馆 CIP 数据核字(2017)第 132430 号

汉语作为第二语言教学认知心理学

HANYU ZUOWEI DI-ER YUYAN JIAOXUE RENZHI XINLIXUE

排版制作： 华伦图文制作中心
责任印制： 包　朔

出版发行： 北京语言大学出版社
社　　址： 北京市海淀区学院路 15 号，100083
网　　址： www.blcup.com
电子信箱： service@blcup.com
电　　话： 编辑部　8610－82301016
发行部　8610－82303650/3591/3648
北语书店　8610－82303653
网购咨询　8610－82303908
印　　刷： 北京九州迅驰传媒文化有限公司

版　　次： 2017 年 6 月第 1 版　**印　　次：** 2017 年 6 月第 1 次印刷
开　　本： 787 毫米×1092 毫米 1/16　**印　　张：** 18.75
字　　数： 267 千字
定　　价： 48.00 元

PRINTED IN CHINA

前言

本书运用认知心理学的基本理论来探索、论证、解释汉语作为第二语言教学中的心理活动、心理过程和心理规律，寻求科学有效的汉语作为第二语言教学的途径与方法。

全书十章，由三个部分组成。

第一部分：第一章——第三章，进行语言学习层面的分析论证。

第一章介绍语言学习的心理规律。第二语言学习的过程是一种认知心理过程。汉语作为第二语言的学习与各种语言学习一样，包含最为基本的人们接受信息和输出信息的心理活动。结合汉语作为第二语言的学习，本章分析了感知、注意、编码、记忆与遗忘、提取与匹配等心理活动和心理过程。学习心理的把握是第二语言教学的基础。

第二章剖析汉字、汉语词语和汉语句式的认知特点。汉语作为第二语言教学同其他二语教学一样，具有语言教学的普遍规律。但是汉语作为第二语言教学，还有着不同于其他二语教学的特点，这种差异性往往是由汉语本身特点所致。本章详细剖析了汉字、汉语词语和汉语句式的认知特点。汉字的认知特点涉及笔画的认知、独体字的认知、合体字的认知以及其他因素的认知。汉字的书写问题长期以来一直困扰着教学一线的教师，学界对这个问题的看法也不尽一致。本章从认知心理的角度分析了书写对汉字的认知作用。词语的认知关乎汉语词语趋向双音节的特点、词语的形态以及词语的词义系统。汉语句式的认知特点则从汉语组合的特点、语序的特点、语序的变式等方面分析认知的特殊性。了解与认识汉语认知的特点并加以利用，是汉语作为第二语言教学必不可少的前提和条件。

第三章揭示环境对汉语学习和认知的影响与作用。人类语言的产生和发展、思维的不断完善,都是在一定的环境条件下进行的。语言学习是一种知识的接受和能力的培养,也是一种认知心理活动。这种活动依赖于外部环境,并且是在一定的环境中进行的。汉语作为第二语言教学,环境是重要的影响因素。本章在环境与语言学习部分,阐述了母语习得和自然认知、外语学习与教学认知的关系;在环境与表达功能部分,分析了不同的语境形成各类语体、不同的语境规定和制约着交际中词语和句式的运用等问题;在环境的利用与创造部分阐述了利用和创造语言环境在教学中的作用以及利用和创造语境的基本原则等。这些关于环境与语言学习关系的分析论述都将对第二语言教学提供有益的启示。

第二部分:第四章——第八章,着重于语言教学层面的分析阐述。

第四章与第五章论述汉语作为第二语言的课堂教学。第四章从建构新的语言系统和跨文化交际两个维度切入,从宏观上把握汉语作为第二语言的课堂教学特点,从微观上分析对比、迁移的手段或方法,并对正确对待学生使用中介语等问题进行探讨。跨文化交际是汉语作为第二语言的课堂教学绕不开的一大特点。这一部分对跨文化视角下的角色认知、文化认同以及行为方式展开讨论,所举实例来自一线教学,鲜活、生动,颇具说服力。第五章运用大脑认知机制的信息加工原理对第二语言课堂教学的环节、容量和节奏做了深入的分析。许多日常教学中习以为常的环节、步骤以及行为方式经过认知心理学的理论解读,凸显出隐含的心理要素与心理规律,值得在教学中加以重视。

第六章与第七章运用认知模式的理论来阐述包括词语模式、句子模式和思维模式等汉语模式的构建以及匹配和提取,并通过教学实例来分析模式的应用。第二语言学习者头脑里所构建的汉语模式,只有经过充分的应用,才能得以巩固,并真正成为可以永久保存的知识。因而,模式的应用对于学习汉语是至关重要的一环。第七章通过分析语体对听力理解的认知影响,探讨关联词对欧美学生阅读理解的影响,从两个不同侧面来印证模式的应用。

第八章运用语言网络结构原理、陈述性知识与程序性知识的转化等原理,对汉语练习设计进行充分的论述。如果说,语言练习是静态的操练,那么语言实践则是动态的练习。语言实践要求学习者把学过的语言和知识应用于实际,这不仅是语言和知识的输出,在交际过程中学习者也能吸收活的语言和知识,丰富与充实头脑中的语言和知识结构。同时,还能锻炼和提高适应各种语境和场合的交际能力与会话能力。可见,语言实践,尤其对促进口语的熟练和自动化起到了很大的作用。

第三部分:第九章——第十章,分别论述教材和教师。

第九章分析汉语教材的认知含量。第二语言学习者通过教材,在教师的指导下,接收、内化和记忆语言文化知识,并将其转化为自己的语言技能。教材的认知含量关乎学习内容的接收和知识与能力的转化。特别是近年来备受关注的海外少儿中文教材,由于其编写有着不同于一般海外中文教材的特点,因而本章结合海外少儿中文教学实践,从语言学习的获得方式、学习兴趣、少儿心智发展以及认知发展等方面进行了充分的讨论。

第十章从认知心理学的理论角度对汉语教师教学能力的培养进行分析论证。作为教学的主导者,教师本身有一个知识的自我完善和教学能力的培养过程。本章着重论述了汉语教师教学能力的定义、教学能力如何体现以及教学能力的培养途径。同时,以汉语作为第二语言教学中运用最为广泛以及使用频率极高的词义诠释和情景设计为例,分别分析、印证教学能力的内涵、教学的认知心理基础以及在教学实施中教学能力的表现,从而使教学能力培养的阐释更为具体、更具有针对性和可操作性。

全书从学习到教学并联系教材和教师，运用认知心理学的基本理论对大量教学现象和教学事实进行分析论证，探究汉语作为第二语言教学的认知心理规律。本书尝试通过理论分析，结合教学实践，使汉语作为第二语言教学立足于扎实的理论基础，并由此而拓展、深入，取得令人信服的成果。

目　录

第一章 语言学习的心理过程

汉语作为第二语言教学，是一种相当于英语教育、法语教育等的第二语言教育，经过数十年的实践，已形成一门学科。这门新兴学科[①]吸收、融合了普通语言学、汉语语言学、普通教育学、外语教育学、普通心理学和认知心理学等理论内核，以其独特而全新的面貌列于教育科学之林。认知心理学是汉语作为第二语言教学的理论基础之一，教师遵循认知规律去施教，可以有的放矢地引导学生掌握语言知识、培养语言能力。认知研究之所以从心理学中分化、发展出来，就是为了进一步研究人类认知世界、掌握知识的过程。运用认知科学的研究成果和理论来指导汉语作为第二语言的教学，从而解释、总结、探索其客观规律，是我们为构建这门新兴学科的理论体系所做的一方面的工作，具有十分深远的意义。

第二语言学习的过程是一种认知心理过程。汉语作为第二语言的学习，与各种语言学习一样，包含着最为基本的人们接受信息和输出信息的心理活动。认知心理学家将学习者的这种心理活动过程以信息流程图的形式加以描写和展示。如图所示：

① 自 2013 年起，原“对外汉语”“中国语言文化”和“中国学”合称“汉语国际教育”专业（本科）。

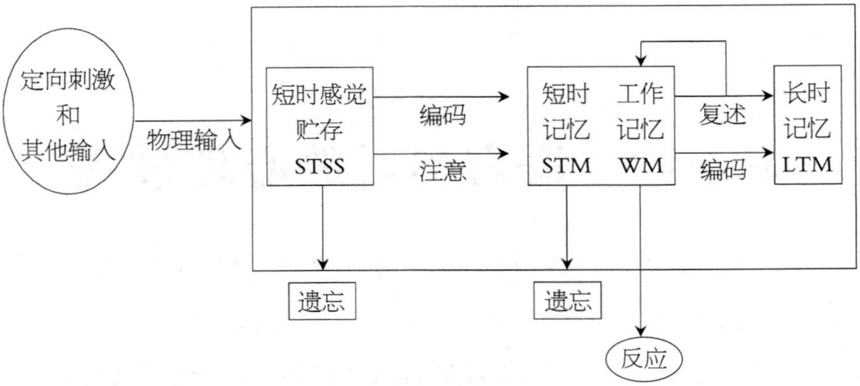

图一　学习和记忆的信息加工模型[①]

流程图显示：外界的刺激能（声能或光能）为个体所感觉（物理输入），转换为神经能传入大脑，这是短时感觉贮存，大部分信息过几秒就被遗忘。短时感觉中的小部分贮存信息受到个体注意，经过分析、编码，成为短时记忆。但短时记忆也不太牢固，必须化为工作记忆去运用，对外界刺激做出积极的反应，经过复述而再次编码，方能成为长时记忆，至此，个体才真正获得了知识信息。如果要把内心的某个想法表达出来，说话者就要根据自己头脑中萌生的意念，从长时记忆的心理词典中选择合适的词语，将它们提取到工作记忆，按照语法规则进行装配和组合，再转换成语音流或文字串，成为口语或书面语进行表达。

以课堂教学为例：在课堂教学中，每一瞬间都有大量的刺激信息作用于人的感官，诸如教师授课时的动作手势，学生翻动书页、交头接耳的声音，隔壁教室的朗读声、喧哗声等等，大部分并未进入意识。也就是说，这些刺激信息大多从短时感觉贮存中消失。只有教材中的词语句子、教师的讲解受到学生的注意而印入脑中，存入短时记忆库。一篇课文常会有三四十个生词和几十个句子，其中必然有许多生词和句子

① 邵瑞珍.学与教的心理学[M].上海：华东师范大学出版社，1990：32.

因不使用而遗忘。只有反复运用的词语和句子，因为对内外刺激的积极反应，个体对之多次编码（如搭配、组合和表达等），于是成为长时记忆。① 课堂上，学生需要提问时，例如“这个词是什么意思？”，首先要从长时记忆的心理词典中选择“这个”“词”“什么”“意思”等合适的词语，放到工作记忆，按照汉语语法规则装配成一个句子，再转换成语音串：zhēge cí shì shénme yìsi，通过口腔输出这样一句话语。

语言学习和记忆的信息加工中有一些重要的概念，诸如感知、注意、编码、记忆与遗忘、匹配与提取等等，本章将对此做一些基本的阐述。

第一节 感知

感知是第二语言学习最为基本的生理和心理活动。

一、感觉和知觉

感觉是客观刺激如声音、颜色、气味、味道等直接作用于机体的感觉器官（如听觉、视觉、嗅觉、味觉等）而产生的一种反应。生活中人体的感觉反映比比皆是，例如听到优美的旋律，看到鲜艳的色彩，闻到浓烈的气味，尝到佳肴的美味等等，都是人体的感觉器官对外界刺激的正常反映。汉语教师领读课本中的汉语字词，如“好”“谢谢”，就是用字形（光）、字音（声）刺激学生的视觉、听觉而让他们有所感觉。

知觉是将感官获得的信息转化为有组织有意义的整体的过程。它同感觉一样，也是由客观事物直接作用于大脑分析器而引起的。但是相比感觉，知觉较为复杂，也较为完整。因为知觉不是简单地将接收的

---

① 李维. 认知心理学研究[M]. 杭州：浙江人民出版社，1998：44－45.

信息相加，而是依据个体过去的经验对输入的刺激加以组织和理解。[①]一般情况下，客观事物通常只有部分直接作用于感官，要认识事物的整体或联系，必须由已有的知识和经验（直接的和间接的）加以补充。[②] 而知识和经验不同的人对于同一事物的知觉常有所不同。例如，中国朋友之间，若一方听到对方的片言只语："呀，快到中午了，你就在这儿——"，他们就能凭经验知道后面应是"吃饭"二字。倘若是初到中国的外国学生恐怕就难以补充得正确或者完整。再如，看到马路上被雨水冲刷得残缺不全的标语："欢度元□"，人们马上能凭以往积累的知识补出"旦"这个字。这里，听到的话语和看到的标语，都是感觉，或者说是感官获得的信息，经过个体凭经验资料补加而成为完整的意思，也就是说转化为有组织有意义的整体，即知觉。通过知觉，人们获得了事物的完整映象，了解了它的意义。

二、知觉的基本特征与过程

知觉具有组织性、整体性、理解性和恒常性等基本特征。所谓组织性，就是上面所说的将输入的刺激组成有意义的整体。所谓整体性，就是由知觉的完整模式，补充或解释部分（不完整）的感觉，上面的实例也已充分说明了这一点。所谓理解性，是指知觉会受个人知识和经验的影响。人们在感知某一事物时，通常会在内心说出它的名称。称名能唤起过去的经验，从而帮助理解感知对象的意义。[③] 例如，人们看一幅抽象的简笔画作品，初看可能并不很清楚画家所画为何物。而如果给予相应的词语提示，将观看对象归入一定的范畴，并赋予意义，人们根据已有知识和经验来理解，就会使人很快知觉所画的内容。所谓的恒

① 邵瑞珍．学与教的心理学[M]．上海：华东师范大学出版社，1990：39．

② [美] R. L. 索尔索著．认知心理学[M]．黄希庭等译．北京：教育科学出版社，1990：26—27．

③ 叶奕乾，祝蓓里．心理学[M]．上海：华东师范大学出版社，1996：103．

常性，是指对于熟悉的物体，不管它的明暗度、颜色、形状和大小有什么变化，在知觉中的映象始终保持不变。比如“苹果”“橘子”等水果，感官直觉到的实物有大有小、有红有黄、有纯圆有椭圆，但在知觉中它们都是一种抽象的、持久不变的“苹果”和“橘子”样式，这跟读到或听到“苹果”“橘子”等词语而在知觉中反映出来的抽象信息完全一样。[①] 再如著名的杭州西湖，不同的季节有不同的风景，春天的依依杨柳、灼灼桃花，夏天的连天荷叶与亭亭荷花，秋天的三潭映明月，冬天的断桥铺残雪。但是只要提到西湖，在人们的知觉中，它就有一种抽象的、固定的西湖的景象。

知觉过程是接纳感觉输入并将之转换为较抽象的代码的过程。[②] 语言学习中的信息输入主要有两种渠道：一种是通过听觉输入语音信息，一种是通过视觉输入文字信息。听觉感知是从外部世界的声音中分辨和接收属于某种语言的声音(如英语的 good，汉语的 hao)，这种声音信息由神经系统传递给大脑有关皮层，在那里得到进一步的加工，即进行语音编码(如把 good 编码为 g、o、o、d，把 hao 编码为 h、a、o)，并把这种语音代码跟有关的心理词语挂起钩来(如把 hao 跟汉语的“好”或英语的 good 联系起来)，进一步把语音串切分为有意义的单位(如把语音串 nihao 切分为 ni hao)，通过大脑对此一系列的整合，人们就能理解接收的语音串所包含的意义。视觉感知是通过视觉系统接收语言知识信息。外界的事物和图文为机体视觉系统所感知和接收，通过神经系统传递给大脑，进一步加工转换为一系列词义，按照词汇知识、语法知识和语义知识进行整合，从而揭示和理解所感知的文字材料所包含的意义。

感知是语言学习与语言信息加工的第一步。除了个体感觉器官的

---

① 邵瑞珍. 学与教的心理学[M]. 上海：华东师范大学出版社，1990：41－42.

② [美]John B. Best. 认知心理学[M]. 黄希庭主译. 北京：中国轻工业出版社，2000：33.

生理因素之外(如听力的灵敏度,视力的清晰度),所感知对象的诸多因素也会影响到语言信息的接收。例如,听力课播放的录音清晰无噪音,就易于被听觉系统感知;反之,若录音音量过低或夹杂着各种背景音和噪音,听觉系统感知就会增加难度。同理,阅读材料字号大小得当、教师板书的字迹清晰端正,就便于被视觉系统接收;而潦草的、模糊不清的字迹或过小的字体,就会增加视觉系统感知的难度。

第二节　注意

外界每时每刻都有大量的刺激作用于感官,但人们无法全盘接收,只能对范围很小的信息(即集中注意的信息)做出选择性的反应,这就是注意。[①] 注意是人的心理活动对一定对象的选择性集中。[②]

一、注意的基本功能

注意具有选择、跟踪和保持以及调节与控制三种功能。[③]

1. 注意具有选择功能

因为感官的通道(如视觉通道、听觉通道等)容量是有限度的,摄入过多的线索,就会超载,影响注意的质量,甚至导致注意失败。注意的选择功能是使人们的心理活动有选择性地指向那些与当下活动有关的对象,或者是那些对关注者有意义、符合关注者需要的对象。人们在聚精会神的情况下会发生选择性知觉,对外界出现的干扰刺激加以抑制或将一些无关的对象排除在注意之外。因为只有受注意的线索会被传送下去进一步加工,而不被注意的线索则不被传送[④]。信息加工的流程

① 李维.认知心理学研究[M].杭州:浙江人民出版社,1998:34.
② 叶奕乾,祝蓓里.心理学[M].上海:华东师范大学出版社,1996:59.
③ 同上书,P.61.
④ 〔美〕R. L.索尔索.认知心理学[M].黄希庭等译.北京:教育科学出版社,1990:120.

也显示，只有被注意的信息才能进入短时记忆进行进一步的加工。同时，注意的选择性可以保证个体以最小的精力完成最重要的任务。

2. 注意具有跟踪和保持功能

人们获得一定的知识和经验，是由于注意具有跟踪和保持功能。因为注意可以使人在一定的时间内保持相应的紧张，跟踪注意对象，从而使所注意的内容在记忆或意识中得以维持，并保持到目的实现为止。可以这样说，没有注意的跟踪和保持功能，就学不到东西，掌握不了知识；是注意的跟踪和保持使知识得以获取与吸收。例如儿童大都喜欢看卡通片并乐此不疲，这是因为卡通片具有趣味性，卡通片的人物以及故事情节能长时间地吸引儿童的注意，此其一；其二，由于儿童生理上具有的注意的保持功能，使儿童能较长时间把注意集中在卡通片上。

3. 注意具有调节与控制功能

注意具有自我调节与控制功能，能对人们所从事的活动，根据需要进行适当分配和转移。注意的分配是指人在进行两种以上活动时，能同时注意不同对象的能力。例如在语言课上，学生能一边听课，一边记笔记(记笔记时不再需要考虑某个字怎样写，对汉字不需要过多的注意)。这种能同时注意不同对象的能力，是注意的选择的另一种形式。注意是人脑细胞的神经活动，长时间地注意某一个对象，容易引起疲劳。人的注意功能采取转移或者不注意(休息)的方式。这种调节和控制是为了更好地调动注意力。因而学生在较长时间的学习过程中如果时有分心，也是一种正常的生理现象。教师应从教学上找原因而不是简单地去责怪学生。

注意所具有的这三种功能，对心理活动起着积极的维持与组织作用。注意的三种功能通常是共同作用的，其所产生的综合作用能使人们清晰、完整并深入地反映客观世界和社会生活。

二、注意的基本规律

注意可分为无意注意(不随意注意)和有意注意(随意注意)。无意注意即不需用意志努力的注意;而有意注意,则是需要个体以意志加以努力的注意。[①]

1. 无意注意的规律性

作用于无意注意的主要有两方面因素,一方面是客观因素,具体表现为客观刺激物的特点;另一是主观因素,即个体本身的状态。

(1) 客观刺激物的特点

引起无意注意的客观刺激物通常具有强烈、新异、变化与对比等特点。强烈的刺激如突然响起的铃声、用夸张的动作来解释词义(如做强烈的喘息状来解释“气急”)等。新异的刺激如色彩鲜艳、造型奇异美观的教具;形象夸张的多媒体图片或视频。变化的刺激如教师讲课声调的变化(突然提高声音或正在授课的教师突然停下讲课,都会引起学生的注意)。对比的刺激如色彩(黑白)、形状(长短)等;表现在语言课上,如目的语与母语的对比;同义词与反义词的对比等等。这些刺激都能有效引起无意注意。

教学中,教师选取内容丰富、难易适当的教学内容,采用新颖充实和多样化的教学方法能引起学生的无意注意。在汉语作为第二语言的教学中,一篇课文的生词有时会高达 40 个左右。有经验的教师常采用分批教学的方法,即教二十来个生词,学一两段课文,互相间隔,保持注意的新鲜感和持久性。如果不分层次地把生词一气讲完,长时间的单调刺激会使大脑皮层产生抑制,从而使人易于疲劳而难以使注意稳定。

同时,教师可以用准确、生动、富有吸引力而寓于变化的教学语言使学生产生兴趣。教师讲课的声调抑扬顿挫,快慢适度并伴以适当变

① 叶奕乾,祝蓓里.心理学[M].上海:华东师范大学出版社,1996:65—68.

化的面部表情或身段动作(在汉语作为第二语言的教学中,汉语教师的体态语尤为重要,它可以辅助语言交际、活跃气氛、拉近师生距离,从而提高教学效率)也能激发学生的学习兴趣。现代教育技术的运用、规范化的图示与板书、以及妥善地安排教学环节等都能提高注意的效率。

教师在教学过程中应当特别注意,不要由于某种不必要的教具、事物或者由于某种未经审慎考虑的问题,而把学生的注意引向不必要的方面去。有时,教师的一些不自觉的动作行为也会分散学生的注意。例如有个别教师在讲课时,下意识地把目光投向窗外,这种不自觉的动作往往会引发学生也向窗外看去,因此而分散了学生的注意,影响教学的正常进行。

此外,环境对注意会产生一定的影响,这种影响来源于学生的数量、座位的编排以及教师对教学环境的设计和运用等等。例如海外的汉语课堂,根据不同的课型,把学生的课桌椅排列成马蹄形或品字形。这种排列方式有助于教师与学生的互动,客观上提高了学生对课堂教学的注意度。此外,安静的教学环境与良好的教学设施也能防止学生在学习过程中分心,有效维持注意。

(2) 个体本身的状态

除了客观外界的各种刺激以外,个体本身若有需求,也能产生无意注意。这种需求表现为:需要和兴趣,例如觉得汉语成语有趣而引起注意;情绪状态,如精神振奋、情绪高昂易集中注意;期待的事物,如对于某次测试的结果分析有所期待而注意教师的讲解。在语言学习中,如果教学本身有吸引力,会成为学生的一种期待,容易引起学生注意。例如汉字的学习,通常是母语为拼音文字的学习者的一大难点。如果在汉字教学中进行适当的汉字本义的讲解或来源的叙述,引起学生的兴趣,则能有效提高学生对汉字的关注。

2. 有意注意的规律性

有意注意,是需要个体通过意志加以努力的注意。学生自身的学习动力和自我要求是一种有意注意。在教学中,通过明确目的任务、组织有关活动、激发间接兴趣以及排除各种干扰等举措能够激发和维持有意注意。

(1) 明确目的任务

语言教学中,在开始学习的时候,如果向学生做一简单介绍,并提出明确的学习任务,能够引起学生的有意注意。例如,在阅读一篇语言材料(新闻或故事等)之前,先做一个简单的导入以吸引学生,进而明确具体的阅读目的要求(如阅读后回答若干问题等),能够有效引起学生的有意注意。提问的方式是语言教学中经常会运用到的。需要注意的是,提问应面向全班,引起全体学生的思考,然后再点名请具体学生来回答。并且在点名后,可再向全班学生提出新的任务,使个别学生回答问题时,全班也保持注意。常有这种情况出现,提问时,教师会先点一位学生的名字,然后再说出问题。须知这样的做法,会导致一部分学生认为提问与自己无关,从而放松注意力。当然如果学生自己有明确的学习目的,也能很好地集中注意完成学习任务。

(2) 组织有关活动

教师在课堂上组织的教学活动,一般都是有目的的,能够引起学生的注意。哪怕是游戏,如接龙的活动,也是有目的的,意在通过这类游戏掌握一系列的词语。语言教学中,单纯性的操练往往无法引起学生的兴趣,而营造一定的情景,则能使操练变得有趣。例如练习使用方位词"左、右、前、后"等等,单纯朗读、组词或造句等十分枯燥;倘若配以图示,通过问路或指路的活动,询问"到……怎么走?",就会吸引学生的注意力,提高操练的兴趣。

(3) 激发间接兴趣

无意注意依赖于直接兴趣,有意注意依赖于间接兴趣。由教师引导产生兴趣可谓激发间接兴趣,而明确的目的在引发有意注意之外还可以激发间接兴趣。例如,外国学生对汉字偏旁部首的学习,可能在初始阶段并不感兴趣。如果教师能进行较好的引导讲解,从提手旁联系一组汉字的意思跟手的动作有关;从草字头联系汉字的意思跟植物相关,这样引导学生对汉字学习产生兴趣,这就是由教师引导激发的间接兴趣。再如,参加语言比赛,参赛学生对参赛内容本身可能并不感兴趣,但是对比赛结果(名次或得奖)有追求,由此而对比赛内容加以关注,这就是激发了间接兴趣。

(4) 排除各种干扰

干扰注意的因素可能来自外界也可能来自学习者自身。身体和情绪的变化是干扰注意的重要因素之一。人们一般都有这样的生活经验,当身体不适或者遇到挫折而致情绪不稳定时,往往难以集中注意。而在身体健康或情绪稳定的状态下,最有利于有意注意的保持。在来华留学生的汉语教学中经常会遇到这样的情况:初来中国的学生在度过了最初情绪高昂的兴奋期以后,会出现情绪低落的现象;或因为对异国环境的不适应、对食物的不习惯而影响情绪并进而导致学习时难以集中注意。因此,当需要对学习活动加以注意时,有必要排除各种干扰。同时,适当安排学习和休息、调节生活内容,也是维持有意注意的重要举措。

3. 无意注意和有意注意的交替

无意注意和有意注意的交替是十分必要的。有意注意需要个体通过意志加以努力,因此,在有意注意以后,需要用无意注意来加以调节。这样才能更有效地保持注意。值得重视的是,在课堂教学中,经过紧张而努力的有意注意之后,教师有必要运用直观手段,如教具或多媒体课件,通过有兴趣的语言或多样的教学方法来引起学生的无意注意。更何况,在无意注意之后还可以再度引起有意注意。使学生的注意能较为长久而有效地加以保持,从而完成预定的教学任务。

第三节　编码

被感觉登记、注意到的信息,交付给记忆之前,有一道重要的程序,那就是编码。编码是指"人脑将感官接收的信息转化为神经系统能传递和贮存的代码"①。而所谓的"代码"就像"电码将字母转化为一种特殊的点线序列一样"②。因而"编码"是人们对于一个复合的刺激信息通过其相应的特征,如颜色、形状、大小或距离等等,同与它有联系的许多相关事物进行分析和整合的过程。一个复合的刺激信息,为学习者所感觉而挂号登记,就会进入短时记忆进行编码加工。例如"名片"这个信息的识别,大脑机制必须把它分解为:长方形、9 厘米长、5.5 厘米宽的,印有姓名、职务、单位、地址、电话的方便联系的卡片。它与信用卡、电话磁卡等形状大小相近,但功能不同。经过这样的编码,记忆牢固,识别也比较容易。

一、编码方式

信息在记忆里得以表征的编码方式有两种,即:非言语的表象编码和言语编码(也叫语义编码)。编码在学习者头脑中的运作,认知心理学家曾一度认为短时记忆的编码"是以听觉特征为基础的。即使是视觉呈现的刺激材料,进入短时记忆时发生了形—音转换,其编码仍具有听觉性质"。③ 后来,专家们发现短时记忆也有视觉编码(如汉字在短时

---

① 邵瑞珍.学与教的心理学[M].上海:华东师范大学出版社,1990:47.

② [美]R.L索尔索.认知心理学[M].黄希庭等译.北京:教育科学出版社,1990:389.

③ 杨治良,郭力平,王沛,陈宁.记忆心理学[M].上海:华东师范大学出版社,1999:48.

记忆中的视觉编码是很显然的)和语义编码。学习者在短时记忆中所编了码的刺激信息,通过复述或再现,就能进入长时记忆贮存,否则就会衰退或消失,其外显的表现就是“遗忘”。长时记忆接受短时记忆传入的编码信息,贮存在它的两个系统之中。一个是表象系统,以表象代码来贮存关于具体的客体和事件的信息,即非言语的表象编码;一个是言语系统,以言语代码来贮存言语信息,即言语编码(也叫语义编码)。表象编码适合于具体信息(如一幅图画或相片),言语编码适合于抽象信息(如抽象词语“意志”“精神”等)。有时也可同时进行表象和言语双重编码。[①] 如“清新”一词,既可用言语释义为“清洁新鲜”,又可联系“清晨郊外的空气”来体会。表象系统和言语系统这两个系统彼此独立,又互相联系。[②]

二、语言网络与信息线索

与编码密切相关的是语言网络与信息线索。

1. 语言网络

人的知识结构包括语言知识结构,是以网络的形式贮存在大脑里的。尽管专家们有各自的主张和看法,但是认知心理学家都认为长时记忆是个网络型的结构。[③] 新的知识或新的刺激信息进入长时记忆后,或者被原本贮存的旧有知识所同化,或者建立新的知识节点。新的刺激信息在长时记忆中不是孤立的,它与其他知识节点之间有着紧密的联系。因而学习活动是一个不断改变或充实着学习者头脑中的知识网络结构的活动过程。

知识是个变量,随着个体对世界的不断认识,知识也在不断地扩充、深化。语言学习同样经历着一个由浅而深、由简单而复杂的过程。

---

① [美]R. L 索尔索. 认知心理学[M]. 黄希庭等译. 北京:教育科学出版社,1990:314—315.
② 杨治良,郭力平,王沛,陈宁. 记忆心理学[M]. 上海:华东师范大学出版社,1999:65.
③ 彭聃龄. 语言心理学[M]. 北京:北京师范大学出版社,1996:193.

先前学习的语言知识信息输入大脑后编织成一定的网络。新学的、后摄入的语言知识信息是在原先的网络基础上增添、扩展、系联的。整个语言网络随着学习的深入不断地进行编结。因而,这个网络具有一种可变性。

语言网络是可变的,同时也是组织有序的。语言中的各种相近的、相反的、相对的、同类的词语,根据不同的标准、不同的类属排列聚合在一起,成为一种词语知识网络结构。这就为检索、提取、辨认、应用词语创造了条件。如果网络中的词语是杂乱无章的,那就很难检索,或提取时间很长,或提取不出,成为一堆毫无活力的材料。

语言网络是持久的。语言学习所接受的语言项目,当它们暂存在短时记忆库,尚未入网时,很容易遗忘。而当进入语言网络,成为其中的节点之后,便能长时记忆,永久保持。

网络作为语言知识的心理模型组成部分,是语言学习过程中的重要环节,对语言学习的结果具有直接的影响。进行教学设计、安排教学环节和步骤,同学习者语言网络的编结有着密切的关系。

2. 信息线索

信息线索在知识的加工过程中,起着促使学习者进行有效的编码、贮存、再认和回忆的作用。某个知识的信息线索越多,学习者编码就越精确,提取也就越容易。相反,某个知识的信息线索较少,学习者对该知识的编码就比较粗疏,提取和应用也就不那么容易。新的刺激信息或新知识进入长时记忆的网络结构,学习者就算是获得了、掌握了该知识、该情节或该事件。只要新信息或新知识的编码是充分的、精细的,信息线索是丰富的、多样的,那么通过长时记忆网络连线的联系作用,调动和整合众多的信息线索,学习者就能识别和记忆该信息和该知识了。

信息线索广泛而丰富。与语言学习和语言教学密切相关的信息线索大致可分为:环境线索、情节线索、语义线索、语音线索、字形线索、联想线索、图示线索,等等。

信息的编码加工和信息线索互为关系,相互作用。以"轻"字教学为例。"轻",起码有形、音、义三条主要线索刺激感觉神经,才能在大脑中形成"轻"这个字的整体概念。三条主要线索的汇合,实际上也体现了三种编码过程:形象编码、声音编码和语义编码。在教学中,这些编码一般由教师和学生共同来完成。而作为教师,必须有意识地提供并强化编码的线索,以促进学生正确建构"轻"这个汉字。如果围绕这三条主要线索进一步扩展外围线索,例如"轻"与"青"同音,"轻"与"轮"形近,"轻"与"轻便""轻淡""轻柔"等义系联,若将它们再一次进行编码,那么就建立起了相对来说更为完整而有效的记忆。在日后需要识别或提取的时候,"轻"字不会跟"青"或"轮"相混,看到"轻便""轻取""轻信",也能辨析出其中"轻"这一语素的含义。

这一分析显示,学生在接收一个词语时,不只是简单地编码、贮存,而是同时把过去的生活经验融合进去,通过对照、比较、分析、综合、归类等方式进行再次编码,然后才送入大脑词语网络中相应的位置之中。要取得理想的词语教学效果,就要善于调动学生已经获得与积累的词语知识去感知新的词语和知识。

第四节 记忆与遗忘

在第二语言教学中,人们看待教学效果的有效与否,时常会运用"记忆"这把尺作为衡量的标准之一。如果通过教学,记忆的知识越多越牢固,则说明教学有成效;反之,遗忘得越多越快速,则被认为是教学无效或失败。我们认为这种看法和观点,有失偏颇。从认知心理学角度而言,"记忆"固然是好事,但"遗忘"也未必一定是坏事。知识的记忆,要耗费诸多注意资源,在注意资源消耗过多的情况下,记忆会屡屡因过度疲劳而把知识拒之于门外;而“遗忘”却节省了许多注意力,为“记忆”提供或腾出一些注意资源,使某些必要的“记忆”成为可能和现实。因此,处理好“记忆”和“遗忘”两者之间的关系,对于第二语言教学是十分重要的。

一、记忆的原理与认知作用

记忆是原有的知识结构对新接触的知识进行加工的过程。它是知识积累的基本心理活动,是掌握和应用知识的心理基础。

1. 记忆的基本原理

人们日常生活、工作、学习要接触许许多多的刺激信息,但并非所接触的事物或信息都能成为记忆的知识或图像。知识或信息要进入大脑的记忆库,须经过几道关卡严格的筛选和过滤。第一道关是感觉登记,外界接踵而来的繁杂信息,许多只在眼前飘过而散失,许多只在耳旁掠过而消音。唯有那些被视觉或听觉注意了的信息(或图像、声音)才能通过感觉通道这个瓶颈而被允许登记,进入短时记忆。短时记忆是第二道关。因为它的容量极小,只有 7±2 个单位;[①]它持续时间又极短,信息进入其中只能保持几秒到一分钟之内,就会被后续的新信息排挤出去,因此“短时记忆是以迅速的遗忘为特征的”。[②] 如若需要保留短时记忆中的信息,必须进行多次的复述和重现,心理学称之为多次编码,才能将这些由神经细胞传送进长时记忆的知识信息经过加工处理,在神经中枢留下深刻的印象,从而成为知识而被长远保存。

进入长时记忆的知识信息,必须得到加工处理,才能成为长久记忆的知识。长时记忆对新知识的加工处理有两种方式,即同化和顺应。

---

① 桂诗春.实验心理语言学纲要[M].长沙:湖南教育出版社,1991:162.

② 邵瑞珍.学与教的心理学[M].上海:华东师范大学出版社,1990:50.

同化是“学习者头脑中贮存了某种认知结构(或者说知识结构),它可以吸收新的信息,而新的信息被吸收了以后,使原有结构发生某种变化。”[①]简言之,同化是新知被原有的旧知所认同和吸收。例如,外国学生记忆中已有“和”作连词(连接的前后两项并立平行)和作介词(连接的前后两项以前项为主)这样的知识结构,那么学习“同、跟”的连词用法或介词用法就容易接受和吸收,因为新知是由旧知所派生,同化的结果是扩大了原有知识的外延。顺应,是新知识跟旧知识之间只有相关关系,不能从原有知识中派生,那么旧的知识就得调整自己的结构去顺应和接纳这种新东西。例如,初学汉语的西方学生(如母语为英语者),接触到汉语的形容词谓语句,就需要在自己母语的语法规则“主语和形容词之间必须加‘是(be)’动词”的知识结构中添加一条规则:汉语中形容词可不用“是”系联而直接作谓语。这样,顺应的结果就使学习者原有知识发生了变化,或者增加与扩充,或者受到一定的限制。由此可见,记忆是在原有知识不断同化和顺应新知识的过程中得到发展和深化的。

2. 记忆的认知作用

人们头脑里的知识,无论是感性的、具体的,还是理性的、抽象的,都是依赖于记忆积累起来的。大脑机制能够将所记忆的事物和内容整理加工为分门别类的网络型系统结构,所以大脑的记忆系统既像一张硕大的网络,又像图书馆书架上按类编号存放的图书,可以随时插进一些图书或者编织几个网络的结节,让知识的记忆和积累逐步扩大和加深。由于人们所记忆的知识不是杂乱无章地任意堆砌于大脑记忆库之中,而是有序不紊地排列和联系在一起的,因此,应用时能迅速而有效地将记忆中的心理词汇、心理图像及存储的世界知识等等匹配和提取出来,进而理解所读的语料或所听的话语;或者将记忆中的有关知识组

① 邵瑞珍.学与教的心理学[M].上海:华东师范大学出版社,1990:75.

织为命题和语句,通过说话或写作进行表述和交流。例如,阅读或听讲一篇语料,其中有些形容经济不景气的语句:国际贸易疲软,国内市场萧条,昔日的繁华如今都成泡沫,等等。当读(或听)到"疲软",头脑里就会反应出"疲劳""疲乏""软绵绵"等词条,也同时会呈现一个人疲劳过度而全身酸软、精神萎靡的景象;读(或听)到"萧条",头脑里会反应出"萧疏""萧萧""萧瑟秋风""枝条""秋冬的树木落下树叶,只剩下树条"等词语和景象;读(或听)到"泡沫",头脑里就会反应出"肥皂泡破裂而消失"的景象。正是头脑里记忆和储存了这些词语和图式,因而能深刻理解上面这几句话的意思。反之,人们需要表述经济危机现象,就可从头脑的记忆中搜索和寻找"疲软、萧条、泡沫"等词语或图像,组合命题,建构语句,准确地传达出自己的意念和想法。可见,人们生活、工作、学习等活动都是在经验和知识的记忆基础上进行和展开的。也正因为有了记忆,人才能超越知觉活动的直接感受而接收广博而丰富的间接知识,从而去认识世界和改造世界。没有记忆,理解思考和表达都将无法进行。老年人接受新知识较为迟缓和困难,其重要的原因就是记忆力衰退之故。我们学习一门语言,尤其要发挥记忆的作用,要读懂、听懂或说出、写出一句外语,是以熟悉和记忆诸多有关的语音、词汇和语法规则作为基础的。若记忆有误或记忆不清,则无法实现语言的表述和交流。而大脑中新的语言系统(如心理词典和语法规则等)也都是在记忆的阶梯上逐步建构起来的。

二、遗忘

人的大脑可以接收外界的信息刺激并进行编码,可以贮存编了码的信息,也可以根据需要提取编过码的信息。如果人的大脑对外界的信息刺激进行加工时,发生编码错误,或者根本没有进行适当的编码,那就无法搜检到需要的信息,提取失败,这就是心理学所说的遗忘。

遗忘是一种普遍的和自然的现象,其理论机制有两种说法。一种是痕迹衰退说，这是传统心理学的理论。这种理论认为，人的大脑对外界信息的刺激作出反应，经过多次反复，在大脑皮层上留下刺激—反应联结的痕迹。这种痕迹会因经常使用而得到加深加强，也会因不使用而减弱变浅，逐渐消失，原来的刺激—反应联结不复存在，于是产生遗忘。一种是干扰说，这种理论认为，刺激—反应联想结构如果没有干扰，这种联想性联系就会保持在记忆中。但由于长时记忆吸收、贮存大量的新信息，每个新信息都有一个联想结构，形成了一张复合联想结构所构成的网络。其中难免会有互相矛盾、互相抵触的东西，因而新的信息很可能使编织在知识结构中的那些信息趋于迷乱，心理学称之为后摄干扰；也可能新的信息受原有知识结构中的信息排挤而无法在网络中结成节，心理学称之为前摄干扰。这些干扰，都能产生遗忘。这两种遗忘理论，从不同角度揭示了遗忘的心理实质。①

在外语教学中，遗忘表现为三种：假性遗忘，真性遗忘和瞬时遗忘。

1. 假性遗忘

假性遗忘是贮存于大脑的语言信息，一时回忆不出的一种遗忘现象。外界的语言信息刺激作用于大脑，由于强度和频率的因素，例如刺激物比较生动和有意义，个体对之兴趣浓厚并能在头脑中引起种种联想，重复的次数较多等等，就能贮存于长时记忆，成为语言网络中的联想结节。通过学习，网络中的语言结节积累得越来越多，它们之间的关系变得更为复杂并相互间有着各种各样的联系，就有可能互相混淆而一时回忆不出。例如，学生在初级汉语课本中学到"客人""客气"，因为两个词语意思明确，关系单纯，一般不会混淆而用错。随着新词语的吸收数量增多，头脑中贮存了许多跟"客"有关的词语，诸如旅客、客观、作客、客饭、客套、来客、陪客等等，其间的关系就变得复杂和散乱起来，虽

① 邵瑞珍. 学与教的心理学[M]. 上海：华东师范大学出版社，1990：53－54.

然这些词语信息都是长期贮存的，应该在记忆之中的，但需要时不一定都能很容易地提取出来。这是因为这些信息在长时记忆中的组织结构不良，没有进行适当的“编排索引”，或者外界的语言环境提供的线索不够，线索条件离个体试图回忆的语言项目太遥远，这样就无法激活、提取有关的语言项目。[①] 学生明知这个语言项目曾经学过却不能回忆出来，这就是假性遗忘。可见，信息在长时记忆中的位置，不仅取决于储存的项目强度，而且也取决于它在其中储存的结构。如果大脑在贮存上述词语信息时，能按照语义线索来编织，例如，客人语义线索——做客、会客、陪客、来客、宾客、贵客、好客等；顾客语义线索——乘客等；旅客语义线索——游客、客车、客机等；客气语义线索——客套等；客观语义线索——客体等，那么需要提取时，可按语义线索来搜检。由于组织结构比较良好、合理，就能较快地激活同类语义的几个词语并从中选取有关词语。

2. 真性遗忘

真性遗忘是指原来接收的言语信息已从记忆中消失的一种遗忘现象。大脑中的记忆有两个阶段，一个是短时记忆阶段，一个是长时记忆阶段。长时记忆阶段，信息能够长期贮存。但不是所有感觉接收到的语言信息都能进入长时记忆，那些没有复述和重复的信息仍然停留在短时记忆阶段。短时记忆的容量很小，每次只能接收 7±2 个信息量，超过这个度量，原有的还没进入长时记忆的信息就会被替换、挤走、清除，以便腾出空位接纳新的信息。因此，如果没有复述和重复，短时记忆是以迅速遗忘为特征的。[②] 相对于迅速遗忘来说，短时记忆中也有容易回忆出来的语言项目，这取决于系列中的排列位置。一般来说，系列首尾两头的项目最易记住，中间的项目容易遗忘。心理学家把末尾项

---

① [美]R. L 索尔索. 认知心理学[M]. 黄希庭等译. 北京：教育科学出版社，1990：247，238.

② 邵瑞珍. 学与教的心理学[M]. 上海：华东师范大学出版社，1990：50.

目容易回忆的现象称为近因效应，而把开头项目容易回忆的现象称为首位效应。[①] 这两种效应相当稳定，也可以说是短时记忆的重要特征。学生识记外语单词，机械地按生词表的次序反复念读，需要回忆时，只有开头的和末尾的几个单词记得住，中间的单词常常追忆不出来，这就是首尾效应的反映。

短时记忆虽然遗忘得快，但在阅读和听力理解中，有它的作用。学生阅读和收听语言材料，句子意思被理解后，语句形式便很快从短时记忆中被清除出去。如果语句形式在短时记忆中保持的时间过短，学生来不及体会句子的意思，语句就已消逝，会妨碍理解。因此，教学中要培养学生学会利用句法帮助识别词与词之间的联系，设法让语句在短时记忆中保持较长时间，以便有充足的时间去弄懂语句的意思。

3. 瞬时遗忘

瞬时遗忘是指视觉、听觉、触觉接收到外界的信息刺激，还未做出反应便已消逝的一种遗忘现象。外界的信息在进入短时记忆之前，先要经过感觉登记，即由视觉、听觉或触觉接收，这是一个短暂的和直接感知的阶段，一般在一两秒钟之内便会消失。只有当它受到注意时才会转移到另一个相对稳定的短时记忆阶段。学生上课时思想不集中，或者一心二用，不太注意教师的讲解；或者压根儿没往头脑里去，那么课堂上的众多语言信息都会成为耳边风，瞬时遗忘。不过瞬时遗忘也不完全是消极的。在外语学习中，例如图书馆里查阅索引目录、快速浏览参考书籍、从词典中查找词条等等，绝大部分的内容信息都是边扫视边遗忘，只有需要的、感兴趣的内容才加以注意而记忆。如果不分主次，凡是眼睛扫视到的都要求兼收并蓄，一则没有这个可能（短时记忆的有限容量不许可），二则很可能那些无关紧要的东西反而把需要的信

① [美]R.L索尔索.认知心理学[M].黄希庭等译.北京：教育科学出版社，1990：157－158.

息给挤跑了，得不偿失。

虽然在认知理论和认知实践上都允许遗忘，以便腾出空间接收新的信息，但对教学目标有关的语言项目，得牢牢抓住、强化、反复，使之进入长时记忆库，经久不忘。

三、教学中记忆和遗忘关系的把握

综上所述，我们可以领悟到记忆和遗忘有着相辅相成的关系：有得必有失，有记忆也必有遗忘；成功的记忆乃是以必要的遗忘为其基石和前提的。遗忘，可以使个体避免注意资源的浪费，集中精力于所需记忆的东西；而有的遗忘还能节省记忆的精力，减轻记忆的压力。因此，第二语言教学要提高效率和质量，就得正确对待和处理好记忆和遗忘两者之间的关系。教学中对两者关系的把握，一般可以从下列几个方面着手。

1. 分清主次，有所取舍

教学一篇课文，安排一堂课，应围绕教学的目的和任务，合理处置知识内容。对于课文的重点和难点，要不遗余力地分析讲解，务必让学生弄懂、理解和掌握。对于次要的、无关宏旨的部分，则要舍得割弃，不让其干扰主要知识内容的接收和记忆。如果一味求全，不分知识内容的主次、轻重、巨细，平均使用力量，舍不得丢弃部分非重点的内容，不仅徒然增加大脑的记忆负担，而且往往冲淡应该记忆的部分。因为记忆的内容过多、过繁，大脑的记忆机制会超载和拒载，吸收不进新的知识信息，效果适得其反。

所谓分清主次，具体而言，表现在这样几个方面。

(1) 对生词的区分

一篇课文总有众多生词，可将它们分解为理解性词语和掌握性词语两大类。理解性的生词，只用它们来理解课文的意思，并不需要记忆；掌握性的生词，是需要吸收和增添的新内容，要求牢固记忆和应用。如果不作区分，同等对待每个生词，则是既费力而收效又差的事情。

(2) 对句子的遴选

一篇课文有诸多句子，有的是学过的旧句，有的是已知规则演绎出来的句子，有的属于带有新语法规则的语句。前二者的教学只是复习，后者才是要求记忆的内容。教学时，时间和注意力的分配，孰多孰少，要区别对待，保证新语法规则进入长时记忆无误。

(3) 对授课语言的选留

教师讲解课文，诠释词语，阐述语法，要说上许多话语。这中间，有说明的话，有点题的话，有过渡的话，还有教学用语等等，学习者不可能一字不落地全盘吸取和记忆。通常，他们只记住重要的、关键的话语，一部分教师说的话都成为耳边之风，一掠而过。因此，教师教学时要把握分寸，一般的话语可任其流逝而去，不要求学生刻意记忆；重要的话语则应反复或以重音强调，让学生留有深刻的印象。

(4) 对教学内容的取舍

语言课的记忆重点是汉字、词语、语法等语言项目和语言点，并非是课文的情节或话题。情节和话题只是语言之"毛"所依附的"皮"。教学只是透过语言，剖析出课文中的命题，使学生得以理解内容；复述则是抓住课文的若干重要命题，重新组织语言来表述；练习则更是撷取课文的某些语言点加以专门训练。整个教学过程应自始至终紧扣语言项目和语言因素进行。因此课文的内容(情节和话题)，除了渗透于其中的有关文化知识，大都可以不作专门的记忆。

2. 新旧联系，学用结合

记忆是旧知识接纳新知识信息的过程，而提取和应用则是巩固记忆的重要手段。要处理好记忆与遗忘的关系，就应当注意新旧知识的联系，做到学用结合。

(1) 新知识信息的输入和接纳要经过筛选

已有知识对新信息的接纳并不是全盘吸收的，即使吸取了的知识也可能有假性遗忘、积极性遗忘和消极性遗忘的情况发生。因此，教学过程，可以说是不断处理遗忘和记忆的关系的过程。即，对众多的信息刺激加以筛选，舍弃一些暂时不需要记忆的内容，以保证主要知识信息入驻长时记忆。例如，教材呈现的繁多的生词，对学习者建立汉语心理词典自然有益，但在短时间内吸取那么多生词，势必会超载。因此，只能选择一部分当前学习最为重要的词语，将其纳入长时记忆加工而为汉语心理词典中的成员。而且即使这部分词语，也适宜选择其常用意义进行存储，另外的引申义、比喻义、转化义等等，可待日后学习时机成熟，再行处理和接纳。比如"经济"一词，首先应吸取它的常用义"经营和计划"(即社会物质生产活动和个人生活用度)，像"节省"这样的引申义放在以后再处理。学习语法规则也如是，先应把握主要规则，然后充实细则。例如，学习"是(是……的)"字句，先记住它的强调作用，以后逐步加深和扩大其强调时间、地点、程度、对象、事件等细则和用法。如果采取一步到位，很可能贪多嚼不烂，导致食而不化的结果。粗看起来，学习者吸取新知识信息的过程中，记住了主要的东西，却遗忘了另外一些信息，但所记住的主要知识，为接收新的知识信息奠定了基础，创造了同化的条件。而且那些被临时舍弃、遗忘的东西，毕竟曾经接触过，在大脑皮层上留有淡淡的痕迹，日后遇到这些信息，比起从未接触过的新的知识信息来，容易接纳和吸取。从这个意义上来说，近阶段的遗忘为深远的记忆开创了一定的条件。

(2) 记忆的知识信息要经常提取和应用

能够提取和应用的知识，才算得上是记住和掌握的东西。储存而不常用的知识，往往会造成假性遗忘，导致提取不出或提取困难的情况。提取和应用是巩固记忆的有效手段。知识，通过应用，就会转化为能力，即从陈述性知识(从书本上汲取并记忆的知识)转化成程序性知识(运用公式和规则于实践的能力)。知识得到这样的转化，就无须搜寻，无须思索，就能熟练地把有关知识提取出来加以应用。例如，西方学生学习“把”字句比较困难，容易造出“放花盆在台上”“挂照片在墙上”这样的句子，但应用得多了，就能不假思索地把意念中的诸如“I must clean out this cupboard.”“We mix flour、eggs、sugar and milk to make a cake.”等句子表述为“把”字句：“我必须把这个碗橱清理干净”“我们把面粉、鸡蛋、白糖和牛奶掺和在一起做蛋糕”。这说明学习者对于“把”字句已经熟练到自动化的程度，不会再从记忆中遗忘和消失。

第五节　提取与匹配

当人们需要运用储存在长时记忆中的知识信息时，就要进行提取与匹配。

一、提取与匹配的基本原理

长时记忆中储存着关于世界的丰富的知识，这些信息为人们的一切活动提供必要的知识基础。信息在长时记忆中一般有两种储存形式：情节记忆和语义记忆。情节记忆“接收和储存关于个人的特定时间的情景或事件以及这些时空关系的信息”（例如学习“极光”这个词语，可以利用图像、照片或南极考察的视频等情景来记忆）；语义记忆“接收和储存的是各种知识”（如把“极光”描写为“在高纬度地区，高空中出现的一种光的现象”来记忆）。[①] 有时，这两种记忆常常结合在一起（双重编码）而得以储存。“记忆并不是以纯正、孤立、静态的形式储存的，它不可避免地要与一些已有知识相混合，由此形成一种将多个经验片段联系在一起的表象。”[②]长时记忆贮存知识和经验是为了应用。应用的

① 杨治良，郭力平，王沛，陈宁．记忆心理学[M]．上海：华东师范大学出版社，1999：62.

② [美]John B. Best．认知心理学[M]．黄希庭主译．北京：中国轻工业出版社，2000：74.

前提是进行有效的匹配和提取。如果提取的信息编码与记忆加工时的编码方式一致或重叠,这样就容易根据编码线索从长时记忆中查检有关知识(即匹配),并提取到工作记忆中,与其他所提取的信息进行整合,进而搞懂语言信息的意义(即听读理解),或者把意念建构成语句(即话语表述)。

有两种方式可以用于使用长时记忆的知识和经验。一种是再认,即外界刺激信息(包括情景信息)作为线索,与记忆痕迹中的信息有相当重叠或重合时,该项目就被匹配和提取。例如,"精油"这个词语是在描述化妆品的上下文中记住的,那么当购买化妆品时出现"精油"这个词语(多个线索),就比单独出现"精油"这个词语(单个线索)容易匹配和辨认。另一种是自由回忆,即外界没提供任何刺激信息,完全由个体根据需要自行回忆和决定。例如,要表达"植物精油是一种高级的化妆品",个体必须自己通过参观植物精油产地或化妆品购买等情景联想,把"精油"这个词语提取出来,并再认和决定在这样的场合中应用这个词语是否适当。

二、信息线索有助于既存知识的匹配和提取

丰富的信息线索可以使学习者编码精确、记忆牢固。在语言学习过程中,信息线索除了促使学习者进行有效的编码与贮存之外,还有助于既存知识的匹配和提取。当学习者进行思考或有表达的意愿,需要提取大脑中的知识时,就必须把在大脑长时记忆中编码和储存的知识信息与合适的提取线索相连,进行有目的的匹配。倘若提取线索丰富,则相应作出的反应就快,匹配也就趋于精准。反之,如果某一知识的信息线索较为缺乏,学习者对该知识的编码比较粗疏,那么匹配与提取也就不那么顺畅了。因此,信息线索对语言学习起着至关重要的作用。

以词语为例:一个词语输进外国学生的头脑,大脑认知机制会自动地把这个音、形、义的统一体,分解归档,即词音归入音序系列,词形归入笔画、部首系列，词义也分门别类归入有关框架。但这并不意味着音、形、义三者从此就割裂开来，须知词音离开了词义，纯粹是声带和口腔肌肉运动，什么也不能代表；词形离开了词义，只能成为一种抽象的标记和符号，同样也没有什么意义。所以所谓的归档，就像在词典前面编几种索引，可有音序检字法，部首检字法，笔画检字法等等，一旦从中查到了某个词，就可顺着有关的指示，查阅到该词的所有词义信息。因此，人们的言语刺激信息，无论是从听觉通道还是从视觉通道传进大脑，都能通过音的线索或形的线索激活处于网络中的有关词语及其多个义项，进行识别或提取。有些母语使用拼音文字的学习者，因嫌麻烦而不愿学汉字，他们头脑中所建立的词语模式只有音与义的联系，即只能从音这条线索来检索词义，而后进行听说；词形线索对他们不起任何作用，因为他们头脑中的语义网络跟词形是绝缘的。相反，有汉字背景（如日本、韩国）的学习者，遇到汉字，即使读不出音，也能大致知道该词的意义，在他们的头脑中，词形跟词义是早已挂钩、系联着的，从词形线索就能检索出词义，所以这类学生的阅读能力就比较强。

此外，记忆中的信息提取要依靠记忆痕迹的恢复。记忆痕迹的恢复主要有两种形式，即再认和重现。再认是指原始刺激再度呈现时仍然认识的心理过程，而重现是过去经历过而当时并未呈现的刺激在头脑中重新呈现出来的记忆过程。[①] 相应的情景和线索在通过再认和重现恢复记忆痕迹的过程中起着十分重要的作用。尤其是与信息编码贮存方式有关的线索。语言信息的输出，根据外界刺激的需要，经过多条线索的检索，激活沉睡于长时记忆中的有关信息，恢复记忆痕迹，从而进行匹配、提取并加以应用。

① 朱纯.外语教学心理学[M].上海：上海外语教育出版社，1994：193.

第二章　汉语作为第二语言认知的特殊性

汉语作为第二语言教学，除了遵循一般的二语教学认知规律外，还须从汉语的特殊性方面来探索其认知心理过程。由于汉语在文字、词语和句子等诸方面都有着跟其他语言的差异，他们或促进、或制约着外国学生的汉语学习。因此，认识和利用汉语的特点，是汉语作为第二教学必不可少的前提和条件。

第一节　汉字的认知特点

对于没有中文背景的外国学生(特别是欧美学生)来说，学习汉语首先碰到的"难关"是一个个方块汉字。这"难"主要表现在两个方面：(1)字形方面，笔画错综，字形各异，不像拼音文字的组成只有二十几个字母的拼合；(2)字音方面，单凭汉字字形，读不出音，汉字的读音必须一个字一个字地硬记。这着实令习惯用字母拼读的外国学生头痛，无怪乎他们将识记汉字视为畏途，更有甚者只求能听会说汉语即行。但众所周知，学习任何一门外语，听说读写缺少了一个方面，终究是憾事。更何况汉语学习到达一定阶段，汉字认读不跟上，单凭语音与意义系联形成记忆，学习就会停滞不前。至此，若再从头学认汉字，虽然也不能算晚，但毕竟走了一段弯路。汉语作为第二语言的教学一直重视汉字的认读和识记，许多教科书都安排了汉字的内容(包括笔画、笔顺、结构和书写等)，或与拼音同步开始，或附于课文之后，或另编汉字教材单独设课,各有各的长处。如果我们能再探求一下外国学生(主要是母语为拼音文字的学习者)认知汉字的特点和规律,找出一些行之有效的认读途径和教学方法,培养他们感受汉字的习惯,化“难”为“易”,改“畏途”为“趣事”,汉语教学就会有一个新的突破。

一、笔画的认知

笔画是汉字的认知基础。要让使用拼音文字的外国学生适应汉字的特点,首先得改变其对拉丁字母的辨认和书写习惯,建立汉字的笔画观。对这些学生而言,从拉丁字母到方块汉字,至少有四个方面的观念和习惯要加以改变。

(1) 改弧形为弯斜。拉丁字母大写的如“B、G、R、S、U” 等,小写的如“a、h、m、n、u”等都含有度数不等的弧形笔形,而汉字是方块字,在历史演变过程中,圆笔(如小篆)都已为直笔所取代,即使有一点弧形,也因其弧度过小,而称之为“弯”或“斜”,如“戈”“乱”“厂”“家”中的弯笔和斜笔。

(2) 改圆形为方形。拉丁字母中有圆形或半圆形字母,大写的如“O、C、D、P 等”,小写的如“b、c、d、e、g、p 等”,而方块字则把小篆的圆形笔形全拉直成方形,如“口”“田”“用”“凶”“医”中的方框或半方框。

(3) 改斜线为撇捺。拉丁字母中如“A、K、M、N、R、W、X、Y”等含有左斜、右斜的笔形,而在汉字中斜线有一定的坡度,左斜的成为“撇”,右斜的成为“捺”,如“人”“乏”“处”“影”中的撇笔和捺笔。

(4) 化圆点为锋点。拉丁字母中带有“点”的很少,只有小写字母“i”“j”才含有点笔,而在汉字中,“点”笔相当丰富,不仅有单点、双点、三点、四点之分,而且“点”笔也不是个简单的圆点,有左点、右点、长点、撇点之别,在浑圆中还藏着或露着笔锋,如“火”“六”“对”“妙”“心”中的不同“点”笔。

有了汉字的笔画观,母语为拼音文字的学习者就能摆脱拉丁字母的根深蒂固的影响,认读和书写汉字就有了基础和条件。当然这些学习者要建立起汉字的笔画观,也不是一朝一夕的事,这里有个从简单到复杂、从浅到深、从不习惯到习惯的过程。

1. 单一笔画及其走向

汉字的笔画可分七类,[①]它们的名称、笔形和走向是:

横	一	向右	挑(提)	/	向右上
竖	丨	向下	钩	亅㇂	向左上、向右上
撇	丿	向左下	折	㇕㇗	向右一下、向下一右
点	、	向左下或向右下	捺	㇏	向右下

从中可看出汉字笔画的基本走向是从上向下,从左向右,这可以称之为顺笔或正笔,只有钩笔才逆向而上(提笔是横笔斜行,可归入横笔)。汉字字形无论多么繁复,都是由这些基本笔画有序地叠加、镶接、串联而成。这也是汉字笔画观中的重要内容,它们对外国学生辨认和书写汉字起着重大的作用。

母语为拼音文字的学习者所熟悉的拉丁字母多有由右向左的倒笔,如 a、c、d、e、s、o 等,也颇多由下而上的逆笔,如 W、N、V、M 等。这些对他们来说十分娴熟的笔顺将在初学汉语的一段时期中起着干扰作用,他们书写起汉字来,笔顺往往颠倒、逆转。但拉丁字母中也有与汉字笔画、笔顺相同或相通的一面,如 H、T、L、E、F 等字母中的横笔向右、竖笔向下,又如 K、Y、Z、X 等字母中的斜笔向左下或右下。这些笔顺对于母语为拼音文字的学习者建立汉字笔画观,掌握汉字笔顺有着积极的促进作用。

① 胡裕树.现代汉语(第 5 版)[M].上海:上海教育出版社,1995.

2. 多笔关系及长、短笔的变化

汉字由一个笔画构成的字极少,只有“一、乙”,大部分字是含两笔或两笔以上的多笔画字。有的字多达二十四、五画,如“齉、矗”。既然一个字中有多个笔画存在,就会产生笔画之间的位置和关系,归纳起来有:(1)平行的,如“二、三、川、”;(2)相连的,如“乃、九、已、之、弓”中的连笔;(3)相接的,如“厂、工、北、上”中的接笔;(4)相交的,如“又、中、木、来”中的交笔;(5)相隔的,如“六、心、小、八”中的不连不接不交的笔;(6)封闭的,如“困、国、日、田、四”中封口的外框笔形;(7)半封闭的,如“风、月、用、问”中的不封闭的外框笔形;(8)包容的,如“越、处、句、成”中的包含或容纳其他笔画的笔形;(9)综合的,指一个字中有多种笔画的关系,如“趁、葵”等,汉字中综合笔形占多数。①

汉字的几类笔画有不同的形状和长度,即使同类笔画也有长有短,横有长横、短横(如“直、且”中的横画),竖有长竖、短竖(如“师、中、出”中的竖画),撇有长撇、短撇(如“徐、妖、朱”中的撇画),点有长点、短点(如“头、汴、学”中的点画)。有时,某类笔画进入字中,因为书写、均衡的需要,变成了另一类笔画。这些笔画的变化,虽然有规律可循,但对于母语为拼音文字的学习者来说,有点儿变幻莫测。他们原先接触的拉丁字母,尽管也有长横、短横、长竖、短竖、长斜、短斜的笔形,但它们固定在二十几个有限的字母中,易认易记;而汉字的横竖撇捺点的长短组合,成字上万个,最常用的也有三千多个,这么多的形,这么多的量,自然难认难记。然而汉字正是由这些错综复杂、变化多端的笔画和笔形构成为一种富有特征的表意文字,每一个字有其自己的笔画特征以与其他字形相区别。这些特征给认读、识记汉字提供了众多的线索、显豁的轮廓和有趣的联想,学习者可凭此来建立一个个汉字模式。所以

① 胡裕树.现代汉语[M].上海:上海教育出版社,1989:195.

对母语为拼音文字的学习者来说,除了建立汉字的笔画观以外,还得有汉字的字感,体会到每个汉字是一个结构紧密的图形,与拼音文字按线性方式排列不同,这样才可以较为迅速地从拼音文字的线性识别转化到表意文字的平面型识别上来。

二、独体字的认知

由一个笔画或几个笔画组成的含有某种意义的字形,叫独体字。独体字是不能再分割的字,它可和其他笔画或其他独体字构成另外意义的字(即合体字)。

1. 独体字的音

独体汉字和拼音文字不同,主要表现在"音"上。拼音文字由带读音的字母拼合成词,表形和表音是同步完成的,有形就能读出音,有音就能拼出形。汉字由笔画构架而成,特别是独体字,只具形而没有一点表音成分,即形和音是割裂的,没有必然的联系。但拼音文字和汉字都是形、音、义的统一体,"音"附着在字(词)形和字(词)义上,只是汉字的"音"是强加到字形上去的。对于中国人来说,汉语的字(词)音和字(词)义的联系从学话时就开始建立,并逐步积累而扩展,到学校念语文,只要在原先掌握的音义单位(即字或词)上配上字形即行;而对于学习汉语的外国学生来说,汉字的音、形、义都是学习的内容,那么形音割裂的状况,为学习增加了相当的难度,有时识了形,不知其音,或者读出音,不知其形。唯一能在两种语言(目的语和母语)之间起桥梁作用的就是意义了。

2. 独体字的形

汉字作为表意文字,"形"和"音"的关系不像拼音文字那么紧密而不可分离,字(词)"音"外加于"形",是内隐的;相反,"形"和"义"的关系倒非常紧密、直接,它们大多是外界事物的图形化、线条化或特征化,从"形"可推测其"义"。例如,"鸟、马、象"等字是实物的图形化,"手、人、口”等字是实物的线条化，“牛、羊、车”等字是实物的特征化，它们或描摹实物的全部，或勾勒实物的轮廓，或夸大实物的某个特征，学生从中不难体会这些字的含义。尽管这类字(传统称为象形字、指事字)几经变化，已从图画脱胎为文字，但字的原型依稀可辨，学生可以凭借字形，通过联想编码，体会其义，牢记其字。

3. 独体字是认知汉字的基础

独体字大都是汉字的偏旁单位。在合体字中它们或者保留其义，变化成为形旁，如“钅、饣、衤、礻、车、忄”等，或者保留其音，充当隐含表音成分的声旁。形旁，有利于辨义，如“铁、饭、衫、祖、轮、惧”等，学生可从形旁推知它们大致的意义；声旁，有利于认读，如“跑、泡、咆、刨、炮、袍、庖”等，学生可从声旁推测它们大致的读音。所以，学生积累的独体字越多，就越有基础接受新学的汉字，课堂上容纳汉字的量也会与日俱增。可见，独体汉字的掌握是认知汉字化难为易的有效途径。

4. 汉语拼音方案对认知汉字的作用

汉字的读音既然是隐含的，而汉字的“形”却能表意，那么学习汉字，从“形”到“义”更为直接、容易，而从“音”到“义”就需要硬记、硬连了。好在汉字的读音可用拼音字母拼合，汉语拼音方案就是为适应拼读汉语字(词)而设置的。[①] 它虽然不能代替汉字(词)，但可精确地记录下汉语的读音，弥补了汉字不表音的缺陷，是学习汉语的有效的辅助工具。对习惯于拼音文字的西方人来说，学习汉语拼音方案，那是最轻易不过的了，往往一周左右就能掌握。难的是附在声韵之上的字调，没有几个月时间的训练，是很难把握好的。有的学生读了两三年，还会带有一些洋腔洋调的味道。因此学习过程中，在认准汉字之形时，就要利用拼音读准其音，而且要记住其音，因为拼音只是起辅助作用的拐杖，不

① 胡裕树. 现代汉语[M]. 上海：上海教育出版社，1989：32.

能始终注在汉字的上方，最终要求学生离开拼音而能一见汉字的形，就能知道其义，并回忆出它的音；一听汉字的音，就能知道其义和其形。从这个意义上来说，拼音是字(词)义的语音表征，隐含在汉字之中，它对于认读汉字(词)有着不可估量的作用。但汉语拼音毕竟不是文字，它不能区别字形，所以母语使用拼音文字的学生学汉语，若只靠拼音来训练听说，放弃认读汉字的做法是不可取的，更不利于日后的进一步学习以及深造。

三、合体字的认知

合体字是由两个以上的独体字或部件所构成的。合体汉字可分拆为几个部分：单独成字的是独体字；不成字的(由一个笔画或几个笔画结合而成的)是部件。如"学、拳、眉"等合体字，其中"子、手、目"是独体字，其余部分是部件。合体字占总汉字数的95%，[1]也就是说，大部分的汉字都可以通过分拆或装配来认读。这既是汉字本身的组合规律，也可以说是识记汉字的认知规律。

1. 整字与部件的关系

整字与部件的关系是上下位关系，平时我们说"弓长张""口天吴""角刀牛为解"等，其实是把两个或多个部件组合成一个整字，从下位到上位来认识它；教学汉字时，我们说"笔，竹字头下一个毛""独，反犬旁一个虫""旦，日下一横"等，是把整字析为几个部件或笔画，从上位到下位来认识它。无论是自上而下还是自下而上，都是要学生整体地认识并记住一个汉字。因为汉字不像拼音文字那样可以一个字母、一个字母地拼读，但也不能像练习书法读帖那样一个笔画、一个笔画地去揣摩，过于零散、琐碎是无法记忆的。那么，就只能从部件(有时是笔画)的拼合着手来整体地认读。这样，学生的头脑里既有整体的字形，又有

① 李公宜.汉字信息字典[M].北京：科学出版社，1988：1071.

内部组件以及组件之间的位置(上下、左右、里外、角心等)和作用(表意和表音等),这个汉字就被牢固地记住。

2．部件的作用

部件(包括形旁和声旁)对于汉字的构成具有特殊的作用,大致表现在四个方面:1)表示意义的范围,如形旁"手、火"等;2)参与意合,如"人在树木下"意合为"休","把柴禾等束起来用手支(击打)使之正"意合为"整";3)表示读音,如"政、证、征、症、怔"等字中的"正";4)表示字形的一部分,如"但、担、胆、疸"等字,其中的"旦"既表读音,又是字形的一部分,与其他笔画一起标志一个汉字。当学生积累了一定数量的独体字后,在接受新字时,部件完全生疏而全新的汉字还是不多的。一般说来,不是形旁是熟知的,就是声旁是学过的;从编码的角度来看,有很多是重码,可以以某部分旧知(如"政"中的"正")带出包含该旧知的新字(如"征")。如果一个新汉字中间有一部分是学生所熟悉的,他们就会感到亲切而高兴接受。认知心理学认为,新知识与旧知识相联系,发现新旧知识的相同点和不同点,能促使学生形成清晰和分化的认知结构,这是促进知识迁移的有效方法。①

3．形旁和声旁

大多数合体字是由形旁(即意符)和声旁(即声符)相合而成的,传统文字学叫作形声字。形旁是规整过的,大约有 200 多个,通过它们,可以联想、推测、规约整个汉字的意义。也就是说,字形和字义的关系是外在的、显豁的、容易编码的、也极易激活的,用不到强记而能自然联系,省却了许多保持记忆的训练。声旁是开放性的,同一个读音,往往会用不同的声旁来表示,如"试、视、诗、柿、仕",都念 shi,但却分别用了"式、示、寺 、市、士"来表音。这似乎很混乱,但却充分体现了汉语方块

① 邵瑞珍.学与教的心理学[M].上海:华东师范大学出版社,1990:83.

字的特点。因为这些字如果换上拼音文字，就会成为同形同音字，相互之间无法区别；而现在这一组汉字用了不同的声旁，则是同音不同形，极易分辨。可见，声旁用在汉字里，不仅表读音，还有区别同音字的作用。这是声旁开放性的原因之一。另外，声旁保留着汉语语音变迁的痕迹，现代同音的字，古代读音可能有异。例如，“精、径、景”，现在念jing，而在古代其声母分别是“z、g、j”，当年造字时，为了区别同音字，使用了不同的声旁，丝毫也不奇怪。这是声旁开放性的原因之二。声旁的开放性，给外国人学习汉字带来极大的麻烦：(1)声旁本身的读音是隐含的，从字形读不出音；(2)声旁数量过多，无法全部掌握；(3)声旁的读音变化大，不能固守一种读法，如“杠、红、江”要读三种音。只有一部分声旁的读音没有变化或变化极小(即规则形声字)，对汉字的读音有点作用，俗话说“汉字不识认半边”，指的就是这一部分声旁字。如“令”在“零、领、铃、玲、龄、岭、拎”中都读 ling，“仑”在“论、轮、伦、抡、沦、囵”中都念 lun。这样的声旁(包括小有变化的读音)大概有 110 个左右。它们为整字的语音识别提供了重要的线索，对读音有促进作用，可以充分利用。

四、其他因素的认知

汉字除了笔画认知、独体字认知、合体字认知外，还有一些其他因素的认知。

1. 特征字较一般字易识记

汉字既然是描摹客体的表意文字，而客体的形状又是千变万化的，各有各的特征，那么汉字自然也会留有客体的某些特征，这些特征可供外国学生学习汉字的时候进行辨认或联想，从而帮助识别和记忆。例如，笔形比较奇特的字能给人以深刻的印象，容易记住和回忆。由笔画构成的汉字，有的也能以其特别的形状引人注意而加深印象。如，“兴，类似※号”；“长，K 字母加一横”；等等。

再如，有的汉字本不是象形字，或者形状已变得不像原形，为了记忆的方便，可从其他方面去联想，也能增强学习效果。例如，“飞”，可联想为鸟儿展翅飞翔的样子。这样的联想，虽然采用的是不合传统文字学的理据，但实用有效，能解决一些识记汉字难的问题。再者，凭借特征来识记汉字，比死记硬背效果要好得多，因而颇受学生欢迎。

2. 少笔字较繁笔字易识记

少笔字以其笔画简单而区别于其他一般汉字，繁笔字以其笔画复杂而区别于其他一般汉字。从这个意义上来说，少笔字和繁笔字也可以算是一种特征，给人印象较为深刻，容易识记。

笔画数对汉字识别有影响，识别汉字所需的时间，随笔画数的增加而增加，这已为大量的命名反应实验(即从目标字呈现到读出所需的反应时间的实验)所证实了的。眼动研究发现，用于每一笔画上的平均注视时间为 4.6 毫秒，照此推理，少笔字的识别时间，一般来说，大大小于多笔字。[①] 据调查，学生普遍对下列一些少笔字(仅以两笔字和三笔字为例)记忆很深，如：“二、三、七、九、十、千、万、上、下、大、小、干、于、才、川、了、么、也、习、飞、个、儿、几、文、卫、刀、力、义”等等。这些字因为笔画简易，字形清朗单一，编码方便，利于外国学生识记和回忆。中国学生学习英语也有这样的体验，对于只有两三个字母拼合的词语，如，“add age ago aim air all any bee big bit sit tie war who why win zoo”等等，能做到过目而不忘。这和少笔汉字的易记是同一个道理。

繁笔字，笔画复杂，信息线索较多，编码花时费力，似乎识记困难。但这只是表现在书写上，在识别上因其轮廓特异，而人们对汉字又常作为整体视觉模式表征来识别的，因此，有时候反倒容易认记。例如，“谢谢”的“谢”，“贵姓”的“贵”，“家里”的“家”，这三个字在汉语会话教材中

---

① 李维. 认知心理学研究[M]. 杭州：浙江人民出版社，1998：153.

出现很早。对于没有汉字基础的学生来说，一开始就出现繁笔字，不符合认知规律，但学生却能记住。究其原因，外国学生是凭字形的轮廓特征记忆的："谢"字从左到右由三个部件组成，呈扁方形；"贵"字从上到下由三个部件及笔画组成，呈瘦长形；"家"字里面多斜画，呈菱形。至于三个字的内中细节，当时并没去深究。这也证实了汉字整体轮廓信息多于内部细节信息的心理认知实验的结论。① 当然，这是初学汉字的一种权宜之计。真正掌握字形，能够应用和默写汉字，还得一个部件、一个部件地拼合，一笔一画地练写。

3. 高频字比低频字易识记

字频主要指某个字在书面语言中，通常是教材、报刊等，出现的机会和相对次数。心理学研究发现字词识别的速度与被试对字词的熟悉度有非常密切的关系。而熟悉度一般是用字词频率来衡量的。因此，字词频率也是汉字识别中的一个重要变量。具体来说，高频字词有较好的熟悉度，只需较少的视觉刺激就能准确识别。识别阈限随字频的增加而降低，识别反应时随字频的增加而减少。反之，低频字词就需较多的视觉刺激，识别阈限较大，识别反应时较长。这就是字频效应。②

外国学生所接触的大多是教科书上出现的高频字，它们的特点是：(1)单用机会多，如"学"，可以说"学汉语、学书法、学骑车、学做菜"等等；(2)构词能力强，如跟其他词合成"学期、学生、学校、学问、中学、大学"等等；(3)与日常生活关系密切，如"上学、学习、学费"等等。由于这些字的出现和使用频率高，外国学生一眼就能认出，而且经久不忘。教科书中也难免会有低频字，虽然有些低频字由于笔画特征和笔画数等因素，也能较快地识记。但一般来说，缺少反复刺激，外国学生对此类字的熟悉度较差，因而不易识别或识别反应时较长。

---

① 彭聃龄. 语言心理学[M]. 北京：北京师范大学出版社，1996：116－117.

② 同上书，p. 122－123.

4. 语境中的字比单个儿字易识记

字词的识别，一般是离不开一定的语境的。单独出现的字，不易识别，即使能识别，其反应时也比语境中的字长得多。因为单个儿字的识别，只受自下而上的字词视觉刺激信息的驱动，而在语境中出现的字的识别，还有自上而下的语境信息的驱动。[①] 语境字主要指双音词和句子中的字。从单字词发展为双字词，是现代汉语词语发展的一种主要倾向和趋势。我国入学儿童采用由字学词的途径，是因为儿童从自然语境中已习得许多词语，音义已经知晓，所差的是字形；而对于外国学生来说，走由词学字的道路，比由字学词效果好得多，原因是：

(1) 双音词为识别单个字提供了至少两倍以上的信息。这里不仅视觉接收的字形线索增加了一倍，听觉接收的字音线索也增加了一倍，隐含于其中的语义信息也明确了许多。刺激和激活的线索和渠道多，识别字的准确率也就高。譬如，“社”，单个字很难教学，不仅在现代汉语中单独出现的机会少，而且意义也很模糊。如果“社会”两字合一起作为一个词来学，不仅意义明确，而且作为一个视觉整体和听觉整体，易记易认。虽然初学时也许会错认“社”为“会”字，以后随着入组另外的词语不断增多，如“报社”“社交”“社员”等，就能全面掌握和深刻领会这个“社”字了。

(2) 形似字在双音词中容易辨析、识别。汉字有许多形状相似的字，如“已、己”“未、末”“厂、广”“刀、力”“免、兔”“向、问”“心、必”“住、往”等等，往往只有一毫之差，单个字辨认难以吃准。如果置于合成词中，如“自己、已经”“未来、本末”“工厂、广阔”“刀叉、努力”“不免、兔子”“方向、问题”“住宿、来往”等，一则化低频字(单独使用频率低)为高频词(成词的出现率高)，为学生提供了熟悉度的条件；二则可依赖和凭借

---

① 彭聃龄．语言心理学[M]．北京：北京师范大学出版社，1996：124.

另一字的形音义的信息，相互印证，相互作用，借助字形轮廓，无须琢磨笔画细节，就能轻易地辨认。

(3) 低频或零频难字只有在成词中才有可能辨认。低频难字如“俭”“朴”，很少单用，外国学生一般都是在成词中与之接触，如“俭朴、勤俭、节俭”“朴素、朴实”等；而零频难字，如联绵词“蝌蚪、憧憬、蟋蟀、慷慨”等中的字，离词不能独立，大都不会单个儿出现，必须在成词中识记。由两个字的信息，互补成为一个词整体，比起单个字，其形好认，其音好记，其义好理解，也好使用。

由上下文认字，也是极有成效的办法。因为上下文所提供的信息，可以让学生很自然地推想、识别中间所用的字，甚至还可猜测以前没学过的字的含义。譬如，“银行信贷员亲自把储备金送到企业，以弥补资金的不足”这句话中的“储”“弥”，对外国人来说相当生疏，但借助上下文义以及与之成词的另一词素“备”“补”的帮忙，大致能懂得其意，而“储”和“弥”这两个低频字也因此在外国学生头脑中留下了印象。①

五、书写对汉字的认知作用

汉字结构有定，笔画书写有序，通过书写，可以培养外国学生的笔画观和汉字感，熟悉汉字的部件和结构，排除假字和非字，减少错别字，为学习汉语打下扎实基础。

书写对汉字的认知至少有下列一些作用：

1. 有利于笔画编码

不管是独体字还是合体字，都是由笔画构成。书写能熟悉每个目标字的笔画、笔顺和结构，避免逆向书写，减少笔画缺损和部件异位。书写过程实际上也是大脑对目标字的编码过程，书写正确，编码无误，识记的字也就牢固。

---

① 吴仁甫．汉字的识记[A]．对外汉语教研论丛[C]．华东师范大学出版社，1999．

2. 头脑中有字的整体结构

虽然书写汉字是一笔一画、一点一竖地平行、连缀、交错，但最后结果是成为整字。虽然汉字的书写在笔画的大小、长短、粗细、距离、形状及整字的结构比例等方面有一定的自由度，但必须保持笔画和部件的种类、位置及整字结构形式的稳定。所以练习书写汉字的结果，必然在头脑中对目标字的结构有个整体的了解，或者说建立起了该字的模板。汉字书写积累到一定程度，学生会慢慢体会、逐步掌握偏旁部件的位置，如“氵、亻、彳、辶、讠、饣、礻、扌、忄、纟”等总是出现在字的左边，“刂、攵、支”等总是出现在字的右边，“皿、心、灬”等总是出现在字的底部，“艹、竹、宀、冖”总是出现在字的头上，“疒、广、厂、虍”总是出现在字的左上部，“勹”总是出现在字的右上部，这就为记忆和识别汉字创造了良好的条件，也有了排除假字和非字的能力。

3. 可调动触觉、视觉等多种感知

书写是一种触觉感知，但它以视觉为其前提：通过视觉感知整字，由大脑的知识结构对整字进行笔画和结构分析，命令手指按分析出的程序书写。而书写又是整字的复习和巩固，通过触觉，增加熟悉度。所以写过多遍的字，比只写过一两遍或没写过的字印象要深得多，默写和识别容易得多，书写的错误率也小得多。

4. 有利于辨识

形似字的辨别，一则凭靠语境（即双字词或上下文），二则依仗书写。语境的作用是借助词中另一字或上下文信息的帮忙和参照，以辨认出与其他字相似的目标字，这种感知可能是朦胧的，笼统的，能认不能写的。而通过书写，则对形似字的细枝末节都能淋漓尽致地揣摩和区别，如“自由”的“由”是“田字出头”，“甲壳”的“甲”是“田字伸脚”，“引申”的“申”是“田字出头伸脚”。

5. 有利于强记读音

书写跟听觉似乎关系不大，但外国学生书写的字一般都是已学过的形音义的统一体，因此，书写时必然会想起该字的读音，也可以说是一种触觉和听觉的间接联系。如果说学生在阅读时，一眼扫过字词，留意字音的时间不多，那么，书写速度要比阅读慢，有足够的时间强记该字的读音。

第二节　汉语词语的认知特点

汉语词语从词音来看，有单音词、双音词和多音词，其中的每一个音，由声、韵、调组合，称为音节。汉语音节的结构较之于其他语言是比较简单的，声母只有一个辅音，没有两个辅音连续排列的，只有韵母内部稍微复杂一些，可能有两三个元音连续排列。最为突出的是每个音节都有声调，它能区别词义，这是其他语言很少有的，也是外国学生学习汉语的一大难点。汉语词语形之于书面，那就是方块汉字。一个汉字表示一个音节。所以从书面形式来看，汉语词语有单字词、双字词和多字词，也就是说，汉语词语不是由字母拼合而成的，而是由汉字组成的。由于汉字本身的特点，决定了汉语词语的书面形式也具有这样一些特性：(1)词形具有联想性，汉字的意符在词语里同样起着表示意义的作用；(2)读音标志缺乏或不完善，汉字声符的缺陷(读不出音或所标志的读音已起变化)也体现在汉语的词语里；(3)书写复杂，这也是汉字笔画、部件的搭配、组合过于繁杂所致。另外，多音词(即多字词)所表示的意义比单音词(即单字词)要复杂、丰富得多，因为这类词的内部多个表意义的单位(即词素)之间，其意义的融合有着种种的结构关系。汉语词语的上述这些特点，极大地影响着外国学生对汉语词语的认知过程。

一、汉语词语趋向双音节的特点与认知

古代汉语大多数是单音词,字和词是一致的,一个字同时又是一个词。随着社会的发展,汉语也渐渐发生了变化。反映在词语上,单音词逐步趋向于双音词。因为人们感到单音词所表示的含义,有时比较模糊,如"桃""李",可指果树,也可指果实,不依赖上下文是无法确定的。而用双音词来表述:"桃树、李树""桃子、李子"就明确得多。有趣的是一些多音词,也受了双音化的影响,而极力压缩、简省成为双音。例如,"北京大学"简称"北大","人民代表大会"简称"人大","语言文字工作委员会"简称"语委"等等,简单、明了,念起来上口。正是由于单音词扩展为双音词,多音词压缩为双音词,两头都往中间挤,汉语词语就呈现出了两头小(单音和多音少)中间大(双音多)的橄榄型趋势。

词语双音化的特点,对于外国学生识记、辨认汉语词语有着重大的作用。

1. 弥补了单音节的缺陷

汉语的一个单音词,外国学生依仗拼音符号发出其音,问题不大,而要作为一个单词来识记和使用,却要花费很多功夫。因为单音词不可避免地造成许多同音词,如,"有好久了",是"酒"还是"久"要思索,"上了三课",是"课"或"刻"要筛选,这就会影响到反应速度。另外,单音词毕竟只有一个音节,语音持续的时间太短,人们听觉神经所接收到的声音信息一瞬即逝,常因刺激度不够或注意松懈而发生辨别不清的情况。双音节词可以弥补单音节词在这方面的不足,既减少了同音词数量,也延长了语音的时间,使听觉有足够的语音刺激度,便于大脑神经接收,并对语音信息进行加工编码,从而转换成一定的语义。

2. 增加了词语的信息

词是视、听的复合刺激物。一个词的刺激信息越多,感知、编码的线索就多,在头脑中就越便于进行加工。双音节词比单音节词提供了

较多(起码一倍)的语音线索、词形线索和语义线索,自然就容易识记。例如,单音节词"衣(yi)",虽然通过词形"衣",可与同音的"医、依、一"区别开来,视觉补足了听觉上的不足,比单纯靠听觉来辨别这个词语有效得多。但在词义方面究竟是什么样的"衣",未免失之笼统。而双音节词,譬如"大衣、内衣、上衣、风衣、毛衣、睡衣、雨衣、浴衣"等,不仅听觉上因其多了一个音节而很少与其他词相混,也不仅视觉上因其多了一个汉字(词素)而整个词语变得易认易记,就是词义上也因信息的增多而改变了笼统、含混的情况,比较明确、有定。双音节词语的这些音、形、义的信息线索,分别通过听觉、视觉在皮层区域建立起复杂的暂时神经联系,成为一个具有概念或表象的复合体。① 无论是从词音检索词义(收听)还是从词义检索词音(说出),或是从词形检索词义(阅读)还是从词义检索词形(写出)都因为双音节复合体增加了词语的检索线索,编码容易,解码也容易。从另一个角度来看,外国学生积累了与单音节词相关的一定数量的双音节词,反过来也能促进单音节词的学习和认知。因为单音节词与其相关的双音节词之间常常有类属关系或概括和具体关系,如"衣"之于"内衣、外衣","人"之于"男人、女人","红"之于"紫红、大红","望"之于"希望、失望"等等,一旦学生发现了其中的关系,由于对双音节词的掌握和理解,对单音节词的认知自然就深刻得多。

3. 方便了词语的记忆

学习外语,记忆生词十分关键,然而也是令人头疼的事。外国学生学习汉语首先遇到的就是生词关。从教学实践和学生的反馈来看,双音节词的记忆比单音节词容易一些,原因是双音节词比单音节词不仅词音线索和词形线索多,词义信息也丰富,可以从不同角度进行编码。

① 朱纯.外语教学心理学[M].上海:上海外语教育出版社,1997:215.

以“劳”字为例，它或者与同义的字相合，如“劳动、操劳、辛劳”，词义编码就增加了同义的线索；或者与反义的字相并，如“劳逸”，词义编码就增加了反义的线索；或者前面加上修饰性的字，如“勤劳、疲劳、徒劳”，词义编码就增加了修饰的线索；或者后面带上补充性的字，如“劳累、劳乏”，词义编码就增加了补充的线索；或者受动作性的字支配，如“酬劳、积劳、耐劳、效劳”，词义编码就增加了支配的线索，等等。这些双音词，如果单独记忆，自然也很费力，但若将以“劳”字为中心所衍生出来的词语串联在一起，外国学生借助词的双音和双形信息，通过词义编码的不同线索，诸如同义、反义、修饰、补充、支配等词素间的关系，限制、扩大或深化“劳”字的含义，两两相陪、相衬、相补，推导出这些相关词的意义，这就能加强记忆的力度，加深记忆的印象。

在汉语双音节合成词中，两个词素间的关系以联合式和附加式居多。我们以《汉语水平词汇与汉字等级大纲(修订版)》[①]中的甲级词来审察，在1033个词中，除去词组，单音节词有423个，双音节词联合式的有201个，附加式的有190个，其余的合成方式总起来只有一百多个。根据这个分布情况，汉语作为第二语言教学在识记词语方面应注意以下几点：

(1) 单音节词虽难以记忆，但还是有必要记忆一定的数量。因为它们是基本词，是构词的主要基干(根词)，而且大多是甲级词，掌握这些单音节词，可为学习汉语合成词打下扎实的基础。同时，这些单音词，也是最主要的汉字，学会辨认、书写这些字，对于汉字的笔画、部件和结构就可了然于胸。

(2) 汉语双音节词中，联合式结构的词语记忆效果较好。因为它们中间的两个词素，都显现了共同的义素，强化了词义的信息，给予人们的头脑以深刻的印象。尽管两个词素在词义融合过程中，不一定那么

---

① 国家汉语水平考试委员会办公室考试中心.《汉语水平词汇与汉字等级大纲(修订版)》.北京：经济科学出版社，2001.

平衡，而是有强有弱有转化的，例如，“精神、生产、告诉、刚才、检查”等是并列的；“干净、访问、复杂、世界”等是互补的；“国家、睡觉、窗户、轻重”等是有偏重的；“姑娘、基础、条件、消息、组织”等是转义的，但不管属于哪种情况，联合式的两个词素间的意义总体上都是相关的、对等的，可以从甲词素联想到乙词素，也可从乙词素联想到甲词素，这种联想从认知的角度来说就是激活。如果两个词素中的某一个词素是熟知的，如“错误”中的“错”，“联系”中的“联”，“建设”中的“建”等，那么，由于旧知词素的作用，很容易推测、联想到另一个与之对等的（同义、近义、类义或反义）、不太熟悉的词素，如“误”“系”“设”等的意义，从而轻松而有效地掌握这个词语。而这些不熟悉的词素，也因此转化为熟悉的词素，以后遇到“失误”“维系”“设置”等词语，同样也可在旧知词素的作用下很快地接收和掌握。这样，词语就能得以积累，越学越多。

（3）汉语双音词中，附加式结构往往形成许多同义词，而同义词记忆也能取得很好的效果。汉语的附加式合成词，由于根词前有另一词素的修饰和限制，其概念的外延往往因之而缩小，词义可进一步分析，即两个词素的意义可分出主次。这类附加式合成词，两个词素间的关系也较为复杂，有表示性质（“红旗”），领属（“汉语”），状态（“欢迎”），方式（“合作”），数量（“四化”），程度（“坚持”），时间（“秋收”）等等。[①] 这类词常常在一个根词前，加上不同的词素而构成同义词。这些同义词由于根词相同，它们的基本意思差不多；又因一个词素之差，其意义大同之中有小异，如“简历、经历、来历、履历、阅历、资历、学历”等。外国学生学习这类词语时，常会把它们按不同的类别归纳收集在一起，这就是认知心理学所谓的群集记忆。由于以某个词素为中心所衍生的词语之中，有一个词素的音、形是共同的，语义也是相近或相似的（这也是它们

① 胡裕树. 现代汉语[M]. 上海：上海教育出版社，1989：250.

之所以成为同义词或近义词的基础)，故而一旦刺激它们中的一个词，无论是由音刺激词，还是由形刺激词，都会激活一批相关的同义词。[①]进而通过认知运算，寻找词与词之间的共同性及其差异性，确定词语的语义特征，供区分、选择、提取与应用。

二、汉语词语的形态与认知

汉语是一种词根语，绝大部分词语都由一词根与另一词根组合而成，从某种意义来说，这也是一种形态，属于广义的形态。[②] 而我们一般说的形态，指构词形态(如英语的形容词 great 构成名词 greatness)、构形形态(如英语 he、his、him 分别表示主格、领格、宾格)和分析形态(如英语 will have gone 表示将来完成时)等，这是语言结构中不同用法的标志，是词的功能表征。汉语所缺少的正是这种形态。这对于习惯于屈折语(形态变化丰富)的欧美人来说，觉得汉语似乎过于灵活，词语的运用很少有什么限制，一时可能会有无所适从之感。但是汉语并不因为形态的缺少而影响思维、理解和表达，外国人说的话，不管用的是哪种语言，都可用汉语转译，且能曲尽其意。也就是说，汉语词语依仗其他手段(如词根组合、词序等)弥补了本身形态的不足。掌握这方面的特点，对于外国学生学习、认知汉语词语极有帮助。

1. 可直接应用词语表达，不必考虑性数格的形态变化

一门语言的性数格形态丰富、完整，学习和掌握也就会有相应的难度。汉语缺乏性数格的形态变化，使用起来直截了当，无须顾及前后的一致性，这给外国学生学习汉语带来了一定的便利。下面分别述说。

汉语词语的名词、代词没有表示语法上的性别的语法形式，不像俄语那样可分为阳(如 брат 兄弟)、阴(如 книга 书)、中(如 поле 田野)三类。[③]

---

① 李维.认知心理学研究[M].杭州:浙江人民出版社，1998:94.

② 戚雨村.语言学百科词典[M].上海:上海辞书出版社，1993:23.

③ 辞海(缩印本)[M].上海:上海辞书出版社，1985:866.

汉语的第三人称写作"他、她、它"和"他们、她们、它们",只是书写上的区别,并非语法范畴上的分别。当然,在自然性别上,汉语是加以区别的,只不过那不是语法形式,而是词根的加合,即在名词(或名词素)前加上表示性别的词素。譬如,人可加上"男女"以别(男孩、女孩,男青年、女青年,男人、女人等),动物可加上"公母""雌雄"以分(公猪、母鸡,雌兔、雄蜂等),即使象"阴阳"二字,它们所表示的也不是性别的语法形式,而是对立的哲学范畴,如"阴寿、阳寿""阴面、阳面""阴性、阳性""阴文、阳文""阴间、阳间"等等,除了"滋阴补阳"等单独用于动词素之后外,一般都加在名词(或名词素)之前,跟上述的表示自然性别的词(或词素)加在名词(或名词素)前的情况基本一致。汉语的这种特点,在认知上,对于学习汉语的外国学生来说,自有其方便之处:(1) 不必把注意力分散在词语的语法性别上,省却了许多记忆的功夫;(2)如果要表示自然性别,只要在有关名词前加上"男女、公母、雌雄"等有限的几个词,简单、划一,不用另外去记生词或变化规则;(3)称呼上的男女区别,用得较多的是"爷、娘"(师爷、师娘等)"爹、妈"(老爹、大妈等)"父、母"(伯父、伯母等)"儿、女"(侄儿、孙女等),总共几对词语,使用频率也不低,记忆起来并不费力。

汉语词语的名词、代词表示数的语法形式也很欠缺,只有一个"们"字有点像英语中的"-s"。但两者仍有区别:"们"对人论群,表示的是模糊量、集合量;而"-s"用于人和物的计量称数,既可以表示模糊量、集合量,也可以表示确切量、累计量;"们"之于汉语语法的论群称数是一种充分条件,而"-s"之于英语语法的计量称数则是必要的(同时也是充分的)条件。因此,"们"在运用上显现出一种灵活性,而不像"-s"那样具有强制性(非用不可)。[①] 其实,汉语词语的数范畴形态,走的是另外一条路,那就是发展量词。单数名词根据名词的形状特点和习惯,配以相应

① 胡裕树.深化汉语的词法研究[J].语言教学与研究,1994(4).

的个体量词，复数只要在个体量词上加二以上的数即行，后面的名词不作形态上的变化。另外，还发展出了表示双数的量词如“副、双、对”等和表示集合的量词如“串、排、群、捆、包、种、类、套、批、伙、帮”等，还有与之相配合的数量形容词“多少、许多、好些、半、全”等。这些数量词结合起来，加在名词前，就表示出了事物的复数。汉语词语这种数方面的特点，让学习汉语的外国学生感到困难，所难的倒不是复数有什么形态变化，而是与名词相配的众多量词。于是在认知上会表现出这样一些情况：(1)阅读过程中由于有语境的作用，譬如前面有数词或指示词(这、那、这些、那些等)修饰的，其后面的量词就容易判断、识别；(2)口语或书面表达时要说出名词的数量，提取与该名词相应、合适的量词较为困难，常常要思索较长的时间；(3)对于使用频率较高的量词如“个、只、条、件、枝、根”等容易提取，但往往使用过于宽泛；(4)受母语表数范畴的影响，名词前已加上复数量词，后面又加“们”，犯了重复表数的毛病，如“来了四位朋友们”。

汉语词语的名词、代词在格方面也没有什么形态变化。一个“主—动—宾”(如我看书)的句子，在意义上、情理上也有施事(我)、受事(书)之分，但无格之形。只有领格，似乎可以用“的”，有点儿像英语的“'s”，然而两者不能等同，因为汉语中表示领属的“的”并不是非用不可，如“我们的学校很大”可说成“我们学校很大”，“房间的门开着”可说成“房间门开着”。何况由“的”字中介相连的前后两项，除了表领属外，还可表示数量(五天的时间)、时地(今天的天气、山上的景色)、性质(聪明的孩子)、状态(弯曲的山路)等等。汉语中还有一种情况，处于主语位置的也可能是受事，这样就构成了被动句。一般被动句常有“被”字标志，引出动作的施事者，如“书被雨淋湿了”，但也有不用“被”标志的，如“书淋湿了”。这就要从意念上去理解。汉语词语的这些特点，反映在外国学生的汉语学习上会出现这样一些情况：(1)什么时候用“的”，什么时候不用“的”，难以掌握和捉摸，于是凡可用“的”的地方，全用上“的”，如“我母亲家乡的学校老师”说成“我的母亲的家乡的学校的老师”；(2)主语、宾语和施事、受事间的关系没有形态可资鉴别，须依仗语序和语义两方面去判断和理解。这在学习中就有一个逐步熟练的过程，期间难免会有一些错误和挫折，需要不断地纠正和鼓励。

其实，汉语词语缺乏性、数、格的形态变化，对于学习汉语的外国学生倒也有许多简便之处，省却了一些麻烦的程序。例如，听到一串汉语的音段“Ta gei women shu”，或者头脑里出现这么个命题，把它转换成汉语词语串，就是“他给我们书”，用书面表示，最多考虑一下是“他”还是“她”。而要用英语来表达，起码得有三次选择、转换程序：是“she”还是“he”（性的选择），是“we”还是“us”（格的选择），是“book”还是“books”（数的选择），最后才能输出一个完整的、合乎英语规则的句子“She gave us books”。两相对照，汉语自有其容易学的地方。一个初学汉语的外国学生积累了一些词语之后，每学一个语法规则，就能替换出或能生成多个合适的句子，其原因就在于可大胆地直接使用词语，无须考虑它们的形态变化。

2. 可根据后缀的类化规律，判定词性，检索词语

词缀中的后缀不仅能以其附加意义和根词结合派生新词，有时还能标志词性，[①]这在印欧语中尤为突出。譬如，英语形容词 modern（现代的），加-ize 构成动词 modernize（使现代化），加-ion 又构成名词 modernization（现代化）。在英语中此类后缀不下数十个，掌握它对于理解词义和辨别词性有着十分重要的意义。在汉语中也有类似的词缀，但数量极少，且尚在发展之中。它们加在词（或词素）后，也有一些附加意义，同时起着词性的类化作用。例如，起名词类化作用的后缀有：

---

① 戚雨村.语言学百科词典[M].上海：上海辞书出版社，1993:278.

表一　名词后缀

词缀	加在名后	加在动后	加在形后	附加意义	其他
子	桌子、本子	剪子、夹子	胖子、空子		
儿	帽儿、味儿	杂耍儿、滚儿	尖儿、亮儿	小、轻松、亲切	少数为动词:玩儿
头	木头、馒头	念头、想头	甜头、苦头		方位＋头:上头、前头
性	科学性、纪律性	弹性、悟性	共性、普遍性	表示性质、性能	构成非谓形容词:硬性
者	笔者、医务工作者	记者、读者	弱者、长者	表示从事某种工作或有某种特性	方位＋者:前者;数＋者:二者
员	队员、列车员	教员、研究员		表示集体中的成员或从事某职业者	
家	理论家、音乐家	作家、画家	专家	表示有成就的人	
手	水手、多面手	选手、吹鼓手	好手、老手	指有专长和技术的人	

起动词类化作用的词缀只有“化”字:

表二　动词后缀

词缀“化”	加在名后	加在动后	加在形后	附加意义
构成及物动词			美化、丑化、绿化、简化、淡化、异化	表示转变成某种性质或状态
构成不及物动词	公式化、工业化	转化、合作化、进化、退化	硬化、僵化、恶化、绝对化	

汉语词语的后缀,数量不多,倒很能产,由此派生的新词越来越多,

外国学生在学汉语过程中,无论从教科书,还是从人们的口头语,乃至马路上的横幅、标语,都可接触到。由于它们构词方式比较规范,外国学生接受起来比较容易、方便。我们曾把他们学过的这类词语,如:美化、绿化、记者、作家、营业员、选手等提出来,要求分别造句,正确率达98%,即使没学过的如:味儿、念头、弱者、专家、简化、丑化等词语,其造句正确率也达80%。这是因为:(1)随着这类词语的积累增多,外国学生的头脑里会自动地将它们按后缀字形归类贮存、记忆;(2)后缀的字形已成为一种检索的线索,外国学生凭刺激信息的后缀字形,就能检索、选择有关词语,并将它们较快地辨认或提取出来;(3)构词方式的规范,词性的有定,提供给外国学生从这类旧词推导新词的条件,所以即使是新词,它们也能从后缀的字形,判定其词性,并模仿旧词的用法去运用新词。

3. 汉语词语词性模糊和兼类现象对学生正确使用词语的影响

目前的语文词典注明词性的不多,这就给外国学生使用汉语词典打了折扣。因为光了解词的词义而不明确一个词的词性,对于汉语语感不强的外国学生来说,使用起来难免要出现差错。汉语教科书努力给每个生词注明词性,就是为了弥补汉语词典的这一不足。汉语的每个词按理都是有词性的,但由于是词还是词组,正处在变化之中,其间界限难分;有些词身兼数职,不进入词组或句子,不能体现其真实词性。当然还有其他一些原因,使词典的编写者望而却步。其实,汉语词语的词性大部分都是有定而能定的,对外汉语词语大纲的制定和教学实践也证明了这一点。

让外国学生难以掌握和捉摸的除了难标词性的词组外,还有兼类词。虽然这部分词的数量并不多,在《汉语词汇等级大纲》的5186个甲、乙、丙等级词汇中,兼类词只有440个,但由于它们是常用词,出现的频率较高,是外国学生必须熟练掌握的。因此,汉语作为第二语言的教学对这类词向来予以高度的重视,花费的时间也比较多。

在印欧语中,兼类词的现象较为普遍。不过在它们的词语中,一个词的词性转换,有时有一定的形态可资辨别。如,英语形容词 deep(深的),加上-en,转换成动词 deepen(加深),加上-ly,转换成副词 deeply(深深地)。当然也有同形转换的,如英语 back,同一词形,就有名词(背、后面)、副词(回原、向后)、动词(支持、后退)的不同用法。汉语的兼类词语都是同形的,例如,词语"突出"有动词用法:"不要太突出他的作用"和形容词用法:"这是一个非常突出的实例";词语"反应"有名词用法:"他对这件事没有一点反应"和动词用法:"对这个突发事件,他过了好久才反应过来"。这里的"突出"和"反应",其词性常要通过词语的组合、搭配或进入句子才能体现出来。这反映在学习和认知上,就会出现下列一些情况:

(1) 兼类词语进入词语网络,线索要比普通词语多一些,除了语音线索、词形线索、语义线索外,要增添词性线索以及因词性转换而引起语义的细微变化的线索。这样,从语音、词形、语义、词性等无论哪一方面的线索都能检索到该词语,并且从一个方面的信息线索,可激活该词的另几方面的信息线索,以供辨别和提取。

(2) 兼类词语在一定的语境下,其词性有定,所以外国学生阅读过程中遇到兼类词语的信息刺激,一般能依靠语境的帮助迅速判明其词性;但外国学生如果自己使用词语来表达,因没有外界的语境可供斟酌,要判断这个词语是否兼类词语,则不太容易了。一般都是凭词义、语感和直觉直接应用,很少再去考虑它的词性。

(3) 外国学生由于对兼类词语把握不牢固、不熟练,或者主观确定其词性,如"友爱"一词只有形、名两种词性,却误用为动词:"他到中国后友爱了许多朋友";或者把单类词语拉进兼类范围,如"彻底"是形容词,却用作了名词:“把事情的彻底全告诉了她”。可见,单类词和兼类词的误用和混用,是造成偏误的因素之一。

三、汉语词语的词义系统与认知

任何一种语言文字,随着社会的发展和人与自然以及人与人之间的关系的变化而相应地发生变化,它们由具体到抽象,由简单到复杂不断地丰富和发展。特别是新词的产生,往往是在旧词的基础上演变、繁衍、派生,于是有一些词就成为了词语的骨干,可称之为根词或词干。围绕着这些根词或词干,分别形成了一批批意义上有关联的词语,可称之为词族。也就是说,同词根或同词干的单词之间,有一根线将它们串联起来。即使有的单词已变化得面目全非,但溯流穷源,总能发现它与词干之间的蛛丝马迹。譬如,《英语分解式词汇表》①一书的序言中提到,cede,ceed,cess(意思为“走”)这三个词干,从它们出发,就可把一组字串联成一个有根群:antecede(ante=“在前”,加上“走”,意合为“先行”),intercede(inter=“两者之间”,加上“走”,意合为“调解”),precede(pre=“在前”,加上“走”意合为“优于”),recede(re=“回”,加上“走”,意合为“撤回”),excede(ex=“超越”,加上“走”,意合为“越过”“过度”),retrocede(retro=“返”,加上“走”意合为“退却”“交还”),procede(pro=“向前”,加上“走”,意合为“前进”),succeed(suc=“接着”,加上“走”,意合为“继承”“成功”),access(ac=“向”,加上“走”意合为“接近”),predecessor(pre=“在前”,de=“从”,or=“人”,加上“走”,意合为“先辈”),等等。上述这些词各自还可以再派生出另外一些词,串联起来总计不下40个词。在这些词之间,无论从词义、词音或词形来看,都有着相同的因素和一定的联系。学习英语如果能充分地、系统地利用这些条件,便可以有效地提高记忆单词的效率。

---

① 张伯棣.英语分解式词汇表[M].北京:商务印书馆,1962.

同样,汉语也可由根词派生或组合众多词语。由于汉语的词缀不太发达,故而多数词语都是由两个根词相合而成的。与印欧语不同的是,汉字是表意文字,从不同角度去联想,会引申出一些相关的意义。因此,大部分汉字(特别是组合能力较强的根词),其意义不是单一的。由于历史的沿革,原来的意义或转成新义,或引申出别的意义,或新义、旧义一起保留,于是就有了好几个义项。根词的这些义项可分别同其他词或词素组合成一些新词,而这些词之间也因此有了某种联系,串联起来就成为一个词族。以"解"字为例。

解　分开(原始义)——打开:解脱、解决、解码、解冻、解放、解铃……

解剖　　除去:解闷、解渴、解围、解除……

解体　　说明:解释、解说、解答、注解、见解、讲解……

解散　　明白:解悟、易解、费解、理解、了解、误解……

分解　　……

汉语词语词义上的特点,给外国学生学习、积累汉语词语提供了一些条件,汉语作为第二语言教学可从以下几个方面充分地加以利用。

(1) 利用联想来记忆。汉字的表意性建筑在联想上面。象形字是实物的整体联想(如鸟、马等),指事字是实物的部分联想(如甘、刃等),会意字是两三个实物的抽象联想(如休、臭等),形声字是有关某类实物或现象的范围联想或抽象联想(如江、烧、机、脸)。通过联想而形成的汉字,其最早的意义称之为本义(如"本"之为"根"),或者称为基本义(如"我"之本义"一种武器"早废,借为第一人称,这就是基本义)。汉字的本义或基本义在语言使用过程中,根据社会生活和人们思想活动的需要,可从不同角度去联想,于是引申出了与本义或基本义有关的新义。如"间",从"门缝"(本义)引申为"间隔"(空间)、"间歇"(时间);"及",从"赶上"(本义)引申到"来得及"(实义),又引申到"及早"(虚义)。这种通过联想而引申出来的意义跟词语的本义或基本义有着种种联系,它们为记忆提供了由此及彼的关联线索和条件。汉语作为第二语言教学应尽量利用词义的联想与引申来识记词语。

(2) 利用语义网络来积累。第二语言学习所输入的词语,在心理词典中可以按语音、词形或语义进行排列。语义排列有两种,一种是以词语和词语之间的语义联系来排列,另一种是以一个词语内部的语义系统来排列。前一种排列,可用意义、词性、功能、类属、动作、性状等不同标准归类,例如,可以把词语归为加强语气的,主要是副词等虚词,如"真、还、可"等;形容事物的,主要是形容词 ,如"雄伟、宏大、飞快、轻捷、悦耳、动听"等;述说动作的,主要是动词,如"烤、煮、穿、戴、希望、期盼"等等。这种归类是无穷尽的,同一个词语也可同时归入几个不同类别。如"跳跃"可列入"脚的动作"类,也可列入"体育"类,还可列入"表示欢腾"类。这里有教师的引导,也有学习者自身的学习经验和习惯作用。学生积累的词汇越多,汉语水平越高,所归的类别也就越多,使用和再认也就越准确。后一种排列是按一个词的内部意义的引申线索排列成分层次的树形结构。有连锁式,由一个词的本义或基本义一环套一环地绵延引申,如"朝":

早晨(基本义)———早朝——————朝拜——————朝廷—————朝代

(皇帝早晨办公) (臣子早朝跪拜) (皇帝办公地) (王朝的时期)

有放射式,围绕一个词的本义作为中心,引申出多个意义,如上面举过的"解"字例。再有混合式,是连锁式和放射式两种引申方式的结合,如"发":

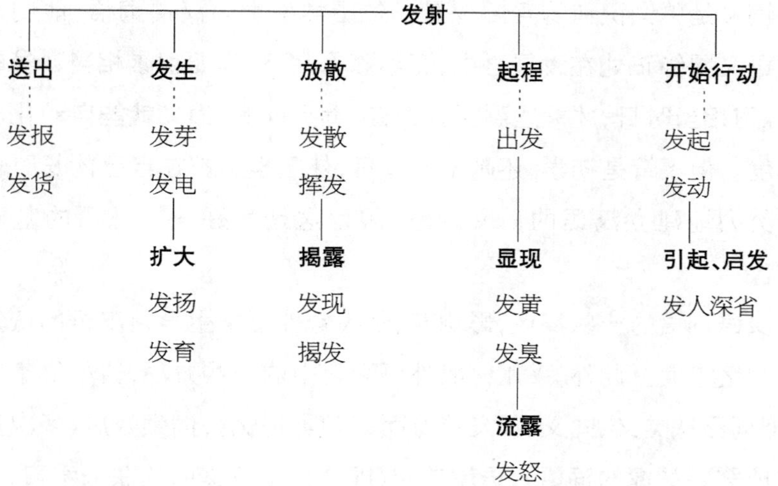

事实上，贮存于网络中的语义，要比上面所说的形式复杂得多。仍以“朝”为例：

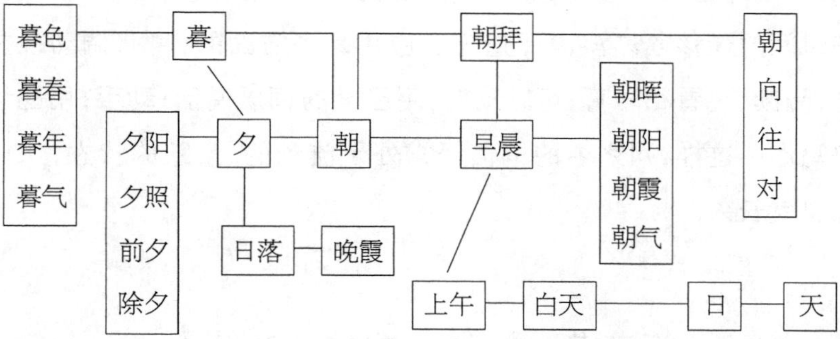

这里，每一个语义是网络上的一个节点，围绕这个节点又有好多在特征上与之接近的节点，形成了一张节节相连、点点相交的关系网，贮存于长时记忆库中。其中任何一个语义被激活，就能扩散至有关的其他语义。[①] 需要调动时，它们就会一一跃出；不需调动的语义，它们也会逐渐地自动抑制。

① 李维.认知心理学研究[M].杭州：浙江人民出版社，1998：73.

词义是单词识别的重要变量。外国学生学习汉语词语，他们大脑中的语义网络正处在发展之中，还不怎么完整，需要积累相当数量的词语，练习相当时日，才能达到听到词音、看到词形，词义就能自动化出现的程度。但不管是初学，还是学习有日，外国学生都在自己的长时记忆库中努力地建立汉语的语义网络，因为这是学好一门外语的基础和根本。

汉语词语的一些特点，影响着、制约着外国学生学习汉语的认知速度和记忆牢度。此外，采用一般外语学习中的一些方法，诸如群集认知(即把词语从类义、同义、反义等方面来归类记忆)，词频效应(多次反复地出现需要掌握的词语)，语境效应(即通过上下文的关联来学习、理解词语)等，都能促进记忆，加快反应。

需要强调的是，词语的应用训练，是学习汉语的关键。处于网络中的词语，是静止的、不活跃的、受抑制的，如果不加以调动、激活、应用，会随时间的迁移逐渐淡漠而遗忘。应用是多方面的，可以调动视觉与听觉，阅读、观看和聆听；可以动口，用已学的词语说话；动手，用已学的词语写作。这样，网络中的词语经常处于流动的、活跃的状态，保持的时间也就长久。

第三节 汉语句式的认知特点

人们在聆听或阅读后，留存在记忆中的一般是所听所读内容的意义而不是句子形式。当需要复述或回忆时，虽然基本意思不变，但句子形式已有变化，已不再是原来的样式。例如，父母下班回家，孩子转告有谁打来电话，是怎么怎么说的，意思可能传达清楚了，可绝不是原句原话。也就是说，孩子接电话时，只注意对方说的意思，很少会去注意对方用的句子形式。这是对操本族语的人而言。对于正在学习外语的人来说,其使用外语的熟练程度尚未达到一定水平,则做不到快速地从句子表层形式向底层意思转换,或者把一个意思迅速地向句子表层形式转换。它们必然会在句子的表层形式上停留许久,反应比较缓慢。因此,学习外语,记忆一些常用的典型句子,即句型,训练从句子到意思、从意思到句子的转换活动,是提高听力、阅读、说话、写作的必由之路。汉语的句式有一般语言所共有的普遍规律,也有汉语本身所具有的一些特征,集中反映在组合、搭配、扩展、语序、变换和特殊句式等等方面。

一、汉语组合的特点与认知

外国学生学习汉语,积累词语固然很重要,而掌握词语的组合方式则更为关键。因为理解句子或用词语表达意思,都离不开组合规则。头脑中语义网络节点之间的联系,因素种种,而组合是它们的重要的关联方式。所以,组合不仅是形式的,而且涉及语义、概念之间的联系,乃至推理。从表达功能上说,它包括搭配和扩展;从句法上说,它包括词组、单句和复句。由此可见,了解汉语的组合特点,是学习汉语句式的基础。

1. 汉语组合的一致性

言语是由词语组合的,零散的词语,只是一张生词表,不能表达任何意思;表征在头脑中也无非是一串串词义相近或相反,以及种类相同或相从属的词语置放于不同的框架之上。它们不具有什么完整的意义,也不能表达什么思想。只有组织起来的词语,才由于词与词的组合,产生了某种意义,具有了表达和交际的价值。

很多语言的组合,要受形态(性、数、格)的制约,汉语缺乏形态,不必考虑这种规约和限制,依靠语序和虚词(如“和”“的”等)就能比较自由地组合。当然所谓的自由组合,是以语义相配、合乎逻辑事理和语言习惯作为其前提的。例如,说“幸福生活”“生活幸福”可以,说“生活响亮""响亮生活"不可以,因为语义不配;说"粮食丰收""丰收粮食"可以,说"粮食健康""健康粮食"不可以,因为于事理不合;说"打扫卫生"可以,说"打扫清洁"不可以,因为不符合习惯。汉语由词素组合为词,由词合成词组,由词或词组合为句子,运用语序手段而构成的几种关系是一致的。见下表。

表三　汉语组合关系

组合关系	词素组成词	词合成词组	词、词组合成句子
联合	朋友、生产、光明	工人农民、批评和表扬、勤劳勇敢	
修饰	广场、速成、冰凉	游泳池、热情帮助、讨论的问题	多勤劳的人民! 一个冬天的夜晚。
陈述	头疼、心虚	经济繁荣、心情激动、菜花黄	太阳升起来了。 电话铃响了。
支配	握手、点头	打电话、洗衣服	开门!禁止吸烟!
补充	提高、缩小	洗干净、跑得快	唱得好!跑快点!

正由于汉语词、词组、句子的几个层级的组合关系是一致的,①外国学生只要记忆同一套组合规则,就能辨认或生成词、词组和句子,从而理解语义或表达思想。也就是说,一套规则几处可用。这就为工作记忆的容量留出较多空白的地盘,以便接收其他语法信息。所以汉语的组合特点,客观上也正好符合记忆的简省原则。

在词、词组、句子几个层级中,词组最为主要。如果说词是构造句子的基本材料,那么词组是预制的半成品。它们只要加上语气语调,就可成为句子;把它们视作句子的一个成分,就能一眼看清整个句子的主干和脉络;用它们来造句说话,也可省却许多临时组合的时间。电脑的中文字库中,存有许多词组,目的也在于方便组合和节省时间。外国学

① 张志公.现代汉语(中册)[M].北京:人民教育出版社,1982:38—40.

生的心理词汇中除了存放一般的词语外，应该鼓励他们多存放一些词组。例如，“繁荣经济”“改革开放”“调查研究”“宏伟目标”“前途光明”“打得火热”等等，虽然它们都可通过网络节点的激活和联系临时组合起来，但如果能作为一个单位整存整取，阅读理解或提取表述省却一步认知运算，那就简捷多了。

2. 汉语的语义搭配对认知的影响

任何一种语言的句子形成，在表层形式下面都有一个语义的搭配问题。汉语的组合，主要靠语序，词语搭配显得尤为重要。什么样的词可放在哪类词之前，哪类词的后面可放什么样的词，其中语义起着桥梁和杠杆的作用。例如，有生命的东西可以用“生长”(如“草木生长”)，无生命的东西一般用“产生”或“生产”(如“产生问题”“生产皮鞋”)，如果说成“草木产生”或“生长问题”，表层的形式虽符合语法规则，但语义不合事理，搭配就有了问题。使用汉语的中国人凭语感就能加以判断，对正在学习汉语、汉语语感不强的外国学生来说，虽然语义搭配跟其母语有许多相同或相通的地方，但由于词语不一定对应和转译的问题，他们听不出语义配搭有错的句子，也可能造出语义配搭不妥的句子，尚须经过相当时日的训练和适应。

语义搭配是一个复杂的思维心理过程。处于网络中的词语或概念，以其定义特征和特性特征，既区别于其他概念，又联系于其他概念。如“花”的定义特征是：种子植物的有性繁殖器官。特性特征是：由花瓣、花萼、花托、花蕊组成，有各种颜色和香味，可观赏。“草”没有这些特征，就不属于“花”；但因它们都是植物，所以又有联系，“花草”常可并列一起。由于“花”有种子、繁殖和花朵的特征，它就能和“浇、养、种、栽、插、摘、拔、赏”等动词紧密联系和搭配；由于“花”有颜色、形状和香味的特征，就能和颜色词“红、黄、白”等、性状词“大、小、鲜艳、艳丽、芬芳”等紧密联系和搭配；由于“花”能代表一种植物和某种属性，就能和相对或相关的词如“草、木、匠、圈、篮、布”等紧密联系和搭配。而像形容山势的“陡峭、磅礴”等，形容水势的“汹涌、奔泻”等词，绝对跟“花”不能搭配，就因为“花”不具这样的特性。人们头脑里的知识结构和常识以及语言习惯能判定和保证语义搭配的准确度。

在人们脑库的词语网络中，一个概念的周围，聚合着一串串相关的词语(概念)，建立起纵聚合联想和横组合联想。[①] 纵聚合联想指在一个结构中占据相同位置的形式之间的垂直关系，如：

老人在浇花。
老人在养花。
老人在种花。
老人在赏花。
……

其中“浇、养、种、赏……”等词之间存在着一种纵聚合关系，这是在语言使用中构成的纵聚合联想。横组合联想是线性序列的语言成分之间所构成的关系，如“艳丽的花”，“艳丽”和“花”之间就有着横组合关系。这两种联想都是语义联想。它们把分散的词语有机地沟通、组织起来，形成纵横交错的语义网络。只要激活其中一个词语，就能激活扩散一大片，通过大脑机制的筛选、提取而进行正确的、合适的语义搭配。

汉语语义搭配，有两个方面必须注意。一个是述宾搭配问题，在汉语中述宾关系不全是支配与被支配关系，从字面上看，有些述宾搭配似乎不合逻辑，其实这是汉语的习惯。述宾组合的宾语，除了表示承受动作的事物(读课文、买衣服)外，还可以表示动作的工具(写毛笔、打电话)，表示动作的处所(吃馆子、写黑板)，表示动作的结果(打毛衣、写大字)，表示动作的方式(跨大步、唱女高音)，表示动作的施事(晒太阳、吹

① 朱纯.外语教学心理学[M].上海：上海外语教育出版社，1997：228.

风)等等。[①] 这是外国学生难以理解和应用的地方,必须通过多方训练,培养起这方面的语感,以适应这种语言习惯。

另一个是复杂搭配问题,在汉语中多数是一个述语加一个宾语,但有时因表达的需要,可能是两个动词共一个宾语(动动宾式:学习和掌握汉语),或两个宾语共一个动词(动宾宾式:买了水果和蛋糕),或两个动词共两个宾语(动动宾宾式:克服和改正这些弱点和错误),这多个动词或多个宾语之间必须互相照应,不能一个管得住,一个管不住,顾此失彼,否则,就会出现搭配失当的错误,如“提高和增进友谊”“改善条件和措施”“发表和提出自己的看法和感情”等。初、中级程度的外国学生,大部分还没水平造出这么复杂的句子,他们驾驭不了这么复杂的搭配。高年级的外国学生基本上能造出这样的句子,但常犯上述的错误,这是因为在进行语义搭配的思维过程中,在提取动词和名词搭配时,注意力往往集中在最接近的动词和名词上面,而对离得较远的动词或名词,就不那么专注,出现了顾首不顾尾、顾此不顾彼的现象。这种情况在口语里尤其突出,但因为口语语音持续的时间太短,听者不仔细的话,也会马虎过去,不会觉察什么地方欠贴切;书面语言可以细细审查、推敲,就不能含糊了。

偏正词组的搭配,也有类似情况。修饰语可能不止一个,中心语也可能不止一个,这时就得考虑其间的关系是否都搭配得当。外国学生在激活提取有关的几个或一串词语进行搭配时,因语义因素比较复杂,需要反复进行认知计算,反应的速度要缓慢一些。时间上过分的急促,很可能出错。如学生在慌忙中说出“大家都有一双聪明、能干的手”,是由于只想到“能干”可以修饰“手”,没顾及离中心语较远的“聪明”,跟“手”语义上能否搭配。

---

① 胡裕树.现代汉语(第5版)[M].上海:上海教育出版社,1995.

3. 汉语语句的扩展和思维

人们表达某个思想时，总是先有个意义，然后寻找、选择合适的词语和句式来表述。这个心理过程常常是由模糊、粗疏逐步清晰、精确、严密的。意义是由命题构成的，简单的意义只含一个命题，如“吃饭”；复杂的意义有好几个命题，[①]如“吃一顿饭”“吃得饱”“饭菜美”，如实地不加修饰地说出来，显得罗嗦，就得寻找简单的、经济的句式精确地加以表述，经过头脑的认知运算，最后可说成“饱饱地吃了一顿美餐”“美美地吃了一顿饱饭”。一个句子将好几个命题组合在一起，而意义都被包含于其中，这是浓缩；反之，从句子本身来说，由“吃一顿饭”演化成“饱饱地吃一顿美餐”，却是扩展。人们在说话时，头脑里一直在频繁地进行着浓缩命题和扩展语句的思维活动。人们在阅读或听人说话时，其接收和反应的加工活动正好与之相反，即把扩展了的语句压缩成主干，把浓缩了的命题重新复原。学习汉语的外国学生，当其处于初学或不太熟练的阶段，常常把命题直接说出，一个意思往往分成几个简单句来表述；阅读和听说时，对于扩展了的复杂句子理解反应比较迟钝。也就是说，他们还不善于把用汉语思维的命题浓缩在经过扩展的语句里，也不善于把扩展了的汉语句子分解为若干命题。因此，汉语作为第二语言教学重视语句的扩展训练，是极有认知意义的。

这种语言的心理活动过程，跟乔姆斯基所提出的双重结构理论类似，乔姆斯基把句子结构分成表层结构和深层结构，表层结构指句子的形式，深层结构指陈述的意义。语言的生成或话语的理解，就是这两种结构互相转换的结果：即从命题到句子形式或从句子形式到命题。[②]

语句的扩展训练，一种是把词语扩展为词组，可以为一个名词配上修饰语或动词，如“高耸的大楼”“建造大楼”；可以为一个动词加上修饰

① 彭聃龄．语言心理学[M]．北京：北京师范大学出版社，1996：182．

② 同上书，p. 24．

语、补语或宾语,如"精心研究""研究得很深""研究学问";可以为一个形容词加上修饰语、中心语或主语,如"相当宽广""宽广的心胸""场地宽广",等等。另一种是把句子或语言片断从大到小或从小到大一层一层地分解,如:

"这个学校的学生非常认真地学习。"可以分解为下列几种格式:

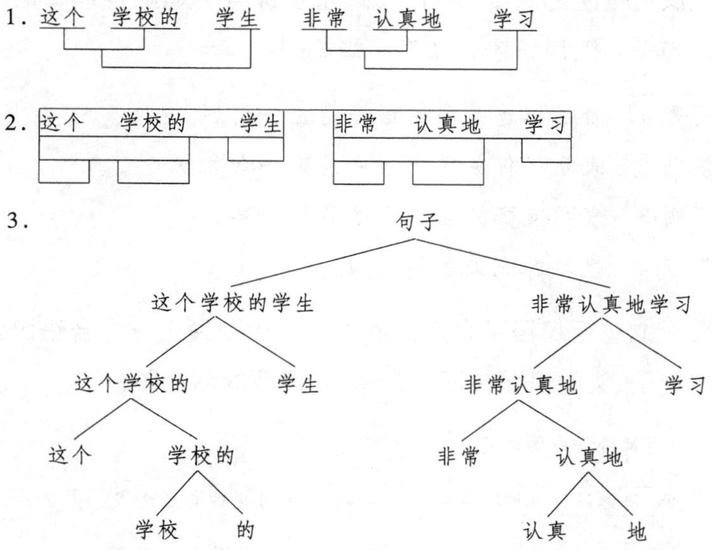

上述无论哪种训练方式和哪种分解方法,他们或者符合人们选词造句的表述规律,或者符合人们从句子形式深入到语义的理解活动,都有助于外国学生用汉语思维和用汉语表达的熟练和提高。

二、汉语语序的特点与认知

复杂的意义一般有几个命题。命题组合起来,用一定的语言形式加以表达,就有一个语序问题。不同的语言,可能在语序上会有差异。汉语说"杰克放声大笑",别的语言可能说成"杰克大笑放声"。这里既有合乎逻辑的因素,也有语言习惯的问题。例如,英语和汉语的宾语一般置于动词之后,表示动作所涉及的对象或有关方面,合乎事理发展的先后顺序。日语中的宾语一般放在动词之前,好象逆反而动,但我们不能说它不合逻辑事理,因为这是日语的语言习惯。学习汉语的外国学生,说写汉语,语序上多有不合汉语的习惯,就因为受其母语的影响和干扰。前面说过,汉语的组合主要靠语序和虚词,掌握了语序,实际上掌握了汉语语法的一大半。可见,认知汉语语序对学习汉语的重要性。

语序是汉语语法的重要规则,人们凭借着语序规则可理解语义并生成无限的句子。汉语语序有如下一些规则:

规则 1　表示陈述关系的语序是主—谓。

规则 2　表示修饰关系的语序是定—心和状—心。

规则 3　表示支配关系的语序是动—宾。

规则 4　表示补充关系的是动—补。

初学汉语或应用汉语不太熟练的外国学生要说出一个合乎汉语语序的正确的句子,头脑里要转好几个弯,如下面的示意图:

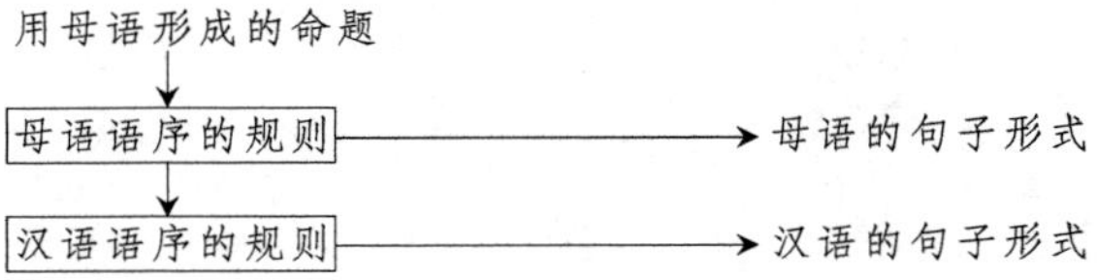

就是说,外国学生先要把存于头脑中的某个意念,根据母语的语序规则,用母语的句子形式表述,然后再对照汉语的语序规则,翻译改写成汉语的句子形式。当然,高年级的学生也许能直接用汉语形成命题,同时直接把命题写成符合汉语语序的句子形式。不管是哪种情况,这几条汉语的语序规则都从中起着作用。

汉语语序的这几条规则是有定的,并带有强制性,是学习汉语的外国学生必须首先掌握的。违背了这些规则,很可能开口就错,寸步难行。但语言是复杂的,规则有时并不能涵盖所有的现象和情况。汉语语序的有定性和强制性中也有相应的变通或选择。具体表现在:

（1）动词性偏正词组，状语在前，中心语在后，这是有强制性的；但状语的位置既可放在中心语之前，也可挪到主语前头去，这是有选择性的。如“第二日，我们便动身去南京了。”

（2）当中心语前头有多项递加的状语时，由远而近地靠着动词，一般的语序是：①表时间、原因、目的等状语；②描写动作者的感情、心理活动等状语；③表处所、方向等的状语；④表动作涉及的对象的状语；⑤描写动作方式、状态等状语。例如：

我 已经 在会上 向大家 详细地 介绍了 他的 情况。
　　①　③　④　⑤

但这种语序不是绝对的，其中有些状语的排列次序是有选择性的，可变更的，如上例可说成“我已经详细地在会上……”。

（3）名词性偏正词组，定语在前，中心语在后这是有定的。但是当中心语前有几个递加的定语时，他们的排列次序也有强制性的一面和选择性的一面。递加定语由远及近靠向中心语的一般语序是：①表领属关系或表时间、地点的名词和代词；②数量词和指别词；③表行为或判断的动词或动词性词组；④表性状的形容词。例如：

他的 那 一只 从瑞士 买来的 新式 手表 走得 很准。
①　②　②　③　④

其中的“那一只”也可移到“新式”之前。

正是汉语语序有选择性的一面，一个修饰性词语有多个位置，似乎捉摸不定，从而引起外国学生产生汉语无语法的错觉。其实汉语语序是有定的，这是基本的一面；汉语语序有选择性，是灵活的一面。初学汉语者，要牢固地记忆并运用汉语语序的基本规则，以生成句子来说话或写作。到高级阶段，可灵活地运用选择性的语序规则，以适应强调或突出某个词语的表达需要。

外国学生掌握了汉语的基本语序，也有助于阅读理解和听力理解。顺着汉语的语序，揭示按一定语序组合起来的词语之间的语义关系，就可理解或听懂语言所表述的事件。这个过程，从认知心理的视角分析，包含了两个步骤：

(1) 合理切分句子以及句子中的成分。一个词语串的刺激，通过视觉神经和听觉神经传导至大脑，大脑机制为之加工编码或解码，搜检与之相匹配的词语模式，进行辨认或提取，同时调动词语的组合规则和语序规则，对词语串作出合理的切分，即把句子切为主语和谓语两部分，然后再斟酌其中的语义关系。通常应用的有效的切分方法是找中心语。因为中心语是句子的主干，找准了中心语，句子的脉络也就一清二楚了。而确定中心语则主要依靠语序和语义因素。

切分是个复杂的心理活动，它建筑在人们的语感，即对语言的熟练程度之上。对外国学生来说，切错、读破在所难免。个中原因种种，或者受实词的影响，把虚词分拆开来，例如："除夕的饺子，都须先供佛，而后人们再享用"。其中"而后"的"后"被错切到后面，跟"人们"组合在一起；或者受组合频率高的诱导而把词语拦腰切开，例如："这一幅幅画面都可以使你停下来看半天"。因"画面"跟"一幅幅"组合出现的频率比"画"低，就被错切开了，等等。另外，过分生僻的词语，因不理解也会造成切分之误。

(2) 对句子作层次分析，明确词语之间和成分之间的语义关系。人们对语言的理解是一个加工过程。听者在语言识别的基础上，还必须进行句法分析和语义分析。层次分析就是其中的基本手段。首先，把句子形式划分为主、谓两个部分，这是句子的骨架，从语义来看，是主要命题；其次，对主、谓两个部分，分别再作层次分析，这可以说是句子的血肉，由一个或数个命题构成，语义因此得以深化。如果语义关系尚不明确，还可以做第三层次、第四层次的分析。如图所示：

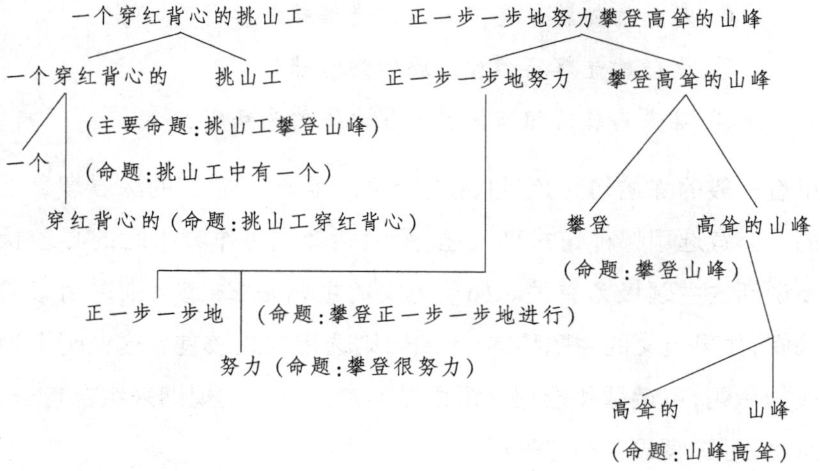

可见,在对句子形式作句法分析的同时,也在进行语义的分析,两者是紧密联系,不可分割的。只有语义联系而没有句法分析是不能够完成对句子的理解的;没有语义分析参与的句法分析也就没有实用意义。人脑在识别每一成分的同时,用它去构造相应的深层命题,且连续地建立这些命题的层次性表征,然后把这些命题整合为一个完整的意义,达到正确理解句子的目的。[①]

三、汉语语序的变式及其认知

上面所说的是汉语语序的一般常式,外国学生掌握这些常式基本上能用来表述自己的思想。但人们的思想感情是复杂的,对表层的句子形式也要求有所变化。因此任何语言的句子形式都有常式和变式同时存在,汉语也不例外。所谓变式,即保持语法要点的本质属性而变换某些成分或属性的语言材料。它们和常式往往可表述同一个意思,但侧重点和感情色彩不同。例如:

① 乌鸦的翅膀挡不住太阳的光辉。

---

① 彭聃龄.语言心理学[M].北京:北京师范大学出版社,1996:147.

② 乌鸦的翅膀不能把太阳的光辉挡住。

③ 太阳的光辉不会被乌鸦的翅膀挡住。

④ 难道乌鸦的翅膀能够挡住太阳的光辉吗？

这里有一般的陈述句、把字句、被字句和反问句。它们的深层意义是相同的。究竟选用哪种句式来表述，跟说话者或写作者当时的心理状态以及说话的主题极为有关。如果上文的主题是“乌鸦”，则选用①②④式较宜，如果上文的主题移向“太阳”，则选用③式较宜。这说明由词语构成的命题，可遵循和选用汉语语序的常式和变式规则来组合句子，一个意思，可转换成多种句子形式。[①]

汉语的把字句和被字句，相对于一般的陈述句语序来说，是一种变式，因为在这两种句式里，宾语的位置不在动词后面，有的被提前了，有的放到主语位置上去了。但是从其使用的频率来看，它们也是常用的句式。尤其是把字句，差不多每篇文章或每个话语片段都离不开它。把字句和被字句有特殊的表达功能和作用，它们能给视听理解以相当大的刺激。因为把字句强调处置的结果，所以当人们的视觉和听觉发现有“把”字出现，马上会警觉起来，集中注意力等待这个结果。例如：

① （她整天高声大叫，）把嗓子——喊哑了。

② （他很勤快，）一清早就把房间——收拾干净了。

③ （小家伙喜欢在地上滚爬，）把衣服——弄脏了。

④ （他做事太不细心，）把好容易才买到的票子——丢失了。

被字句跟把字句的关系极其密切，上述的例句去掉“把”字，在动词前加上“被”字，就成了被动式语句，如“衣服被弄脏了”“票子被弄丢了”等等。可见，被字句也有个被处置的结果。所不同的是被字句的结果多

① 张志公. 现代汉语（中册）[M]. 北京：人民教育出版社，1982：109.

数是“不如意”的事，所以人们的听觉和视觉发觉有“被”字出现，心理预期常常有一种不顺的、不好的感觉和联想，例如：

撕坏
弄坏
你的书被他——卖掉　　了。
丢失
拿走
……

跟“书”有关的种种不祥的字眼，通过语义网络都一一激活，任何一种结果都已处在意料之中。所以被字句比较容易理解和听懂。但是汉语的被动句往往不一定使用“被”字，这样就造成意念上的被动。它没有形式标志，完全得靠语义来确定。外国学生对这类被动句的反应要慢一些，因为在他们的头脑里要作认知运算：主语跟动词的关系是施事还是受事；动词前能不能补上“被”字。然后才能作出判断。被字句的结果有时也有“好”的，如“你的书被选上了”。这在心理上跟一般的结果有个反差，所以印象会比较深刻。

汉语常见的变式句还有：

(1) 谓语提到主语前面。这是人们在急迫的心情和紧迫的形势之下，把最为关键的动作行为先期说出，以引起对方的注意，随后再补上话语的主体。如“快追，——小王！”这是日常口语中较为常见的语言现象，外国学生一般都能应用。

(2) 定语挪到中心语的后面。汉语的定语不管有多长，可一律放在中心语之前，很难有轻重之分，偶尔有一个、两个定语后置于中心语的话，强调的效果十分显著。这是人们之所以要使用“心一定”这一变式的心理状态。如：“前面来了一个人，黑黑的、长长的、瘦瘦的。”对学汉语的欧美学生来说，他们对此反而感到自然和习惯，因为在英语中不乏定语后置的情况。

(3) 状语挪到中心语的后面。汉语的状语不管有多长，也可一律放在中心语之前，但有时说漏了一个状语，而且是很重要的词语，则可补充在中心语之后，其表述效果更为突出。正因为这种变式有强调作用，人们在说话或写作时还会刻意去追求这种效果。如："他吃力地站起来，慢慢儿地。"英语中状语放在中心语之后的情况是司空见惯的，欧美学生对此也很习惯，理解和说出这样的句式并不感到困难。然而，变式毕竟是变式，只能偶尔使用，如果通篇都是变式句子，那就成为欧式汉语了。

语言理解和说话表达，涉及语音、文字、词语、句式和语义，只是认知心理的程序有所不同而已。语言理解是把视觉感知到的文字符号信息，经过大脑语言机制的解码，从词语网络中提取相匹配的词语，在句法规则的引导和分析下，理解其深层的意义。说话表达是把大脑中的某个意念(一个或几个命题)，通过语义网络的作用，提取和选用合适的词语，按一定的句法规则组合、搭配、扩展而为句子形式，再转化为语音形式或文字形式传达出来。汉语的认知，跟别的语言的认知，大体相同。有过学习外语经历的外国学生，学习汉语时比一般的学生进步和提高都要快得多，原因就是可以把学习其他外语的一些有效经验移用到汉语的学习中来。当然汉语还有其特殊性的一面，这集中反映在汉字、汉语词语和汉语的一些句式上面，外国学生能够注意汉语的这些特点，积累一定数量的汉字，编织起汉语的词语网络，牢记汉语的句式规则，就能提高学习和认知汉语的效果。

第三章 汉语作为第二语言教学的认知环境

环境是人类认知的基础。人类语言的产生和发展、思维的不断完善,都是在一定的环境条件下进行的。母语的习得,环境是主要的外部条件;外语的学习,更离不开环境的重要作用。

第一节 环境与一般认知

环境一般是指周围的情况和条件。人们对世界的认识以及在现实生活中的一切活动,都离不开外部环境而进行。环境同样对于人们的生理、心理的发展,对于人们认识世界、适应世界、创造生活的一切活动起着一定的制约作用。我们从环境对生物机体生存所起的作用中可以看到环境所具有的重要性。"假如生物居住的环境各处都完全一样的话,那么地球上大概只会有一种动物生存着。由于现实中的环境无论在气候方面还是在居住条件方面都是极其多种多样的,所以这就引起了有机体的分化。……一切生物都要适应现存的条件。"[①]无论哪种生物,对环境刺激反应的方式越高级,就越能摆脱环境的直接影响。例如,为了在酷暑中生存下去,草原上的乌龟会钻进深土层内,深海中的鱼类会浮上海面,大象会找到水源然后喷在身上降温,而猴子则会躲进密林之中。生物是逐渐摆脱对环境的直接依赖的。"但是任何发展水

---

① A. B. 彼得罗夫斯基. 普通心理学[M]. 北京:人民教育出版社,1981:92—93.

平的生物在任何时候都不会彻底摆脱这种依赖。环境是生物机体的生存条件,是决定生物生命的主要因素,换言之:生物机体的生存被环境所决定(受环境条件的原因所制约)。"[①]生存是如此,人类世界在其心智的发展中,亦离不开环境的作用。俄国生理学家谢切诺夫认为,一个人的心理千分之九百九十九都是由人的生活条件决定的。同样,人们对于自然科学和社会科学知识的获得以及运用,也跟环境有着密切的关系。

知识的获得与运用,即使是经验性的,也要经历一个对外部世界完整的认知过程,这个过程是以外部世界的刺激为基本条件的。我们以人们对自然界蜜蜂酿蜜的认识为例,来细化环境在人类对世界的认识中所起的作用。人对周围环境,是通过听觉、视觉、触觉、嗅觉、味觉五种感官来感觉的。这五种感官受到外部环境的刺激,通过神经系统的传导,将外部世界的各种信息输入大脑。例如对于蜜蜂,人们通过视觉看到了它的颜色和形状,看到它采花酿蜜;通过听觉,知道它发出嗡嗡的叫声;如果被蜜蜂蜇过,通过触觉会感受到刺痛等等。这些刺激传入大脑后,大脑的加工机制即对感觉到的各种信息进行编码。对蜜蜂的编码:(视觉的)黑黄相间;头大、尾胖、腰细,有翅膀、会飞;住在蜂窝里;能采花酿蜜;(听觉的)会嗡嗡叫;(触觉的)感到刺痛。对蜜的编码:(视觉的)浅棕色、浆状;(嗅觉的)清香;(味觉的)甘甜。二者之间的关系:蜜是由蜜蜂酿造的。由此形成的三个信息模式是:"蜜蜂""蜜""蜜蜂能采蜜(或蜜是由蜜蜂所酿造的)"。这里必须强调的是,只有经过环境的多次反复刺激、大脑加工机制的不断补充编码,才能形成一种比较牢固的模式。信息模式贮存在脑库中,凡贮存下来的信息就是知识。然后在需要时可以反应,进行提取。如果外界有一只蜜蜂,脑库中的蜜蜂模

① A. B. 彼得罗夫斯基. 普通心理学[M]. 北京:人民教育出版社,1981:92—93.

式与之匹配而被激活,就能识别。如果是黄蜂,就会因为其头长、尾长、腰细而被否定。如果外界有一碗蜜,因其色、形、味而被识别,并以之区别于茶水和浆糊。因为认识到"蜜蜂能酿蜜",会给人类带来好处,所以人们"养蜂产蜜",加以推广运用。这是对人的认知过程的一个简单的概括。由此我们可以看到,人的认知首先取决于环境,人们在适应环境、改造环境的过程中从无到有、由简而繁地认识世界,人类认知源于环境。

第二节　环境与语言学习

语言学习是一种知识的接受和能力的培养,也是一种认知心理活动。这种活动依赖于外部环境,并且是在一定的环境中进行的。从认知心理的角度分析,人类语言的获得可以分为自然认知和教学认知两大类。母语的习得主要是自然认知,而外语的学习则以教学认知为主。自然认知和教学认知都是在外部环境的作用下,完成整个认知过程的。

一、母语习得和自然认知

心理语言学家将儿童母语的获得分为"前语言时期"和"真正的语言发展时期"这两大阶段。从婴儿出生至大约一周岁,这段时期为"前语言时期"。幼儿一周岁左右开始产生真正意义上的语言,这个阶段及其以后的语言发展为"真正的语言发展时期"。[①] 通过各种科学实验,心理语言学家观察到:在"前语言时期",婴儿由于生理上的需要以及周围环境的刺激,例如寒冷、潮湿、炎热等等,会发出声音。到两个月时,他就能分辨出表示各种不同感情色彩的声音。到五六个月时,他不仅能注意分辨言语节奏和语音语调,并开始呀呀学语。心理语言学家认为,

① 彭聃龄.语言心理学[M].北京:北京师范大学出版社,1996:245－246.

儿童语言生成的标志是能说出第一个词。在“真正的语言发展”时期，儿童语言的发展一般经历了单词话语阶段(例如孩子要大人抱时，会张开小手说“抱抱”)、双词话语阶段(例如孩子需要母亲时会说“妈妈来”)、语法的形成和成熟完善阶段(从说简单的句子“我要饼饼”等开始逐步地会用一些连词、副词，如“和、也、又、还”等，进而发展为运用表示复句关系的关联词语，如“因为”“为了”“如果”等等。)无论是“前语言时期”还是“真正的语言发展”时期，儿童对母语的认知主要处于一种自然渐进的状态之中，周围环境或者进一步定义为语言环境是儿童习得母语的必要条件。婴儿从出生那一天起，就生活在母语(或第一语言)的语言环境之中。通过视觉，他观察到父母或看护他的人的神情变化，观察到这些表情、动作与语言的关系，甚至能观察到他们说话时口型的变化，并逐渐地把听到的语音同他所观察到的事物联系起来。例如大人给他一个布娃娃时，他可能同时听到“wawa”的发音。通过视觉和听觉的结合，“wawa”的发音和意义就同实物结合起来了，他也因此将这个事物和语言的一个词建立起了一种联系。儿童的各种感觉器官都在一定的环境中，跟语言随时随地建立着各种联系。例如吃糖的时候，他的味觉感受到甜的同时，会听到大人说“糖糖”；他的手触及烫的东西时，会感觉到疼痛，而大人会说“烫”或“疼”。生活在城市里的儿童看到红色的交通灯亮了，或许会听到大人说“红灯亮了，车车停下来”；生活在农村的孩子看到羊吃草，或许会听到大人说“看，羊羊在吃草”。一定的语言环境帮助他们理解一定的话语的意思。在儿童的生活中，每一天，他们都通过自己的感觉器官来感受和认识世界。他们习得的语言，都是和周围环境有着密切联系的，有些是他们已经熟悉的事物，有些是他们正要学习的东西。一般说来，儿童习得母语(或第一语言)的过程是一种自然认知的过程。在这个过程中，环境，或者说语言环境是必要的不可或缺的条件。①

二、外语学习与教学认知

外语的学习则包括自然认知和教学认知两种途径。前者指的是在一般的生活环境中无序地、随意地习得外语,例如初到国外的学龄前儿童、在外国人家里干活的保姆等等。而后者则是经过正规的知识传授和技能训练来学习一种语言。外语学习基本上是以教学认知为主的。教学认知不同于自然认知,它是有意识的,并带有一定的强制性质。比较自然认知,教学认知在时间上是有限制的,不像自然认知,随时都有机会和条件;在内容方面,教学认知是有计划、有规律的,特别是容量上,一般都经过了浓缩;就学习者而言,教学认知以青少年或成年人为主,他们的认知能力和抽象思维能力都已大大发展,不仅有较强的理解能力和长时记忆能力,而且注意力容易集中,自我意志的控制能力也很强。② 特别值得注意的是,外语学习中的教学认知有一个特定的学习环境。这个学习环境从不同角度可以分为语言环境(母语环境和目的语环境)和教学环境(课内环境和课外环境)两大类。汉语作为第二语言教学是一种以教学认知为主的外语教学,以此为例进行分析,我们可以看到学习环境对语言学习所具有的重要影响。

1. 语言环境

就汉语作为第二语言教学的广义环境而言,语言环境有母语环境和目的语环境之别。外国人学习汉语,有在他们自己国家学习,即在母语环境学习的;也有到中国来学习汉语,即在目的语环境学习的。从汉语认知角度来考察,母语环境和目的语环境存在着这样一些差别:

(1) 语言信息的刺激量、输入方式以及信息编码

---

① 李维.认知心理学研究[M].杭州:浙江人民出版社,1998:285,293,298.

② 邵瑞珍.学与教的心理学[M].上海:华东师范大学出版社,1990:187.

在母语环境学习，语言信息大都来源于语言材料本身，它不外乎教材提供的或教师设计的，信息的刺激量十分有限。语言信息的输入方式也比较单调，仅限于课堂活动。离开课堂以后，学生便又回到母语社会环境中去了，感知目的语信息受到了更大的限制。课堂上学到的目的语少有时间接触或实践，巩固输入的语言信息并将其付诸长时记忆库的条件都很缺乏。而在目的语环境学习，除了课堂环境以外，课外的大环境是目的语环境。汉语无时不在、无所不在，外国学生随时随地都沉浸在目的语环境之中。接受汉语信息的机会多，信息刺激量大。汉语信息的输入不仅可以通过视觉、听觉等多通道进入，而且感知的方式诸如电视、电影、报纸、广告以及广播、交谈等等，也是多种多样的。环境能赋予语言以一定的形象，特别是可视可听、现实存在的情景或语言环境，更有助于语言信息的编码。这一种类型的编码属于直观性的表象编码，对于信息的贮存和记忆是十分有利的。

(2) 教授者的教学语言和教学策略对汉语认知的影响

外国学生在母语环境学习汉语，教师大多为本国人。其中有相当一部分教师以自己的母语来教授目的语——汉语。外国学生在中国学习汉语，教师基本上是中国的专职教师，他们用自己的母语——汉语来教目的语——汉语。教师的教学语言本身也是一种语言环境，以目的语教授目的语，毫无疑问，后者的信息刺激量和输入量都大大超过了前者。再者，外国学生在母语环境学习汉语，教师大都“扬长避短”，以自己的所长或所习用的策略来教授汉语。例如日本教师在汉字的掌握和运用方面有很多优势，所以他们的教学就比较注重语法和阅读；而欧美国家的教师在听说训练方面优于汉字的书写和认读，所以在教学上对听说的操练就进行得比较得心应手。教师的“扬长避短”，对学生而言，使他们减少了在某一类语言环境中的训练，因此而不能得到全面均衡的提高。外国学生在中国学习汉语，中国教师由于跟汉语“融为一体”，故而不仅教授语言知识到位，并且在运用教学策略时，也能从汉语本身的特点出发，比较全面地考虑到汉语的特殊性，从而组织教学。再者，中国教师对"生于斯，长于斯"的中国文化、社会及国情的深入了解，对语言及语言所承载的文化的"知其所以然"，因而即便是在课堂上设计情景或设置语境，也能和现实交际接近或保持一致，从而使语言技能的训练更符合实践性和交际性原则。

2. 教学环境

作为一种主体知觉的背景，教学环境包括课内环境和课外环境。

(1) 课内环境是语言学习的主要环境

课内环境对学生的语言认知产生直接的影响。这种影响主要来源于学生的数量、座位的编排、教师对教学环境的设计和运用等等。首先，课堂内学生人数的多寡，同信息刺激量有直接的关系。对学生个体而言，同一环境中学习的学生人数少，他所获得的信息覆盖面就小，这样不易形成合作、促进或竞争；反之，学生人数过多，信息覆盖面广、刺激量大，必定有许多无意义信息混合其中，学生个体就必须进行区别选择，单位时间利用的有效性就会降低。其次，课堂内座位的编排影响到学生的注意。"贝克尔(Becker)的研究发现，教室内的座位编排方式对学生的学习参与行为有重大影响。坐在前面和教室中央的学生比坐在后面和两旁的学习成绩好"[①]这是因为坐在教室前面和中央的学生注意力易于集中。注意是知觉的集中，而知觉的集中直接关系到学习的有效性。影响注意的因素有物理的、情绪的等等。坐在教室后面和两旁的学生受教师的有效监控较前面和中央的学生差，且易受其他因素的干扰而降低注意的稳定性，并因此而影响他们的学习成绩。在课堂教学中，无论是语言知识的传授还是技能的训练，我们都主张教师适当地

① 郛志辉.关于教学环境的几个理论问题思考[J].东北师范大学学报，1995(3).

改变自己在教室中的位置,而不是一直站在讲台上,以引起全体学生的注意,并使他们在一定的单位时间内保持注意。如果说上述二者为课内环境的客观存在的话,那么教师对教学环境的设计和运用则具有鲜明的主观能动性。在课内教学环境中,教师起着决定性的作用。教师按照教学目的,根据教学规律设计和使用教学环境,可以给学生创设一种整体记忆的氛围。这种整体记忆是包括具体的语言知识以及当时的时间、地点、人物及其关系、环境气氛等等有背景的全方位记忆。将学生置于一定的教学环境中,还可以给予学生一种实境的体验,从而使他们的感悟力、理解力得以充分发挥。此外,在课内教学环境中,师生关系、师生相互间对对方的期望等等都是一种无形的环境因素,会影响到学习的效率和效果。①

(2) 课外环境是课内教学环境的延伸和补充

课外环境主要是指生活环境和社会环境。这些环境是随着外国学生的各项活动的进行而展开、变化着的。如果我们以课内教学环境为圆心,那么课外环境是围绕着这个圆心展开、延伸的。课堂以外,他们首先接触的是校园环境。在校园里学习、生活,他们可以认识许多中国学生和老师,跟他们交朋友、学语言,互相往来、交流。走出校园,他们接触到的是居住的城市的方方面面,交通情况、商业分布、娱乐场所等等。就餐要上餐厅、饭店;购物要询问款式、价格;坐车要寻找车站或叫出租;看病要知道基本的就诊方式。如果离开居住城市旅行,则要了解车船、飞机的车次、航班,要了解目的地的古迹名胜、风土人情乃至土产、特产。在这些活动中出现的语言是课堂上学习的教科书中无法一一罗列、面面俱到的。例如就餐时要求提供服务;出行时看懂车牌、路名或请求帮助。近至校内的广播、通告,远至路牌、店招,以至电视、电

① 邵瑞珍.学与教的心理学[M].上海:华东师范大学出版社,1990:299—312.

影、电话、广告，这些课外环境所提供的语言学习内容以及现实的交际操练，既补充了课堂教学内容、扩展了课堂学习范围，也提供了语言技能训练的机会和条件。课外环境是一种客观的学习条件，环境和情景都很真实且具有新颖性。运用认知心理学的研究结果——“最容易引起人们疲劳和厌烦的是那些过于简单或陈旧的内容”来进行分析，课外环境所提供的形象、新颖的信息容易引起学生的注意，并吸引他们对语言学习产生兴趣。同时，在课外环境中的学习，因为是一种偶然的、无意识的学习，因而学生的心理处于完全放松的状态，没有学习的紧张感，精神比较集中而灵活，容易发现事物重要的、关键的线索，所以能比较广泛地接收多方面的信息，给信息编码提供更多的线索。此外，在课外的生活环境和社会环境中，由于现实的需求，学生会遇到许多必须解决的问题，这些问题有相当部分是在课堂上所没有学到的。这就迫使学生积极地、主动地去听、去说。在这种环境中的学习比之课堂教学更具有针对性和紧迫感。[①]

课内环境和课外环境对教学所起的作用是互相促进、互相影响的。课堂环境中的学习是打基础。有了一定的基础之后，便于在课外环境中吸收新知识、了解新事物。而课外环境中的所视、所言，又能反作用于课内环境所获得的知识，起到巩固已知、活跃旧知的作用。我们在强调课内环境对语言学习所起的重要作用的同时，也不能忽视课外环境对语言学习所起的促进作用。

第三节 环境与表达功能

语言学习和语言交流都是在一定的环境中进行的。这种环境就是

① 王珊. 关于对外汉语课外延伸教学的思考[A]. 中国对外汉语教学学会第六次学术讨论会论文选[C]. 华语教学出版社，1999.

人们通常所说的语境。语境有狭义语境和广义语境之分。狭义语境一般指文章中的上下文或会话时的前言后语；广义语境是指语言表达时的具体场合、周围环境以及更大范围的社会环境。[①]

语言的交际活动，是在具体的时间、空间范围里进行的。也就是说每一种交际活动都跟一定的时间、场合、交际内容、交际对象有着紧密的联系。语言活动离不开环境，不同环境影响和制约着语言的表达和功能的运用。

一、不同的语境形成各类语体

语言的表达是配合一定的社会环境进行的。在某个特定场合使用的语言，应该符合这个场合的基本特征。不同的交际场合和语言环境对语言的使用有特定的要求。而语言环境也是有其相对稳定性的，这种相对稳定性的特征又使各种语言形式的运用规约为一定的特点和风格，即形成一定的语体。[②] 语体是语境的产物。语体可按不同的标准分类。根据语言的表达形式可分为口语语体和书面语体；根据语言形式的功能可分为叙述语体、描写语体、说明语体和议论语体；根据表达的语域可分为日常交际语体、公文事务语体、科技学术语体、文艺审美语体、政论评述语体，等等。

语言环境对语体的运用具有一定的规约。语体的文雅和通俗、一般和特殊、严肃和随便之分是由客观语境决定的。当人们进行交流，需要表达时就要选择相应的语体，并在具体的语境下展开，此时的用词造句必须符合语体以及具体语境的要求，这是一种主观功能的适应。这种主观适应包含着两种信息编码，即浅层编码和深层编码。具体的语境提供的是浅层编码：提供给个体以具体情节，可以进行情节编码；提

---

① 彭聃龄. 语言心理学[M]. 北京：北京师范大学出版社，1996：124.

② 迈克尔·葛里高利，苏珊·卡洛尔. 语言和情景：语言的变体及其社会环境[M]. 北京：语文出版社，1988：5.

供给个体以具体事件，可以进行表象编码；提供给个体以具体场景，可以进行联想编码。适应某种语体的词语句子，要求进行深层编码。每一种语体，一般由三条线索组成，这就是话语领域(如专业汉语还是非专业汉语)；话语方式(例如是书面语，就分出一般文章用语还是公务文件条例等等)；以及话语风格(如描述还是评论)。[①] 这三条线索既规定了语体的类别，也规定了该语体所使用的言语。选用适应于该语体的词语句式，除了凭藉现实语境的信息刺激进行编码以外，还要借助于头脑中已经获得的知识和过去生活的经验，在这些要素的共同作用下，经过模式的匹配和提取，输出最佳的语言形式，选用最贴切合适的语体。

二、不同的语境规定和制约着交际中词语和句式的运用

一定的语境、语体有一定的表达方式和适用的句式。特定场合适用的语言与场合的特征有紧密牢固的联系。当人们在一定的语境中进行交际时，语言交际者的社会特性(他的身份、地位)、交际场所、交际话题等都影响着他表达方式的选择和句式、词语的选用。也就是说，一定语境中的表达方式以及词语句式的运用要考虑到话题的适当性、角色的适应性以及场所的适合性。[②] 例如一位公司职员在称赞别人衣着新颖、打扮得体时对不同的人即使在同一个场合，也会用不同的句式来表示。在招待会的会场门口遇见自己的老师时会说："丁老师今天很有风度啊"；而遇见大学时代的同学，则说："哈，李兄今天这么潇洒"。一位医生在病房里对胃肠道出血病人叮嘱，好好躺着，不要用力，少活动，喝些牛奶、鱼汤、米汤，要放凉了再喝，不要喝热的。这位医生给医学院学生上课时，同样的内容，则说，胃肠道出血病人必须卧床休息，饮食要求用冷流汁。同样，医生会对某些病人说"不要吃鱼、虾等海产品"，而他

---

① 迈克尔·葛里高利，苏珊·卡洛尔. 语言和情景：语言的变体及其社会环境[M]. 北京：语文出版社，1988：8—9.

② 同上书，P. 2.

给护士的医嘱则是"饮食忌碘"四个字。在现实生活中,有一些情景是循环再现的,也就是说,情景有一定的相似性。在相似的情景中就会出现一些固定的话语。当人们要对某一个话题进行交流时,头脑中已有的关于某一个话题的知识就会被激活,于是人们对将要叙述的内容便会产生一种预期。

下面是一段根据现场实录整理的对话。

(在茶叶商店)

营业员:先生,您要点什么?自己喝还是送人?

顾　客:买点儿作礼品,再买点儿自己喝的。

营业员:我们这儿红茶绿茶都有。这是安徽祁门的祁红,这是云南的滇红。这些都是有名的红茶,国际知名的。绿茶有杭州龙井、黄山毛峰、云雾茶,喏,还有碧螺春。这是刚到的云南普洱。

顾　客:我想买一些当做出国礼品,您看哪种好?

营业员:您去欧洲国家的话买红茶好,要是去日本,那么乌龙茶、铁观音在那里都很受欢迎。

顾　客:好,那么就买些乌龙茶。这两种包装的各要三盒。祁红和滇红有什么不同?

营业员:滇红香而浓,祁红清淡些,香而不浓。

顾　客:那么买一斤滇红。绿茶中哪种清淡些?

营业员:黄山毛峰和云雾茶都是比较清淡的。另外碧螺春也不错。泡出来,茶水清亮,叶片嫩绿,醇香扑鼻。

顾　客:那再买一斤碧螺春。另外买半斤茉莉花茶、一包贡菊。

营业员:好,茉莉花茶,清香宜人;贡菊明目消暑,都是好茶呀!

在这段对话中,情景是特定的,在茶叶店。话题是有定的,关于

“茶”。一定的情景会伴随出现一定的情景词。话“茶”就必然要出现有关的茶名“祁红、滇红、龙井、毛峰、云雾茶、碧螺春、普洱、乌龙茶、铁观音”等等；要谈茶的种类，就会引出“红茶、绿茶、花茶”；要谈茶的味道，就牵带出“香浓、香而不浓、醇香扑鼻、清香宜人、清淡”等词语。还要谈茶叶和茶水的色泽：嫩绿、清亮，以至于茶的功效：明目消暑，等等。在这个情景中，伴随话题出现的语词是有关的名词、形容词、以及动宾词语，伴随话题出现的知识是有关的茶文化，比如茶的产地、茶的品质等等，这些内容随着话题的展开就会凸现在头脑中(即及时地得到了激活)，使双方的交流彼此都能预期，不仅预期到谈话的内容(范围有所规定)，同时也能预期到说话的措词(词语的使用有所限定)，因而交流双方易于相互理解、沟通。

不同的语境可以展示同一个语言表达功能，而同一个功能有许多层面的表达方式和表达情感。例如表示不满，在不同的语境中应该运用不同的表达方式和不同程度的表达情感。比如表示轻微的不满：“不够理想”“很一般”等；表示一般的不满：“不喜欢”“没兴趣”等；表示强烈的不满：“讨厌极了”“太麻烦了”“贵得要命”等等。人们选择何种方式表达某一个功能是由语境决定的。表达情感的得体不得体也取决于语境。每一个语言功能项目下的各种表达方式形成一种相互联系的网络结构。当某个刺激激活了某个功能下的一种表达方式时，就能扩散、激活其余的表达方式。与此同时，在语境的制约下，个体的认知机制就会进行筛选，选出恰当的、适合于特定语境的表达方式来表达思想和情感。例如，教师在公司职员的汉语进修班上谈学生的考试成绩，他对个别学员的成绩表示不满可以直率地说：“个别同学考得不好，差点儿不及格，从现在起，晚上不要喝酒，赶快努力。”但是同样的话语内容如果有公司老板在场的情况下，周围的环境不容许他说出上述这番话来，教师只能选择另外一种表达方式和表达情感，他可能会说“大部分先生都考得不错，只有个别的成绩还不够理想，不过只要再努力一下，也一定能取得好成绩。”在这里，表示不满意的、比较激烈的话“考得不好，差点儿不及格”被淡化成“成绩还不够理想”；前面带有规劝、命令的话“晚上不要喝酒，赶快努力”被转换成鼓励的方式“只要再努力一下，也一定能取得好成绩”。可见，在话语表达中既要顾及时间、场合、以及交流双方的身份等语境因素，也要考虑到表达方式和表达情感。

第四节　环境的利用与创造

环境在语言学习中起着十分重要的作用。汉语作为第二语言教学要充分利用和积极营造语言环境，以促进语言的学习。

一、利用和创造语言环境在教学中的作用

人们认知语言经历了接收外界刺激，进行编码，建立模式，并贮存在记忆之中，在需要时进行模式的匹配、提取加以应用这样一个过程。在这个过程中，环境的因素始终产生着影响。首先，信息的刺激是外界环境提供的，信息在大脑中的加工，情节编码和语义编码是两种主体编码形式。特别是情节编码，编码线索主要由环境来提供，而当语言模式需要进行匹配时，这种匹配也是在一定的环境中进行的。环境线索还起着协助寻找、搜索记忆中的知识的作用。语言环境这个重要的因素始终参与在、伴随在认知过程的各个环节之中。因而在语言教学中利用或营造一定的环境是顺应语言学习的认知全过程的。

在汉语作为第二语言的教学中，不论是知识的传授还是技能的训练，语言环境都是“教”的前提；就“学”而言，语言环境又是学习主体知觉的背景。语境的运用既跟教学过程发生关系，也影响到教学的实际效果。语言教学中，语言形式结合语境出现，易于理解、识记和巩固。因为言语本身是具有情景性的。即使是教单词，结合语境的教学，也能

使单词词义的解释更为准确,搭配功能体现得更为清晰明了。以学生学习"忍不住"和"受不了"这两个词为例。尽管在课堂上听老师讲解过,学生自己也查了多次词典,但是在实际运用中还免不了出错。一次几个外国留学生和老师到中国茶馆去喝茶。刚坐下,一位德国学生就对服务员说:"这里有没有热空气? 我忍不住、忍不住"。此时,她想表达的是"太冷,无法忍受",把"受不了"错用为"忍不住"。老师就结合周围环境,说明了"忍不住"和"受不了"的不同语义及使用条件。后来服务员送上来一些很精致的点心,这个学生又说:"我很饿,我忍不住了,很想吃,这样说对不对?"特定的语言环境可以帮助学生理解和掌握这两个词的语义和用法。可见,结合语境的学习有助于提高学习效果。不仅如此,语境也为词汇的无意识记创造了十分有利的条件。以语境为依托,可以使新词语或句式的掌握和记忆花比较少的时间,并提供新词语与已学过的词语以更广泛的搭配功能上的条件。当受到内外刺激,需要提取语言信息的时候,语境往往作为一条有效的记忆线索,易化提取过程。仍以上述活动为例。在那个茶馆里,外国学生看到了很多跟茶有关系的实物,语境提供了无意识记的条件,他们很容易地记住了如"紫砂茶壶、茶碗、瓷器"等词语。而跟服务员的交谈则练习了一些原先只是停留在课本里的内容,如"用……v."的句式,"这个点心是用什么做的?""虾仁也是用绿茶炒的"等等。一些错误,如"请你把最好的茶给我们介绍"等也在情境中得到了纠正。

不仅词语的学习如此,短语句子也是在语境中才得以充分体现其价值的。在不同的语境中,短语句子有其不同的功能和作用,而它在运用中的贴切性和得体性也常常通过一定的语境才能表现出来。例如"你急什么"这个句子,在不同的语境中有其不同的功能和作用。

——看你慌慌张张的,你急什么?

——保险柜的钥匙找不到了。

这里的“你急什么”表示询问。

——你急什么，时间还早呢。

“你急什么”意为“不必着急”，用于规劝。

——你急什么，我才急呢！

“你急什么”表示否定，要说明“急的人”是“我”而不是“你”。

在何种语境使用哪些短语句子是有其内在的规定性的，教学中随时结合语境，可以更明确、具体地向学生揭示这种规定性，并落实在语言实践中。

二、利用语言环境

在汉语作为第二语言的教学中，可以充分利用两大类语境，即语言材料中的语境（也称为文本语境或课文语境）和即时语境。文本语境根据语言材料的不同或体裁的差异，其表现形式也各不相同。记叙文提供的语境以情节语境为主，而说明文、议论文中的语境以上下文语境为主。当然情节语境也是一种上下文语境，但由于它的情节性突出，我们姑且称之为情节语境。例如：

（在医院里，一个被不知名的司机救了的产妇躺在床上，她丈夫赶来了）

丈夫：你怎么样了？

妻子：没事了，你看，我这不是好好儿的吗？

丈夫：接到电话的时候，我都快吓死了，一路上都在担心，不知会是什么结果……

妻子：要不是那位好心的司机救了我，我们母女可能就见不到你了。（哭）呜……

丈夫：别哭，别哭，刚生完孩子可不能哭，哭对身体不好。

妻子：咱们一定要找到那位司机，好好儿谢谢人家。①

在这段对话中，就表示感谢功能的话语“好好儿谢谢人家”而言，是有上文语境的铺垫的。上文语境叙述了一个事件发生的过程，有很强的情节性，因而我们也可把其视为情节语境。文本语境的利用，可以是顺应性的利用，也可以是发挥性的利用。所谓顺应性的利用就是语言材料中出现什么就利用什么。讲解词语，就以文本中的句子为语境来进行解释。例如《中级汉语分类阅读》(科技篇)中有这样一段话：

早在170万年以前，人类就对自己的家园——地球，产生了各种各样美丽的遐想，编织成许许多多绚丽多彩的传说。在中国古代就有盘古开天辟地的故事。古希腊神话讲开天辟地时，传说最先出现的神就是大地之神——该亚，天空、陆地、海洋都是由她而生，因此人们尊称她为“地母”。②

要帮助学生理解“遐想”的词义，就可以利用文本提供的语境。下文提到“在中国古代就有盘古开天辟地的故事。古希腊神话讲开天辟地时，传说最先出现的神就是大地之神——该亚，天空、陆地、海洋都是由她而生，”从下文的这些语句，可以帮助学生了解中外神话故事和传说，由此来理解“遐想”这个词的含义，即悠远地思索或想象。可见，利用文本中的句子，发挥上下文语句的作用，可以清晰明了地释词解疑。文本语境对词义的理解还有比较直接的促进和抑制的双重作用。即能够促进词义理解的速度，并通过语境对词语的多个义项进行抑制或规定，从而获得在规定语境中的确切词义。在文本语境顺应性的利用中，对句子的理解，也能以文本中的上下文来阐释。例如：

顾客甲：你看，门口写着“店内服装全部五折”，进去看看吧。

① 戴桂芙等.初级汉语口语(下册)[M].北京：北京大学出版社，1998：80.

② 浮根成.中级汉语分类阅读(科技篇)[M].北京：北京大学出版社，2010：80.

顾客乙："便宜没好货，好货不便宜。"价钱降这么多，质量能好吗？[①]

对话中"质量能好吗？"不表一般的疑问，而是一个反问句，表示"质量不会好"这样一个否定的意思。这个否定义是有上文语境的依托的。上文的"便宜没好货，好货不便宜"，已经明确地表示了顾客乙的看法：货物以质论价，价钱便宜的质量都靠不住。上文语境是对这个反问句否定义的一种说明。

语境的发挥性利用是通过对语言材料或文本语境的联想和扩展来进行的。这种联想和扩展是在语言材料或文本语境的基础上展开的。例如《中级汉语分类阅读》（科技篇）中有这样一个语言片段：

音乐疗法主要是通过音乐的艺术感染力作用于人们的心理，消除情绪和精神上的压力。音乐治疗针对的是人的身心整体而不是身体的某一系统或功能。

下面是音乐治疗师推荐的一份音乐菜单：

（1）心情愉快时——贝多芬的《春》

（2）用餐时——威尔瓦第的音乐

（3）难以入睡时——巴赫的音乐

（4）心情不好时——韩德尔的音乐

（5）过新年时——《步步高》[②]

学习者对语言材料中音乐治疗师推荐的音乐菜单进行联想，由威尔瓦第的音乐联想到轻松和愉悦；由巴赫的音乐联想到舒缓、沉静和悠远；由《步步高》联想到新年的热闹欢快，由此加深对"音乐疗法主要是通过音乐的艺术感染力作用于人们的心理，消除情绪和精神上的压力。"这

① 戴桂芙等. 初级汉语口语（下册）[M]. 北京：北京大学出版社，1998：33.

② 浮根成. 中级汉语分类阅读（科技篇）[M]. 北京：北京大学出版社，2010：167.

个语句的理解。再如,看了一个影视片段后由学生按各人的联想或猜测接续故事,或组织讨论等等,这种对语言材料的扩展是语境的发挥性利用,它能更充分地训练学生的语言技能,从而达到掌握语言的目的。

即时语境指在教学过程中教师通过自己细致的观察力和敏锐的捕捉力及时地把周围环境的有关事件、情况同语言学习联系起来,并利用这些情况形成一种有利于语言学习的环境因素。即时语境有课堂内的,也有课堂外的。课内即时语境一般来说与语言学习的关系比较一致、紧密。而课外即时语境更具有随意性和自主性,因而也常常有其独特之处。例如集体外出参观游览,分散活动后返回集合地点,就可以结合当时的实情练习问路,如"到停车场怎么走?""走这条路近还是那条路近?"等。听懂对方回答"走到底往左拐""一直往前走,看到花坛向右拐"等。并能在实境中进一步理解词语的意思,如"走到底""一直""看到……向……拐"等等。

即时语境的利用要求教师在了解掌握学生的认知状态、文化水准、社会背景的基础上,不失时机地抓住有利于学生语言知识的掌握和言语能力的提高的各种条件和机会,从而形成良好的环境因素。例如学过了委婉的拒绝以后,在饭店点菜时,服务员介绍过多的菜肴,学生要表示拒绝,但情急之中常常只会说"不要了,不要了",这时就可以利用当时当地的人、事、情,告诉学生可以说"谢谢,我们先点这些,不够再添"等。再如到杭州旅行,看到西湖的山光水色,外国学生很兴奋,这时就可以引导他们运用平时使用较少的双重否定句"到中国不能不来杭州""来杭州不能不游西湖"等等。即时语境的利用要抓住"及时"二字。由于即时语境具体、形象,大多含有一定的情节性,在学生的认知过程中是以情节编码表征的,因此对于正确、贴切地运用语句形式,牢固长久地记忆语义内容十分有效。

三、创造语言环境

在汉语作为第二语言的教学中,除了充分利用语言环境以外,教师还应该主动地为教学的实施创造环境。这就是为实现某一个教学目标而设置语境。语言环境的设置,可以是刻意拟定的,例如在备课的时候,设计一些场景;也可以是随机而定的,例如在课堂教学的过程中模拟一些场景。在创造语境时,教师可以运用图式的原理作为组织、构思的线索。认知心理学研究表明,人们在接受信息时,储存在头脑中的多种知识是共同参与理解的。一类知识经过整理和类化形成了一定的组织,这种心理组织即被称之为图式。图式由具体构成的知识的不同而形成不同的种类。某一类情境发生的地点或场合的知识结构称为场景图式,例如理发店,有门、窗、镜子、椅子、理发工具以及各种洗发剂、护发液等等;某一类事件以及事件发生的步骤,大致固定为一种知识结构,称之为事件图式,例如去理发店理发:进理发店—坐下—跟理发师谈论发型—洗发—修剪—吹风—梳理定型—付款—离去等等。人们对某一类人的知识集合在一起形成有关某类人物的角色图式,例如某种年龄、身份、职业、地位的人在某些场合下会做什么、为何做、如何做等等。一般来说,一个情景通常是由场景、事件、人物这几个方面共同组成的。因此场景图式、事件图式和角色图式可以作为教师创造语境的构思线索。例如有关文化娱乐,就可以考虑图书馆、博物馆、剧场、影院、公园、游乐场等等一系列场景。在这些场景中可以设计借书、参观、观赏、游玩等等事件,进而考虑进入事件的人物及其关系,是家属、亲戚、师生、同事、朋友、邻居、同学等等。图式将关于事物具体构成的知识集合起来,因此,以图式为线索设计的场景,符合人们对事物的认知过程。由此而创造的语境,在人们对语言信息的理解和记忆中可以提供多种线索,以利于信息编码。

四、利用和创造语境的基本原则

利用和创造语境要符合语言学习的认知规律,顺应语言教学的客观规律,为此有必要遵循一些基本原则。

1. 注意的原则

注意是知觉的集中。语境的利用和创造是要在唤起学生注意的情况下,把他们的注意集中在问题的关键部分。因为人们一般在清醒状态下,时时刻刻都会有大量的信息刺激感官,而人们只能够对范围很小的信息作出选择性反应。[①] 也就是说,人们对事物的注意是有范围有选择的。利用和创造语境的目的是利用语境来帮助理解语言知识、培养语言能力,因而不必对语境本身作过多的分析或描述,而把学生的注意力引到语境上去。例如我们设计一个路遇的情景以训练打招呼的功能,此时只需要对相遇的双方作一简单介绍即可,不必过于详细地介绍双方的身份、职业、家庭状况、社会背景等等。如果其中的某一项与打招呼时指定训练内容发生关系,也只需择要叙述即可。再则语境的利用或设置既要开放性的,即能够开拓学生的思路,具有启发引导的作用,同时又应该是有所限制的,也就是说不是无目的无限制的开放,这就要求对学生的注意进行合理的分配和引导,在开拓启发的同时,又有所规约。

2. 现实性原则

现实性原则主要体现在三个方面。首先,贯彻现实性原则就是要根据现实生活的需要来利用和创造语境。诸如历史情景、科幻情景、寓言传说等等远离现实生活的场景,应当加以避免。其次,要考虑学生现实的汉语水平。利用和创造的语境要能够保证双方相互合作,有共同的语言,才可能进行交流。有些专业性过高的内容,比如商务语境中的

① 邵瑞珍.学与教的心理学[M].上海:华东师范大学出版社,1990:33－34.

专业词语，就得考虑学生的接受能力，在初学阶段，即便是对商务人员教学也应当避免，因为离开了学生掌握目的语的现实水平，教学双方便失去了共同语言。例如商贸汉语会话中，买卖的双方讨论交货方式、日期、地点等问题，必须涉及到这样一些专业词语：投放、条款、零售商、发货、到货港口、即期、误期、资金、周转、赔偿……等等，即使是对这一专业或业务领域的公司职员，在他们的目的语水平还未达到相应的程度，设计有关的谈判情景，学生也是无法接受并进行操练的。因而，语境的选择要根据学生认知水平所达到的程度，超越水平则是不现实的。再则，语境的利用和创造要全方位动用一切现实可利用的条件，如事、地、人、物等。在课堂上可以准备必要的实物、道具或利用录音、多媒体课件、视频等有声可视材料来营造语境，在课外则要善于选择或捕捉典型事例，让学生在实境中体会和感受。

3. 实用性原则

语言环境的运用要在了解学生的基础上以学生的需要为首选，这样的语境才具有实用价值。了解学生的基础，一指了解学生的已知，即了解学生已经学习和掌握的目的语的词汇量和语法知识，了解学生的思维习惯、文化背景、生活的社会环境等等；另一方面要了解现阶段他们需要掌握的语言知识和交际技能，知道他们迫切需要掌握什么。在了解学生的基础上设置那些尽可能符合他们需求、贴近他们生活、激发他们兴趣的语境。例如有个别初级阶段的会话教材，开始出现的课文大多有表示“欢迎”的功能项目，与之相配合的语言场景就有在飞机场接人、宴会、新同学见面、师生见面等等。但是教学实践反映，这类场景不论是公司职员还是留学生，在学习或工作中并不是经常遇见的。公司职员反映，他们去飞机场接人与接电话的情景，后者的实用性大大高于前者。再如“请求帮助”的功能项目，如果学习对象是公司职员的家属，那么她们需要的则经常是“窗户坏了”“水管漏水”“给孩子看病”等生活类的情景。因此,语境的设计和利用一定要从学生出发。只有这样,才能使语境真正起到帮助提高语言理解和语言表达能力的作用。根据实用性原则,语境可视实际运用的需要而反复出现。当然理想的反复是一种循环反复,即它的每一次出现都不是简单重复,而是逐渐地有所深化和提高。

语言和社会环境之间存在着十分密切的关系。语言的教学过程是人们对语言的认知过程,同样离不开环境的作用。我们探讨语言教学的认知环境,是为了更好地利用环境来促进和完善汉语作为第二语言的教学,并使之取得更令人满意的效果。

第四章　汉语作为第二语言课堂教学的特点

第二语言课堂教学与第一语言课堂教学各有自己的特点和差异。因为第一语言课堂教学是在学生已经会说本族语的基础上进行的，构建本族语的语言系统是水到渠成的事情；而第二语言课堂教学是在学生所学语言零起点的基础上展开的，学习的目的是要建构一套新的语言系统。同时，学生在本土课堂上学习第二语言/外语，跟在目的语国家的课堂上学习第二语言/外语又有所不同，因为这里涉及跨文化交际。由此可见，第二语言课堂教学的特点，尤其是汉语作为第二语言课堂教学的特点，集中在建构新的语言系统和跨文化交际两个方面。

第一节　建构新的语言系统

第二语言课堂教学是一个建构新的语言系统的过程。建构语言系统，指的是个体具有足够的心理词汇和基本的语法规则。不同的语言系统，就有不同的语音、文字、词汇和语法等体系。第二语言课堂教学，应该在与母语语言系统相对比和参照、以及使用和交际的过程中，逐步学习和积累目的语的词汇和句式，建构起目的语的心理词典及其语法体系。因此，课堂教学运用对比、迁移的手段或方法，以及正确对待学生使用中介语，对学生建构新的语言系统有着十分重要的意义和作用。

一、母语与目的语的对比

学生在学习第二语言时，不管是学习语音、文字，还是词汇、语法，都会自觉或不自觉地跟自己的母语作对比，寻求某些规律性的或者无规律的东西，加强对目的语的认识和记忆。但是即使学生是自觉地进行对比，所获得的目的语知识也还是零散的、不成系统的。因此，教师在课堂教学中应该进行有意的对比，凸显其异同，加深学生的认知记忆。由于教师一般都比较了解学生的母语与目的语之间的差异，所做的对比，往往是比较关键的、重要的、有计划的，最后能够形成系统。这对学生掌握和习得第二语言相当有助益。

1. 规律性和特殊性的总结和归纳

语言是有规律的系统，不同语言系统之间在一定的层面上有着某些共同的东西，例如语音、文字、词语、语法等。学习和掌握第二语言，就要运用母语的语言知识，通过对比，找出彼此的相同点和相异点，上升到规律的高度来认识。因此二语课堂教学的整个过程可以说是语言规律性和特殊性的不断总结和归纳。

所谓语言规律性的总结和归纳，是指课堂上通过演绎或归纳等教学活动总结或归纳出母语与目的语彼此相同或同中有异的语言规律，以及彼此相异而有规律可循的语言现象。比如，学习汉语的欧美学生，他们就要通过自己的母语与汉语的对比，在语音方面要了解汉语的声母、韵母及其拼读，跟自己母语的辅音、元音以及拼读的异同；在文字方面，要了解线性拼音文字与汉字结构的不同；在词汇方面，要了解中文词素组合新词的能产性；在语法方面，要了解句子构造的相同性和相异性，例如主谓宾是共同的基本句型，而汉语动词后的“着、了、过”虽跟英语的动词时态相当，但却有态而无时，必须另加时间词，等等。这些都要求师生在课堂教学中共同进行比较、探讨、总结和归纳的。有了规律的指导，汉语学习能够较快地走上轨道。

所谓语言特殊性的总结和归纳，是指提出和分析目的语所特有的语言现象。每一种语言系统都有自己的一些特殊规律，而这恰恰是学习这种语言的难点和重点。突破这一关，二语学习就能突飞猛进。比如，学习汉语的欧美学生，在语音方面，就要突破声调关；在文字方面，就要攻克方块字认读和书写关；在语法方面要掌握好“把”字句、“是……的”句、“比”字句、“被”字句、存现句等汉语的特殊句型，等等。

当然，课堂教学所使用的教材，是语言的综合表现。尽管编写者抽取课文中的一些语言点编为注释、词语解释、语法介绍等项目作为教学的重点或参考，但毕竟是举例性质的。课堂上还必须结合课文的具体语境，同时补充足够的实例，以展开演绎或归纳活动。

2. 对应性和非对应性的比照和认同

两种不同的语言系统在很多方面是有对应规律的。遵循语言的这种对应性，可以加快学习目的语的进程。日韩和欧美学生，尽管各自有自己的母语语言系统，但学习汉语拼音的速度却是差不多的，所不同的只是各有某几个汉语声母发音不准的问题。这说明外国学生能够普遍找到汉语与其母语在语音方面的对应规律并付之于自己的学习实践。

词汇的对应性是最为典型的。这是因为人们观察世界而建立起某个概念的过程是相同的，很多概念在不同的语言系统中都存在，都能用本系统的词语来代表和概括，只是读音和外形的不同而已。例如汉语的颜色词“红黄蓝白黑”，可与英语的 red、yellow、blue、white、black 一一对应。汉语的虚词“如果、因为、虽然、但是、很、都、和”等等，也可在英语中找到它们的对应词。课堂教学经过比照，很大一部分中文词语的概念得到学生的认同，当他们接触这些中文词时，有关概念就会被激活而跳跃出来，翻译就有了可能，理解也有了基础。

但是反映在实词方面尤其是动词、形容词和抽象词，尽管对应词的数量还是比较庞大，而半对应、不对应的情况也不在少数。这里还涉及语言文化的因素。比如，“花”的英语对应词通常是 flower，但“花”还有 consume(消耗)、spend(花费)、fireworks(烟花)等意思；而同样是“结婚”，对应于女性称为“嫁”，对应于男性名曰“娶”，而在英语中都对应于一个词 marry，没有那么细的区分。还有的中文词，如“胡闹”，在英语中找不到恰切的对应词，那就只好用词组（甚至句子）来描述了：behave foolishly or unreasonably。课堂教学自然要充分利用对应词来掌握中文词的意义，但对于半对应或不对应词语，也要通过语境加以辨别和巩固，从而得到学生的认同。

3. 母语与目的语对比的认知意义

课堂上进行母语和目的语的对比，实际上是让学生凭借母语的语言知识去同化、吸收目的语的语言知识。学习汉语的外国学生大都是成年人，他们已经具备母语的语言知识。通过对比，汉语中跟母语相同的或相近的部分，自然容易接受，因为他们的知识结构中已有这样的内容，可以触类旁通，可以模仿类推，识别和记忆容易，将新学的目的语知识扩展、添加到原有的知识结构也不难。因而学习起来不怎么费劲。当然，汉语中跟母语不同、差异较大的部分，确实比较难学，因为这些正是他们知识结构中所缺失的，旧知无法同化新知。但因为已经明确学习这部分内容的艰巨性，个体就会调配较多的注意资源投放进去，加大学习的力度，为这部分知识在头脑中争取到一席之地，填补空白。这样，旧的知识结构就会调整、顺应和完善自己的认知机制。

而对应和非对应的比照，对建构汉语心理词典具有更为直接的意义。汉语心理词典[①]中的词是形音义的综合体，词形和词音是查检线索，词义按照意义（相近的或相关的）勾连在一起交织成网络。而词义的存放比较复杂。在学习的初始阶段，学生从课堂上学到的词语数量较少，尚不足以汇聚成词典的规模。那些零散的词语大多附着在概念相应或相近的母语词语上。例如，“美丽”“漂亮”暂时依附在母语为英

---

① 汉语心理词典指个人在大脑里逐步积累和拥有的汉语词语，这些词语不是散乱无序的堆集，而是不断扩展的相互关联的网状结构与组织。

语的 beautiful 上面。随着汉语词语的增多,汉语词义逐渐摆脱对母语的依赖而独立出来,于是有了汉语心理词典的网络雏形(例如将"美丽、漂亮、好看、美好、雅观、悦目"等词义有联系的词语连接在一起)。以后逐步添加和完善,最后建构成汉语的心理词典。可见,词语的对应比照,是建构汉语心理词典的基石,特别是学习的第一学年,这种对应比照是必不可少的教学举措。

二、母语向目的语的迁移

第二语言的学习,必然会遇到母语的迁移问题。学习和迁移是不同的概念。

"学习的变化是直接练习的结果;迁移导致的变化则是由先前的学习间接影响的结果。"①学生对于自己的母语,自然是相当熟练,且大部分转化成为自动化;而对于正在接触和学习的目的语,无疑是生疏的、肤浅的、不熟练的,他们在学习和应用新语言时,常常需要依赖和求助于母语的语言知识,以接济目的语学习(比如词汇和语法的积累和掌握)的不足。于是就发生了母语向目的语的迁移现象。这种迁移有积极作用,也有消极影响。其积极作用是加快领悟和把握目的语的语言知识和技能,认知心理学称作正迁移;其消极影响是干扰或破坏对目的语语言知识和技能的正确掌控,认知心理学称作负迁移。外国学生学习汉语,同样存在这两种迁移。因此汉语作为第二语言的课堂教学必须重视迁移中的诸种情况,正确引导。

1. 调动母语语言知识,发挥母语正迁移的作用

学生在课堂教学中学习第二语言,不断地跟母语作对比,同时也不断地把母语知识迁移进目的语。但不是所有的母语知识都可以直接迁移,有的还要在对比基础上略作改变,迁移才会有效。因此,这种迁移如果得

① 邵瑞珍.学与教的心理学[M].上海:华东师范大学出版社,1992:77.

到教师的及时指导，学习就可以沿着正确的方向行进，少走弯路。

(1) 无条件迁移(直接迁移)

两种不同的语言系统之间，可能有着千差万别，像英语与汉语，相差悬殊。但由于人类所发的音声，人们的概念形成和思维(判断、推理等)的进行，总是有着许多共同或共通的地方，因此，反映在语言上，无论是语音的拼读、词汇的概念，还是语法规则，会有一些重合、近似、相像的部分。这些部分不会跟汉语的语言系统发生冲突和矛盾，可以无条件地直接从母语迁移过来，比如学习汉语声韵母的拼读，除了一些特殊的语音(如翘舌音等)，一般可以利用英语的字母拼读法来读准汉语拼音；英语的简单句语序是主动宾，跟汉语的简单句基本上一致；英语的双宾语句跟汉语一样也是间接宾语在前，直接宾语在后(如 He gave me some pictures 他给我一些图片)。对此，可以直接拿旧瓶(比如英语的简单句——旧知)来装新酒(比如汉语的一些词语—— 新知)，如此，学生立即可以表述和传递自己的意念和思想。可见，利用迁移可以加强理性的记忆和应用，把熟练的东西运用到较为生疏的东西上去，减少机械的硬记，其学习效果能够成倍地提高。

(2) 有条件迁移(改造迁移)

两种不同的语言系统之间的迁移，无条件直接可以搬用的毕竟不多，大多数的情况是同中有异，必须把“异”的因素排除掉，或者头脑里记住要经过改造方有条件迁移。迁移是以两种不同语言的对比为其基础的，对比结果是完全相同的，则可进行无条件直接迁移；对比结果是大同小异或半同半不同，则要把小异和不同的部分处理一下，使之符合目的语的语言规律，然后才可进行迁移，所以说它是有条件迁移或改造迁移。比如，英语的特殊疑问句，即带六个 W(who、what、when、where、why、how)的问句，一般置于句首，而汉语的特殊疑问句，疑问词“谁、什么、何时、何地、为什么、如何”等不一定放在句首，其所放的位置，跟回答时的陈述句的语序一样;或在宾语位置;或在定语位置;或在状语位置。这样的情况,直接迁移肯定会造出偏误的句子,而死记硬背又太麻烦,唯一有效的方法是经过改造(即归结出上述的条件)来记忆。当然,有条件迁移比起无条件迁移要复杂得多,不过在二语学习中倒是用得最为普遍的。能够借鉴和利用母语的语言知识,并找出它与目的语的对应或半对应的规律,比起白手起家去建构新的语言系统来说,还是会容易一些。

2. 牢固掌握目的语语言知识,避免母语负迁移的干扰

在二语学习中,有意识地挪用母语语言的知识和规则,一般来说,正迁移的居多。但也有盲目地、不经意地把母语语言中的东西搬进了目的语,干扰和影响了二语的学习,造成在应用目的语语言时产生两种倾向:母语痕迹的渗漏和偏误的凝固化。

(1) 母语痕迹渗漏倾向

母语痕迹渗漏倾向是盲目而不经意地把母语语言中的某些东西渗入目的语所产生的负迁移后果。母语语言中的东西是根深蒂固的,且大多是自动化了的,其中有些部分跟目的语有很大差异,在二语学习中稍不留意,就会渗漏进来,搅乱目的语的正常应用。汉语作为第二语言的教学中,欧美学生每每发生这样的情况:由于母语重音的干扰,念不准汉语四声,形成了洋腔洋调;由于受英文字母手写的习惯影响,练写汉字屡见逆向倒笔的情况;由于概念差异以及受课本翻译的误导(如谈话,翻译为 talk;玩耍,翻译为 play),常会说出“我谈话一些事情”“我们玩耍足球”等洋泾浜句子;由于母语形容词谓语前要带“是”动词,于是说汉语也依照母语习惯说成“一个人是真寂寞”“阅读速度是缓慢”那样的母语化句子;由于母语中名词复数要加 s,于是说汉语时在带有较多数量的名词后也一律加上了“们”(如,四个孩子们在一起玩儿;来了几个记者们),等等。课堂教学对这样的负迁移,有的要加强训练,尽力矫正;有的可转变为有条件迁移,化不利因素为有利因素。

(2) 偏误凝固化倾向

由于母语语言中的一些不适合目的语的东西渗透进来，产生了使用目的语过程中的某些偏误。这在二语学习中是经常会产生的、或者说是难免的现象，可以在课堂教学中加以纠偏和矫正。要害问题是绝不能使偏误凝固化，即偏误形成了僵化的定式。具体表现为，学生在理论上明知其为错误，但就是改不过来，一张口就是洋腔洋调，就是母语化的句子。出现了这种情况，纠正起来要加倍花力气。因此，课堂教学必须防患于未然，在学生还没有把偏误定型为僵化定式之前，想方设法引导到正确的方向上来；同时要强化目的语的语言知识和规则，杜绝负迁移现象的发生。

3. 迁移的认知意义

迁移实际上是一种知识结构变化的心理活动。成年人的大脑里储存着大量的世界知识，即经过整理的、类化了的、形成一定组织的百科知识(亦即图式)[①]。它们是接受新知识、新信息的基础。外界新的语言刺激通过感觉神经的传递和记忆加工机制的处理，最后抵达知识结构。其中有关的类别组织(如语言类别)被激活，就会调动与之相关、相近、相似的知识(即已有的旧知)起来迎接新的刺激信息(即刚接触的新知)，经过异同的比较和甄别，新的刺激信息作为新成员，被吸纳并融入已有知识的类别结构。简言之，就是旧知同化了新知。如果新的刺激信息是原来的知识结构中所没有的或者甚为贫乏的，旧知无法直接接纳它们，那么大脑就会调整自己的知识结构，留出安放新信息的空间，准备以后接纳与新信息相类似的信息。这就是新知改变了旧知结构，或者说，旧知顺应了新知。[②] 二语学习中的迁移，就是大脑不断地在进行着同化或顺应的心理活动。因此，迁移尽管有一些副作用，却是二语

① 彭聃龄. 语言心理学[M]. 北京：北京师范大学出版社，1996：206.

② [美]罗伯特. L. 索尔索. 认知心理学[M]. 黄希庭等译. 北京：教育科学出版社，1990：9.

学习必不可少的环节。

课堂教学的迁移,不能仅仅停留在同化和顺应的水平上,还必须向纵深发展,那就是要求由水平迁移提高到纵向迁移。① 所谓的水平迁移,是将所学的知识(词义与概念、规则与原理)在与原先学习情境相似的情景中运用,并不产生新的概念(词义)或原理(规则),如学习了"被"字句"球被前锋攻进大门",再造一句"球被后卫踢进大门"。所谓的纵向迁移,是将已学的概念和原理应用于新的情境,并发现新的规则,如学习了上面的"被"字句,造出"他被歹徒打断了一条腿",并发现宾语"一条腿"与主语"他"之间有领属关系。② 课堂教学语法规则,不能满足于水平迁移,那只是一种培养和训练,最后的目的是要学生进行纵向迁移,在各种情境中应用。因而,教师要在课堂上营造和设计多种情景,让学生在不同的情境里应用学过的目的语进行交流。

三、使用中介语并向标准目的语靠近

学习第二语言,建构新的语言系统,是一个长期而缓慢的过程。学生在二语学习的初始阶段,基本上凭借母语来接受和理解新语言知识。教师也相应地使用媒介语(学生母语或通用的英语)来解释目的语的语言知识。但是在目的语国家学习目的语与学生在本土学习目的语不同,它有着本土所没有的语言环境,学生在这种环境里,耳濡目染,潜移默化,能够较快地吸收、消化和应用目的语的语言知识。他们能够凭借已学、已知的一些目的语词语和一些目的语语法规则,创建一种交际使用的语言。这种语言是既不同于母语、也不同于目的语(如汉语)的一种中介性质的话语(简称中介语),是一种自成系统却又不断变化发展的语言。说其自成系统,是因为它有规律可循,或者是中文词加上母语

① 邵瑞珍.学与教的心理学[M].上海:华东师范大学出版社,1992:77.
② 胡裕树.现代汉语(第5版)[M].上海:上海教育出版社,1995.

句式(如:我见面你),或者是置母语词于汉语句子中间(如:把孩子们organize起来),或者是夸大或缩小中文词的意义(如:期望你经常来玩玩),或者是扩大或突破了汉语句式的某种限制(如:把苹果买一个),等等。说其变化发展,是因为经过课堂上教师的指点、纠正,通过实践的鉴定和改进,学生的中介语会随着目的语语言知识的丰富和扩充,目的语心理词典的不断完善,逐步向地道的标准汉语迁移和靠拢。因此,第二语言课堂教学是不能回避中介语现象的,应该把它看作二语学习的必然,并加以因势利导。

1. 学生中介语的使用和教师的纠偏

学生说中介语是二语学习中正常的、普遍的、必然的现象,本身就是一种积极的语言实践,它有助于二语知识和技能的应用和掌握,应该鼓励学生大胆地使用。但就因为它们是中介语,用词欠妥、搭配不当、不合语法、连接别扭等偏误现象屡屡发生。对此,不要只看到其消极的一面,而要看到它们的积极作用。使用中介语可以实施师生和同学之间的交流和沟通,可以顺利地开展课堂教学活动,可以进行提问和质疑,甚至可以展开讨论。问题是如何对待中介语,对其出现的一些偏误,是有错必纠,还是放任自流。如果不管大错、小错,一律进行纠偏和矫正,会造成学生“多说多错”的心理负担,不利于它们的语言实践;如果对错误不闻不问,会使偏误继续发展,导致僵化、凝固化,以后很难改正。因此正确的态度应该是分清轻重缓急,区别对待。这里也得有个“度”:

(1) 写作从严,口语从宽。书面写作,有比较充裕的时间思考和订正,要求可以严格些;口语说话,不容许仔细推敲,因而容易出错,要求可以适当放宽些。

(2) 重视偏误,忽略失误。偏误是语言知识掌握得不够或不牢固而导致出错的结果,应该逐步矫正过来;失误只是一种笔误或口误,心里是知道的，有时间复查的话，学生自己能改正过来，课堂上不必计较。

(3) 抓住普遍性问题，暂缓个别性问题。学生的中介语系统，虽然带有个体的一些特征，但也会出现一些普遍存在的问题(如"把"字句的动词没有处置意义——"把他的帮助感谢一下")，这可以作为纠偏、矫正的重点，在课堂上加以强调和训练。至于个别存在的问题，宜作个别处理，不必在课堂上集体订正。

2. 教师的标准语影响着学生中介语的变化

学生的中介语随着目的语水平的提高而不断变化着，越来越接近和靠拢地道的、标准的目的语。我们可以发现，初中级阶段的学生，在课堂上说的汉语偏误较多，这当然也反映了他们正在努力运用中介语表述他们的思想和见解。到高级阶段，学生说的目的语大多正确，这说明他们的中介语经过发展变化，已经接近标准的目的语。这种变化和发展的催化剂，来自于两个方面。一个是通过语言实践，不断暴露问题和偏误，并不断得到教师或周围人群的点拨和指正，逐渐缩小偏误的比例，这是从教训和错误中得到启示，从而促使中介语的变化。另一个是教师的示范作用，标准的语音、准确的用词、规范的句子，时时引导着、影响着学生的二语学习。这种正面的潜移默化，对改变学生的中介语有着十分关键而重要的作用。除此，教科书的语言，更是学生形成中介语和发展变化中介语的源泉。

3. 中介语使用和变化的认知意义

中介语的变化和发展，向着标准的目的语接近和靠拢，标志着新的语言系统正在或业已建立，并且逐步走向完善。

新的语言系统的建构，主要体现在新的心理词典的确立与新语法规则的掌控。但二语学习，不可能等待全部教材学完才开始应用。只要新的心理词典储存了一些词语，语法规则学了几条，学生就会利用有限的词语和句式，从模仿、迁移脱胎出一种可以交际和交流的、多少带有个体系统性的、变化或变动着的语言——中介语。

中介语内部包含着正确的语句，同时也存在着某些偏误，这是两种语言系统转换过程中必然会出现的现象。两种语言系统的转换，也可以说是信号系统的转换。客观世界的具体事物，属于第一信号系统，而反映事物概念的语词，属于第二信号系统。人类就因为有了第二信号系统，才有了复杂的思维和话语表达。学生从小习得母语，就是掌握了本族的第二信号系统；而现在面临的目的语语词，如汉语的中文字词，当尚未认知之前，它们只是像一幅幅图画似的方块字，还停留在第一信号的层面上。只有当中文字词同学生的母语词语及其概念发生了紧密的联系，即汉语的词音、词形与本族母语相关的词语和概念紧紧地捆绑在了一起，汉语的语词才上升为第二信号系统，用汉语思维和说话，才有了可能。可见，两种语言的转换，呈现出交错复杂的情况。例如，作为“书写工具”这个概念，反映在英语中是 pen，反映在汉语中是“笔”。接触和学习汉语“笔”这个词语，不仅要和“书写工具”这样的概念联系起来，同时要和 pen 联系起来。因为在相当一段时间里，学生要凭借本族语的 pen 来翻译或注释汉语的“笔”。只有在熟练掌握了汉语“笔”这个词语后，才可摆脱本族母语的翻译和中介，直接揭示其概念。如果概念、目的语词语和母语词语三者之间联系松散或者脱节，那么目的语使用起来就会产生偏误；反过来说，如果在使用过程中，偏误得到了纠正，那么新老心理词典中的词语和概念的系联就会更加紧密。从这个意义上来说，新心理词典的建构为中介语的运用创造了条件，而中介语的使用，又使新心理词典得以充实和完善。

从新心理词典选择、提取出所需的词语，还要按照新语法规则装配和组建，才能完整表述一个意思。而新语法规则是经过对比、迁移等手段获取的，它们作为陈述性知识储存在长时记忆的知识系统中，能否熟练地应用尚有待于将它们转化为程序性知识(即语言能力)。中介语的使用,实际上是一种极其有效的语言实践,是不断将新学的语言知识转化为语言技能的过程。通过语言实践的检验,改正或减少偏误,加深对语法规则的理解,由此促进中介语的变化和发展,最终由熟练应用走向自动化。

由此可见,两种语言转换所经历的过程,是如此的漫长、复杂和艰巨。

第二节　汉语作为第二语言课堂教学的跨文化交际

文化可以被视为那些用以解释他人行动、语言和思维模式的假设、观点及信念的框架组织。这个框架结构是主观的,通常被认为是理所当然的。而对于外语学习者而言,知晓自己与他人的不同的文化组织结构却是十分重要的。否则他们就会用自己的文化体系来解释目的语信息,而目的语信息的真正意图却需要基于非常不同的文化假设才能被推测出来。[①] 在此,我们看到了文化对于第二语言学习的重要性。

人们用本族语表达的内容,总渗透着或包孕着本族人的文化意识和文化习俗。因而学习外语不仅要掌握该种语言的形式(语音、词语、句子等),还需了解该语言形式所包含的交际文化和该语言形式所表述的知识文化(意识、习俗、价值观念等)。形式和内容的相互依存、相辅相成决定了学习一种语言形式必定要关注这种语言形式所蕴含的文化内容。进行第二语言教学的课堂是一个跨文化交际的场所。在这个课堂上,由于教师与学生、学生与学生来自不同的国家和地区,各人拥有不同的文化背景,年龄、性格、价值观念、思维方式以及生活方式等方面

---

① Cortazzi, M. & Jin, Lixian. Cultural mirrors: materials and methods in the EFL classroom. In Hinkel, E (Ed.), *Culture in Second Language Teaching and Learning*. Cambridge, UK: Cambridge University Press, 1999:197.

都具有很大的差异。“在跨文化交际中,第二语言学习者会发现,他们不仅外语交际能力受到了巨大的挑战,他们母语文化的交际规则和思维方式也常常行不通。他们的价值观念也常常受到误解和责难。”[①]汉语作为第二语言的学习也是如此。作为一套语言符号系统,汉语既承载了厚重的中国文化,也凝固了整个中华民族的思维特点和民族精神。因此在语言内容的教学上,不仅要注重其形式意义,更应该从跨文化的角度分析其中的文化内涵。

一、跨文化视角下的语言理解与障碍

“语言的特性是民族精神特性对语言不断施于影响的自然结果,一个民族的人民总是以同样的独特方式理解词的一般意义,把同样的附带意义和情感色彩添加到词上,朝同一个方向联结观念、组织思想,并且在民族智力独创性与理解力相协调的范围内同样自由地构造语言。”[②]因此,语言作为文化的载体体现着一个民族文化精神的全部。外国学生学习汉语,最感到困惑和棘手的是深藏在语言形式里面的文化内涵和文化意识。因为仅仅从语言形式表层是很难揣摩其中所蕴涵的深意的。常常有这样的情况,很平常的一个句子,中国人说的用意,跟外国学生所理解的意思不完全一样,或者竟是南辕北辙。这是因为外国学生是用他们本族人的文化观念和意识来理解中国人说的话语,当然无法体会其中的精微。这种跨文化的现实常常会对课堂上的交流和沟通带来一定的影响。例如冬至日,中国老师向来自各国的学生介绍有关冬至的传统饮食。当介绍到中国北方喜在这一天吃饺子,而南方更喜食番薯粥时,来自韩国的几位学生也积极表示,在韩国,人们在冬

① 毕继万.第二语言教学的主要任务是培养学生的跨文化交际能力[J].中国外语,2005(1).

② [德]威廉·冯·洪堡特.论人类语言结构的差异及其对人类精神发展的影响[M].北京:商务印书馆,2011.

至日也有特别的食物——红豆。红豆在韩国文化中象征着一种邪恶的事物,因而人们在冬至日把红豆吞下肚也就象征着将灾难与厄运一扫而光。此处的红豆,在中国被称作红小豆或赤豆,具有健脾养胃、利水除湿、清热解毒、通乳补血等功效,是一种有益于健康的食物。中韩两国对于红豆的文化理解可谓大相径庭。

再如,"一日为师,终生为父"的俗语同样不能被外国学生所理解。曾有一位美国学生问老师:"为什么你告诉我每一个字的意思以后我还是不明白?为什么有一个人做一天我的老师,他一辈子都是我的父亲?这是什么意思?"更有这种情况发生,中国老师曾与外国学生在课堂上讨论"啃老"话题。从"啃"的动作引申到"啃老"的意思,即指已经成年并且有一定生存能力的年轻人依然在经济上、生活上完全依赖父母养活自己。日本、韩国学生听完老师的讲解以后纷纷点头,对这个词语的意思表示理解。然而,一向乐于表达自己观点的哥伦比亚学生却似一头雾水,并在此后整堂课的讨论中都显得异常沉默。课后老师询问这位学生缘由,哥伦比亚学生说:"我大概明白今天的话题,但是还是觉得很奇怪。"因为在哥伦比亚,年轻人依赖父母的情况比较少见,常常是因为贫穷,很小的孩子就不得不放弃学业而成为童工,以求养家糊口。前面一个例子,可以显示语言背后的价值观念和评判标准对于学生理解语言内容的重要作用性;而后者则说明,对语言内容的理解常常需要从跨文化的角度联系一定的社会现实和风俗习惯来进行。

二、跨文化视角下的角色认知与文化认同

所谓角色认知是个体对自己或他人的社会地位、身份以及相应的行为规范的认知过程。[①] 教师对学生的认知往往是一种角色认知,它时

① 邵瑞珍.学与教的心理学[M].上海:华东师范大学出版社,1992:385.

常带有一定的主观色彩。而外国学生对中国的了解和认识，也不乏带有刻板印象。

1. 角色认知：刻板印象

刻板印象属于角色认知的范畴，指人们头脑中对存在的某一类人的固定印象。在教育心理学中，刻板印象常常指教师头脑中存在的关于某一类学生的固定形象。这种固定形象往往来自于教师从外界得到的各类信息，如书籍、音像传媒中对某一类人的形象塑造，抑或是教师按照个人的经验或在个人生活经历的基础上对学生所作的结论。刻板印象会产生积极的作用，它能帮助我们将学生进行归纳分类，以便整体判断和概括性地了解一类学生。但是刻板印象也有消极作用，

由于进行整体概括，所以常常会抹去群体学生中的个别差异。[①] 在汉语作为第二语言的教学中，汉语教师也往往根据自己的工作经验，概括东西方学生的个性特征。一般而言，东方学生比较拘谨，而西方学生则比较活泼、开朗。曾有一个初次担任教学工作的新教师，根据人们对外国学生的一般印象，在检查学生复习情况的一项练习中，挑选了两个西方学生到黑板前来听写生词。结果其中一个美国女学生因为写错了一个汉字而当场就哭了起来，这使新教师手足无措，在对学生百般安慰以后，课才得以继续上下去。可以说，课堂上的这起意外是由刻板印象直接引发的。这个教学实例生动地说明了刻板印象往往会对现实中各具特性的学生做出不正确的判断。美国学生相对而言比较开朗、外向，但也不乏有较为内向、拘谨的学生。正确的做法应该是对学生既要有整体的掌握又要了解其个性特征，只有这样才能正确地对待学生，顺利地进行教学。

而来自不同国家的学生对中国也可能存在刻板印象。有汉语教师

① 徐子亮. 对外汉语教学心理学[M]. 上海：华东师范大学出版社，2008：202.

在与外国学生讨论婚姻话题的时候发现，一些学生由于受到影视、文学作品的影响，对过去中国“父母之命，媒妁之言”的婚姻观念印象深刻。他们认为在中国很少有人自由恋爱，在婚姻问题上大部分人都会听取父母的安排。这些印象是刻板而片面的，它不能真实反映中国社会的现实。

角色认知是一种正常的心理现象，汉语教师必须在工作中努力克服角色认知中可能产生的偏差，正确客观地了解自己的教学对象；而对于外国学生的刻板印象也要给予指导和帮助，在提高学生汉语水平的同时，能正确全面地了解中国以及中国文化。

2. 文化认同

文化认同是个体对某一种文化的归属感，是“对某个有着共同符号意义系统、遵守相同行为规范的文化群体的认同，并被认为得到这个文化群体的接受”[①]。Collier & Thomas 对文化认同的这一定义包含了两层意思，即符号意义和行为规范，具有某种文化认同的人应该能够自如地运用该群体共同使用的符号意义系统，并能自觉遵守该群体约定俗成的行为规范。但在实际的汉语作为第二语言的课堂教学过程中，外国学生带着母语的文化背景去接触、学习汉语时很有可能发生对中国文化达不到认同或不完全认同的现象。比如汉语教师认为观察学生写作业是对学生的关心，而欧美学生则会对这种关心感到紧张、不安而难以接受。汉语教师询问学生家庭情况时，学生常常会把宠物算作家庭成员之一。而很多汉语教师会说，宠物不是人，不能算作家庭成员，这就很可能引起学生的反感，因为他们无法认同这种家庭观念[②]。有一位在海外从事汉语教学的中国老师曾遇到外国学生提出这样的问题：在

① Collier, M. J. & Thomas, M. Cultural Identity: An interpretive perspective. In Y. Y. Kim. & W. B. Gudykunst(eds.), 1988:99—120.

② 申莉，周士宏. 谈汉语国际推广中文化认同的实现[J]. 国际汉语教育，2013(2).

中国,为什么很多人成年了甚至结婚了还与父母住在一起?中国老师就用中国人对家庭的理解以及中国人对长幼亲疏等抚养和赡养等家庭观念来加以解释。有个中国学生回国时买了很多礼物,特别是帮助亲戚的幼儿带奶粉,遭到了一些外国学生的嘲笑。中国老师则用中国人重视“人情”等观念、习俗来进行说明。

再如,有汉语教师认为华裔背景的留学生对于中国传统文化认同度高,在课堂教学时便要求这位学生介绍自己家里是如何传承中华民族“孝”文化的。可恰巧这位学生的家庭长期生活在加拿大,已经浸润于当地的文化习俗之中,并不认同中国的传统文化,而是接受了北美的自由民主,所以他对“孝”并不十分理解,更不可能向班上的其他同学介绍,结果搞得十分尴尬。

可见,不同的文化有不同的规约。在二语课堂的跨文化交际过程中,教师和学生有必要摆脱自身母语文化的限制,克服目的语文化和学生的母语文化之间的冲击和碰撞,建立起跨文化的视角,收到良好的教学效果。

三、跨文化视角下的课堂行为方式

当一种行为方式被置于文化的大环境中时,会受到该文化的价值观和行为规范的制约与影响,从而成为该文化的组成部分。第二语言课堂的跨文化交际包含了学生母语文化与目的语文化的差异,这种差异既体现在学习内容方面,也反映在教师与学生的各种课堂行为之中。因而,在二语课堂互动中常常会显示出教师和学生在不同文化背景影响下的不同交际行为方式。

曾有一名来自中国的新教师到美国任教,教学对象为十七八岁的高中学生。开学后第一课,教师正在进行一系列的课前准备工作,学生陆续到达教室,师生彼此都比较陌生。这时,一名学生走向教师,大声说:“Hey, how is it going?”教师被学生突如其来的问题吓了一跳,觉得这个招呼方式随随便便没头没脑，甚至有些粗鲁唐突，一时间不知道说什么好，没有作答，只微微点头。而学生感到教师对于自己热情主动拉近距离的表示没有反应，也摸不着头脑，感到老师难以琢磨。由于这一小插曲，导致教师和学生在首次上课时均比较紧张，课堂气氛不很融洽。

这个案例中出现的跨文化交际问题，很大程度上是由于教师和学生对于师生关系的不同看法。在中国老师看来，教师和学生的社会距离是非常鲜明的，教师对于学生来说是权威的象征，尤其是在双方互相并不熟悉的情况下，她预测和期待的是学生尊敬而小心翼翼的行为。而从来自美国文化的学生的角度讲，教师和学生即使不是平等的关系，权势距离也没有多大，师生之间互相开玩笑也是常有的事。习惯了这种文化观念的学生，在第一堂课时通过轻松随便的招呼，希望和老师拉近距离。而来自儒家文化的教师，对于这样的问候，认为过于随意，甚至感到有些被冒犯。同时，美国文化崇尚个人主义，教师如果在言谈举止中能够适度表达自己的感情，展示自己的个性，往往能博得学生的喜爱。而中国教师往往更在乎自己的“教师身份”，不愿进行过多的自我披露，个性展示得很少。在同一案例中，由于中国教师在很长时间内对于学生的问候提问不愿多说，学生对该教师的评价是“永远不知道她在想什么”。①

就课堂教学而言，汉语教师受中国尊师重道文化的影响，大都希望学生能够尊重老师，听从教师的安排与授课。但是外国学生不会受教师的束缚，他们习惯于质疑和提问，直率地发表不同意教师观点的意见和看法，有时语气很不客气，带有质问的意思。且不说欧美同学本来就喜欢直话直说，即使课堂上不爱说话的日韩学生，也常常发问：“为什么？”有时甚至于使用反问句：“难道都是这样的吗？”语气咄咄逼人。这会让教师觉得很不舒服，甚至产生抵触情绪。对此，教师应该明了这正

---

① 该案例由 2008 年赴美国路易斯安那州新奥尔良地区 MPCDS 学校任教的汉语志愿者教师提供。

是文化差异的表现。我们不能只要求学生顺从教师，教师也应该尊重学生，要用平等的、包容的态度来对待学生，接受并适应这种文化差异。如果确实是学生的见解比较片面，那也要说清中国人的思维方式或价值观念等等，让学生能够欣然接受。

毕继万(2009)曾例举了一个亚洲学生在美国课堂上的表现问题。在美国大学的课堂里，一些来自亚洲国家的学生显得不够活跃，既不举手发言，也不参与到其他学生的讨论中，美国学生和老师往往把其归咎于"不够自信、羞怯"。但有一位曾在亚洲工作多年的教师却不这样看："亚洲学生也在积极参与，只不过他们是用亚洲方式。如老师提问时，他们也许不是用举手的方式表示愿意回答，而是目光注视着老师，表示他们知道答案并且愿意回答。只有当他们有100%的把握时，才可能会选择举手。大多数时候他们都会用眼神的方式，这样更含蓄，不论是否被提问都不会丢面子。而当小组讨论时，他们可能没有说话，但如果观察他们，会发现他们的身体是前倾的，专注地倾听，不时点头，这表明他们已经参与了。这时如果有人邀请他们发言，他们也会表达自己的观点。但如果小组中每个人都在抢着发言，有可能他们会继续保持沉默，他们认为倾听是美德，而打断别人是不礼貌的，可能会让自己和别人丢面子。"①

总之，对待课堂教学中的文化差异要彼此尊重，能够疏通的尽量疏通，疏通不了的，求同存异也不失为是一种有效的跨文化交际的方式。在课堂教学中融洽而和谐地进行跨文化交际，以期收到最佳的教学效果。

① 毕继万.跨文化交际与第二语言教学[M].北京：北京语言大学出版社，2009.

第五章　汉语作为第二语言课堂教学的环节、容量与节奏

人们称教学是一门艺术，恐怕不是说教师多么会讲，多么富有表情和感染力，而是指教师良好的教学组织和教学效果，汉语作为第二语言教学尤其如此。教师学识再渊博，讲解再详尽，如果不落实到学生身上，成为学生所掌握、能应用的知识和技能，那么这些知识和技能依然只属于教师个人，它们只是跑马流水般地在学生的视觉、听觉和触觉通道中过了一遍，大脑皮层上不留或只浅留一些痕迹，教学没有达到预定的效果，也就谈不上什么教学艺术了。汉语作为第二语言教学的成功与否，主要看学生能否习得汉语以及习得汉语的速度和熟练程度。而要达到这个目的，关键是教学要符合学生的认知规律。本章讨论的课堂教学的环节、容量和节奏，关系到我们对外国学生进行汉语教学时必须重视和贯彻的一些基本认知规律。

第一节　课堂教学的环节

关于人们掌握的客观世界的知识，哲学家赖尔(G. Ryle)在 1949 年提出了一种区分的理论，即把知识区分为陈述性知识和程序性知识。后来加涅(Gagne)和安德森(Anderson)在他们的学习理论和认知理论中都加以运用。陈述性知识是关于事实的知识。它既可以是某些事实，也可以是事实的概括，既可以是一个事件，也可以是一种态度。程序性知识是关于如何做某个事物的知识，它是动态的，也是有序的。陈

述性知识和程序性知识在语言学习和运用中是相互作用的。[①] 当我们要表达某一个意愿时，就必须掌握一定的陈述性知识，知道表达这个意愿的一些词语，将这些词语连贯成某个句型或句式，以及一定的语气语调等等。没有陈述性知识，就没有表达的基础。而当我们要学习某一个陈述性知识时，例如学习一个语法点，如果具有良好的学习程序的知识，就能使我们尽快地掌握这个语法点。程序性知识在这里起到了促进陈述性知识获得的作用。在语言教学，尤其是课堂教学中，如果教师自身具备较全面的陈述性知识以及学习陈述性知识的良好程序，他就能给学生提供学习陈述性知识的理想程序。他或者可以运用将陈述性知识同其他特性联系起来的程序；或者将陈述性知识组织排序成一定的便于记忆掌握的顺序；他也可以使用各环节组合的程序性知识，从而制定出符合学生认知过程的教学方案。教师自身的陈述性知识和程序性知识能促进学生陈述性知识的习得和程序性知识的产生。教学环节的设计是教师自身程序性知识的直接体现，对语言学习起着重要的作用。环节的设计顺应或符合学习者认知语言的心理过程，就能扩大学习容量、缩短学习时间、促进语言的学习。否则，就会起到相反的作用。

课堂教学是一个环环相扣、相互衔接的过程。这个过程包含了学习者感知、理解、巩固、运用的心理活动和认知规律。人们学习知识和获得语言都是在感知的基础上接收与理解，在理解的基础上记忆和巩固，并在运用过程中加深理解和记忆。教学若顺应这种认知规律，就能收到事半功倍的效果；反之，则徒劳无益。教育家们在长期的教学实践中，根据感知、理解、巩固、运用的基本认知心理规律，总结和归纳出五个教学环节[②]：组织教学、复习检查、讲练新内容、巩固新内容、布置课外作业。

---

① 桂诗春. 实验心理语言学纲要[M]. 长沙：湖南教育出版社，1991：151－153.

② 伊. 阿. 凯洛夫等. 教育学[M]. 北京：人民教育出版社，1957：136－146.

一、组织教学

为了保证教学活动有条不紊地进行，上课开始时有必要花几分钟时间做一点组织教学的工作。组织教学可以分为教的组织和学的组织。教的组织主要指教师的教学准备工作，如打开电脑、投影设备，调整扩音器等等。学的组织主要指教师让学生做好学习的准备，如取出课本或学习材料，放好纸笔、坐定并保持良好的学习情绪、凝聚并集中高度的注意力等等。

组织教学作为一个教学环节一般安排在课的开头，以便师生都能较快地进入教学与学习的佳境。组织教学最主要的目的是引起学生的注意，从而使学习者对学习内容变得清晰、完整和深刻。

事实上，在整个教学过程中，教师都应视学生的学习和接受情况、注意力的集中和分散、精神的疲惫和懈怠等因素，随时进行组织教学的工作，调整教学活动和教学节奏。

二、复习检查

复习检查的环节是五大环节中的第二个环节，它起着贯连的作用。一方面巩固上一课所学的知识，另一方面导入新课将要学习的内容。与此同时，这一环节还发挥着教学反馈的作用。使教师能及时检查教学，掌握学生记忆与遗忘的程度。

从教师组织教学来看，复习旧课能够巩固上一个单位时间所教学的内容，同时还可以调整学生的情绪，集中思想，把他们的注意力集中、聚焦到即将展开的新课上来，并在此基础上推出新的学习内容。总而言之，教师要通过这一环节的设计，帮助学生将新旧知识联系起来。就学习者而言，学生可以在这个环节中巩固已经学习的知识，为接受新知识准备必要的条件。语言网络的特点显示，信息线索的编码加工，是先后有序的。新学的、后摄入的语言知识信息是在先前编织成的网络基础上扩展、系联的。复习旧课时，学习者语言信息网络中已有知识的结节处在一种激活状态中，为接受新知识作好准备，一旦新知识输入，就能较快地与旧知识联系起来，或与旧知识同化。通过新旧结节的再加工，新旧线索的再编结，使语言网络得以扩充而更加细密。例如，新课要进行复合趋向补语的教学，可以在复习的环节中安排回顾和复习简单趋向补语的内容。如：板书简单趋向补语的句式，用图片和情景演示引出简单趋向补语，写出几个动词带简单趋向补语让学生造句，用图表显示简单趋向补语等等。通过这些复习方式可以再现并激活贮存于长时记忆中关于简单趋向补语的知识信息。当新的复合趋向补语的信息输入后能迅速地进行识别，并在已有的语言网络上进行编结。这样必定改变原有的网络系统，从而扩展及进一步完善汉语的知识网络。任何事物都有其两面性。教学的第二环节设计复习旧课，有巩固已知的作用。但由于注意的持续性是有一定限度的，当同一类刺激持续的时间过长，会使学生失去兴趣，减弱注意，甚至放弃。[①] 所以复习旧课要掌握好一定的"量"，避免产生消耗学生注意资源的副作用，并因而影响对新课的学习。

课堂教学环节的设计，也会有这样的情况，即在课堂教学的一开始就安排学习新课环节。我们肯定复习旧课环节在教学上有必要性的同时，并不否定把学习新课作为课堂教学第二环节的设计。因为这一设计，从语言认知的基本规律来看，同样有其可行性。人们的感觉系统收集的信息，一般首先进入初级记忆储存起来。储存的信息或者被输入的其他信息所替代，或者通过复述保存下来，进入长时记忆系统。当人们在学习了一系列知识后进行回忆时，除了最接近现时的项目容易回忆以外，最早接受的信息由于是在注意最集中的时候接受的，印象深

① 叶奕乾，祝蓓里．心理学[M]．上海：华东师范大学出版社，1996：74．

刻，也易于回忆。这在心理学上被称为“首位效应”。[①] 在汉语作为第二语言的课堂教学中，将学习新课作为教学的第二环节，就是运用了首位效应的原理。这样的安排可以使学生对新的知识有一个清晰的感知，由此进入记忆系统而易于保持和回忆。学习新课作为教学第二环节设计的合理性即体现于此。教学的第二环节设计复习旧课还是学习新课各有其益处，教师最终还应视教学内容和教学对象的具体情况作出选择。

三、学习新课

学习新课是五大环节的主导环节。这一环节是输入陈述性知识，即输入课文内容(词汇、语法、文化等等)的重要途径。学习新课的环节又可以由若干具体环节所构成。教学实践显示，具体环节有两类不同的安排：一类是生词→课文→语法→练习；另一类是生词→语法→课文→练习。安排生词→课文→语法→练习的环节，其教学意图是首先扫除阅读的障碍，所以教生词安排在前，随后教课文，利用课文例句来提出和讲解语法现象。生词的教学是从生词到课文，语法的教学是从课文到语法，由此将一篇课文的语言项目——词语和语法分为前后两个阶段通过课文自然过渡进行教学。生词→语法→课文→练习的环节，其教学意图是集中扫除语言障碍，包括词语和语法，为阅读课文创造条件，铺平道路，使之能顺利进行。而课文则通过语言材料再现词语和语法，从而对语言项目的学习进行巩固。

从语言认知的原理分析这两个环节的设计，我们可以看到，安排生词→课文→语法→练习的环节首先能保证经过初步编码、存于短时记忆的生词能较快地进入课文语境，使它们能在被遗忘之前通过课文的

① [美] R. L. 索尔索. 认知心理学[M]. 黄希庭等译. 北京：教育科学出版社，1990：157－158.

强化而进行再编码，并由此能贮存进长时记忆中的词语网络。[①] 通过课文出现的语法现象都是具体的例句，从这些具体的例句归纳语法规则，是由感性体会上升到理性规律，符合人的由具体到抽象、由感性到理性的认知规律。语法的记忆，如果是一个个例句的模板记忆，会没有穷尽。而抽象的原型记忆，既有概括性的规则，又有具体的能帮助记忆的实例，则记忆变得较为牢固。[②] 从课文而出的例句或实例，在教学其概括性规则的同时，因其有具体的语境帮助，语义的理解印象深刻，容易记忆。

生词→语法→课文→练习的环节安排，在认知上会出现一些反复。生词的记忆，最好的方法是语义记忆。教完生词后进入语境进行再编码，多次编码，记忆才牢固，并能贮存进长时记忆库。如果教完生词后，接着教另外一种语言项目，脱离了课文语境，则经过初步编码的、暂存于短时记忆库中的生词就会被其他信息取代而丢失大半，甚至遗忘。紧接着生词后的语法教学，语法现象的提出往往比较突然，而且讲解语法时运用的例句大多是外加的。学生对语法的理解一般要进入课文后，才能明白这一语法现象在表达中的作用。语法的教学成了一种孤立的教学。在这一环节中，生词与语法在接收中是并立的。生词不一定与语法挂上钩，因而二者之间也不存在相互促进的关系。同时生词与语法集中在一起教学，会分散学生的注意力。在注意的分配上不够经济，可能要耗费学生比较多的注意资源，从而在感知方面大打折扣。[③] 课文是生词和语法的纽带，要充分发挥课文语境的作用，就应注意有机的结合，课文的教学不能跟生词和语法教学隔得太远。

一般通过练习和应用的方式化知识为能力。记忆、贮存的材料，只

---

① 邵瑞珍.学与教的心理学[M].上海：华东师范大学出版社，1990：50.

② [美] R.L.索尔索.认知心理学[M].黄希庭等译.北京：教育科学出版社，1990：57—59.

③ 桂诗春.实验心理语言学纲要[M].长沙：湖南教育出版社，1991：97—98.

是陈述性知识，要使其中的一部分知识转化成熟练的技能，必须经过大量的练习和应用，才能成为程序性知识。因而练习的重点，就是要把语言规则分解为系列性的产生式，并在应用中熟练地依赖产生公式的推导造出合理合法的语句。例如口语课，包含功能性话语（即带有某种色彩、语气和要求的话语）、应对性话语（回答对方的表态性话语）和叙述性话语（即述说和介绍观点、意见和情况的话语）。这些话语的搭配组合就构成了对话体。对话体的教学不仅要求学生理解，更重要的是要学生能构建这样的语句，这就需要通过大量的练习和应用来培养和掌握。

四、巩固新课

对经过教学而了解的内容要趁热打铁加以巩固，及时充实到学生大脑的知识结构中去。比较常见的做法是由教师归纳、小结课堂讲授的内容；也可由学生（一个或几个人）复述、回讲所学的内容；再则可做些快速反应的练习。这一环节花时不多，却至为重要，因为它能起到将知识系统化、条理化的作用，从而巩固记忆，减少遗忘。

经验过的事物再度出现时，能够把它辨认出来，叫做再认。经验过的事物不在面前时，能把它重新回想起来，叫做回忆。这是同一个心理活动的两个相连相关的阶段。巩固新课的环节也是一种再认和回忆，它一方面可以及时提取，促进大脑的积极活动；另一方面，它又是一种重现和复习的过程。经过重现和复习，有关的神经元与大脑皮质之间的联系得以反复接触，识记的信息可以从短时记忆输入长时记忆进行贮存，新的知识也因此而有条件充实或改变大脑中的知识结构，进而尽可能地避免或减少遗忘。①

① 徐子亮．对外汉语教学心理学[M]．上海：华东师范大学出版社，2008：87－88．

五、布置作业

布置作业是教学环节设计中最后一个环节。一般来说，一个完整的教学单位结束之前，需要布置作业，如果一堂课已经完成了一个教学单位的内容，应该当堂布置作业；如果是两堂课或三堂课才成为一个教学单位，那么在一个完整的教学单位结束前再布置作业也未尝不可。

新课输入的多数是陈述性知识，而陈述性知识要转变为学生的程序性知识，必须通过练习才能实现这一转换，因此布置作业的环节是实现将知识转化为技能的必要环节。作业具有延伸课堂教学的作用。课外活动大多是随意的、灵活的，是一种非刻意学习。而课外作业，则是由教师规定着学生的学习内容和学习活动，因而是一种有意学习。[①] 作业把课内学习的内容延伸到课外进行消化。通过作业让存之于语言信息网络中的节点包括旧知与新知处于交通联系的活动状态，也就是进行语言信息激活、匹配、提取的训练，起到识记、保持、再现新知的作用；把陈述性知识转化为程序性知识，以达到熟练应用新知的自动化效果。

五大环节的这种顺序安排基本上顺应了学生语言学习的过程。课堂教学的这些环节并不是封闭的、静态的。从整个语言教学过程来看，它是在不断地循环往复着的。每一个循环的第一个环节巩固前一个循环所获得的知识并引导展开新的学习内容。而新一个循环的学习是在前一个循环的基础上进行的。周而复始的循环不断地推进着语言教学。知识的积累和技能的训练在循环中得以实现。

第二节　课堂教学的容量

教学是目的性很强的一种智力（或体能）活动。教学之前，教师要

---

①　邵瑞珍. 学与教的心理学[M]. 上海：华东师范大学出版社，1990：38.

做很多准备工作：了解学生的汉语水平和已具有的汉语知识，分析和估计课文内容(包括语言项目)的难易程度，确定教学的重点和难点，拟定教学的目的和要求，等等。然后根据这些参数或因素来设计教学，这就是人们常说的备课。备课中须有“面”的考虑，也须有“点”的安排，其中涉及教学容量问题，需要教师在备课时从“点面”结合的角度来权衡和斟酌。

教学容量是指教学的信道容量。教师在课堂上的话语，自然都带有一定的信息，但不一定都是教学所需要的信息。所谓的教学信息，应该是指有一定用度的知识，而且是经过加工的输出。因而教师重复学生已懂的知识，就等于没有信息。从这个意义上来说，信息就是消除或减少收信人的某种不确定性，[①]使不懂的东西成为明确的、易懂的东西。教师发出的信息，必须经过学生的信息通道，才能被接收，这种传递信息的通道，就是信道，具体来说就是视觉、听觉或触觉的神经通道。信道最关键的问题是容量。从听觉来说，人们的听觉器官分辨单个语音单位的能量很大，据理论上的研究，一个单位时间里可作 50 种判断，但由于受声音的频率和强度的限制，实际上能有效辨认的也只有八九个音。[②] 这种信道容量，制约和规定着教学的容量，信息超过这个“度”，为信道所不容；信息不足，没充分利用信道，则浪费了宝贵的时间。所以，教学容量得度，是我们进行教学不容忽视的问题。

一、教案的拟定和教学容量的确定

教师备课写教案，每堂课安排多少教学容量，应该有一个充分的、合理的估计。教学容量的估计，涉及的因素很多。在确定教学容量时，要考虑到认知心理因素与教学因素。

---

① 桂诗春．实验心理语言学纲要[M]．长沙：湖南教育出版社，1991：199.

② 同上书，p. 211.

1. 容量与认知心理因素

教学容量涉及干扰、注意、大脑加工与记忆等认知心理因素。

(1) 容量和干扰关系

从信息的传导过程来看,教师的讲授,是信息的来源(即信源),学生是信息的接受者(即信宿),视觉、听觉和触觉是信息传递的通道(即信道),因外界的各种影响(包括妨碍人们理解的背景知识和语言难点)使接收的消息与发送的信息之间产生差别的是干扰(即噪声)。理想的传递是,教师发出的信息能不受任何干扰地传达、输送到学生的耳中。但在实际生活中,这种理想的传递是不可能实现的。在教学传递过程中免不了要受到障碍而产生偏离和歪曲。例如,教师讲课的语速过快,学生来不及接收;教师讲话的声音太轻,刺激不了学生的耳膜;同学的嘀咕声或邻座的打搅,干扰了部分信息的收听;外界发生的某些纷扰,也能影响传递的质量,等等。另外,更为重要的是语言的难点和蕴含在语言中的文化背景,因不甚理解或难以理解而阻塞了通信通道,影响了后续信息的接收。这些客观和主观的因素,都会使教学容量大打折扣。

(2) 容量和注意的关系

接受信息容量与注意的关系最为密切。外界巨大的信息量在不断地刺激人们的神经系统,但只有引起人们感官的注意,才能被知觉和认知,那些不被注意的信息游离于人们的感觉之外,是不可能被接收的。因为人从外部世界提取信息,遵循着一条吝啬法则,[①]即注意的高度选择性。这种选择性是为注意的有限容量所决定的。巨大的信息量,在输入神经系统之前,须经过像瓶颈那么狭小的通道,此时会过滤或衰减掉相当一部分,而只有其中的一部分经过选择进入瓶颈做进一步的加工。因此我们在考虑教学内容时,既要防止同时有众多的信息线索蜂

① [美] R. L. 索尔索. 认知心理学[M]. 黄希庭等译. 北京:教育科学出版社,1990:47.

拥迭至，一起刺激学生的感官，也要避免过多的信息线索片刻不停地接踵而来，这都可能造成神经容量的超载。[①] 超载的结果，可能产生“拒载”，也可能产生“泛化”。“拒载”，是神经系统因过量活动而处于休眠状态，从学生身上表现出来的是昏昏欲睡；“泛化”，是神经系统混淆不同的知识而处于混乱状态，从学生身上表现出来的是辨别不清。可见，教学容量的得当与否，会直接影响教学的效果。

(3) 容量和大脑加工的关系

如果在某一给定的时间内有过多的感觉线索作用于人的神经系统，就会超载；同样，如果在神经系统中对过多的事件进行加工，也会超载。因为神经系统对于语言的加工，相当复杂，步骤也相当繁多。外界的信息刺激为信道所接收，首先要把信息变换成信号，认知心理学称为编码，即按一定规则把信息的诸种特征，组织成符号排列(犹如电码)，经神经元传入大脑的有关区域。在这里把信号码重新翻译成消息，认知心理学称之为译码。[②] 至此，收信人才获得这一信息，并从大脑的记忆网络中调动已有的知识经验，去理解这一信息，最后贮存在大脑记忆库中。这一系列的加工步骤需要耗费一定的脑力和时间，其加工量是很有限的。如果不对教学容量加以控制，会导致大脑加工操作受到损失。

(4) 容量和记忆的关系

信息和知识贮存于大脑的储藏库，就产生了记忆。记忆有短时记忆和长时记忆。短时记忆是最初加工外界信息刺激的地方，它的储存容量很小，这与大脑有限的加工能力相匹配。如果教学容量太大，短时记忆这一关就通不过去，许多信息被排斥在短时记忆之外。而且信息在短时记忆中的持续时间很短，如果不及时处理，如提供练习和复述的

① [美] R. L. 索尔索. 认知心理学[M]. 黄希庭等译. 北京：教育科学出版社，1990：5.

② 彭聃龄. 语言心理学[M]. 北京：北京师范大学出版社，1996：219.

机会，将这些信息转入长时记忆，就可能淡忘、消失或被新信息替换、挤走。所以我们确定教学容量，不仅要考虑大脑的信息加工量，而且还得考虑语言的训练量，保证有一定数量的语言信息和知识进入长时记忆，成为语言网络中的几个结节和语言经验中的一部分。

2. 容量与教学因素

确定教学容量除了要处理好上述的一些关系，还要按照实际情况，如不同的教学内容、不同年级和层次、不同课程和课型等作出相应的安排，处理好容量与教学各方面的关系。

(1) 容量和教学内容

教学内容以精读课为例，一般包括课文、词语、语法三个主要部分。确定教学容量既要考虑总容量，同时也要考虑各个部分的分容量，力求合理、有效。

课文，是词语、句子、句群、语篇及内涵意义的综合体现。涉及的面相当广泛，如词的音形义、语法规则、命题关系、逻辑思维等等，信息繁多而复杂。这么多的信息要同时通过大脑容量有限的处理器，势所不能。但为什么学生能在教师的指导下，顺利而通畅地接收课文的语言和意义呢？这就是先期教学的结果。当我们教学一篇课文，课文中的许多知识，诸如一些词语、语法规则和关联词语等等，是已学已知已掌握的，有的已达到自动化的程度，在头脑里已成为一种程序，能自动地执行和出现，不必再花时间去注意。除去这部分已不成其为信息的“信息”，剩下的就只有该课文中新出现的词语和语法规则，以及课文言语形式所包含的意义。当然，这“剩余”部分的信息仍然是庞大的，要学生一下子接收也是很困难的。反映在教学上就有了预习和“排除文字障碍”这样的环节。例如在教学课文正文之前，先教生词，或先揭示语法规则，实际上是把庞大的信息分而治之，让一部分信息先通过信道进入记忆库。这样，课文所包含的实际信息量大为减少，为课文内容顺利地进入信道打开了绿灯。不过篇幅较长的课文，其所携带的信息数量仍然可观，宜分段进行教学。

词语，虽然只有一两个字，它所携带的信息线索也是很多的，例如词音、词形、词素、词义、词性以及与其他词的组合功能、搭配习惯等等，只有掌握了这些信息，才能建立起一个词语模式，在长时记忆的词语网络中添加一个结节。一篇课文的生词量少则十来个，多则五六十，如果一股脑儿地塞给学生，恐怕也会超载。因此，有效的词语教学，常采用多种释词方法，例如形象直观法、母语对应法、以旧词素带新词素法等等，充分利用已知、旧知的信息作用，尽可能减少未知、新知的信息数量，使更多的词语进入信道。

另外，对于词语的释解，不能平均使用力量，要区分轻重和主次。属于领会性的词语，可少花些力气；属于复用性的词语，则精讲多练。一般来说，名词概念比较有定，用法也较简单，可用事物或对应词示意。动词中表具体行为的也容易理解，可少花些力气，而表示抽象行为的则应做为重点。形容词抽象的多，也是教学的重点。虚词，大部分是高频词，学生接触的机会多，其有关的信息线索不必一次给足，可以逐步添加，逐步积累。

语法规则，有大有小，有简单有复杂，有特殊有一般，它们所带的信息量，并不相同，应该区别对待。汉语中有些语法规则(如主—谓—宾)，跟学生母语的语法规则(如英语的 S-V-O)基本相同，教师三言两语就可带过去。有些规则是汉语的特殊用法(如“把”字句)，其信息含量较高，则要重点讲解。其实，对于外国学生来说，理解一条汉语的语法规则并不难，难的是要把语法知识化为程序性知识，即可以操作执行的产生式。如“把”字句，是旧信息“主—谓—宾”的变式，这变式之中包含了①宾语提在谓语前；②“把”字放在宾语前；③谓语有处置意义；④谓语必须带附加语等新信息。学生接收了这些信息，自然也形成了

"把"字句的模式,同时也编制了产生"把"字句的程序。根据这系列性的程序,就可产生出无限的句子来。因此,教师在教学中花费了一些时间,详尽地提供那些信息给学生,这完全是必要的。

教材中对于语法知识的处理,有的过于浓缩,一篇课文含近十个语法项目,无疑过多,学生无法那么集中地接收;有的分得过于疏散,如"比"字句,把"A 比 B+形","A 比 B+形+数量","A 比 B+形+一点(一些)","A 比 B+补"等分散到四五篇课文之中,信息量过少,课堂的教学时间不能充分利用,学生学习的速度人为地拉得很慢,这也是不适宜的。目前大多数教材,一篇课文安排 2—3 个语法点,这是从教学实践中总结出来的,跟认知规律不谋而合。

由于一堂课的教学内容,有课文、词语、语法以及文化背景知识,从"点"的角度来看,每项内容都没超载,从"面"的总体来看,各项内容加在一起,可能会过量,所以教师备课是还得顾及分容量和总容量的关系。

(2) 容量和年级层次

学生所能接收的容量随年级层次的提高而增大。低年级的学生一堂课只能接收十来个生词,七八个句子,一两个信息量较少的语法项目;到后期也可接收数百字的语段;中年级的学生一堂课的容量逐渐增大,可接收二十多个生词和包含几个语段的千字文,以及一两个信息量较大的语法项目;高年级的学生一堂课的容量则更大,一般都能接收三十多个词语和篇幅较长的课文,以及信息量较大的文化知识。这是就一般的情况而言。至于具体的、确切的教学容量,还有待于在进一步调研的基础上作量化的统计和科学的分析。因为课文的内容和题材有难有易,其所含的信息量有多有少,学生有国籍、汉语水平等差异。这些方面都是个变数,不能简单地把它看作为常数而主观硬性地固定下来。

依据认知心理学的理论视角,教学容量应随年级层次的提高而增大。

① 网络理论

认知理论认为,学生开始学习外语,大脑中还没建立起目的语网络,或者说长时记忆库中目的语还只是一张白纸。他们所接收的外语生词依附在母语的词语网络上,所接收的语法规则和句式也暂时附属于母语的有关网络。信道所递送的目的语语言信息,不能直接编码加工,必须使用母语进行翻译,才能作出反应。信息处理要绕这么个弯儿,自然限制了单位时间内传送信息的数量和速度。这就是低年级教学容量较少的原因。中、高年级学生已积累起相当数量的目的语的词语和语法规则,目的语词语和语法已从母语网络中分离出来,单独形成了目的语语言网络。这样,可直接地或大部分地应用目的语思维,减少了母语的转译过程,无论从接收的信息数量上还是反应的速度上,都有了飞跃。

② 语感理论

语感是对语言的感性反映。语言同客体之间,语言的内部之间,两种不同语言之间,有着种种的联系和关系。人在实际掌握语言时,所有这些联系和关系已直接体验到,但并未意识到。可见语感使人能够不必意识到语言的这些或那些特点而实际掌握语言。但是语感有其自身的心理特征:其一,语感不是普遍适用的,能感觉自己的母语,并不是就能感觉一种外语;其二,语感是培养起来的,是在人的生活中产生和发展的;其三,语感是逐渐形成的。① 根据语感的心理特征可以推知,初学汉语的外国学生接收信息的容量之所以少,就是因为他们尚未形成汉语语感或只有部分的、某一方面的语感。以后随着大量的语言实践,他们逐步发展着、完善着汉语的语感,就能接收更多的信息群。至此,教

① 朱纯.外语教学心理学[M].上海:上海外语教育出版社,1997:112.

学容量也自然而然地可得以扩充和加大。

③ 同化理论

认知理论认为，学习者能吸收新知，是因为头脑中贮存了某种认知结构(或者说知识结构)，它可以接纳、同化新的知识。如果学生的头脑中有某种概念或规则的上位结构，那么就有基础通过关联和想象派生和同化新的下位概念或规则；反之，如果学生的头脑中有某种概念或规则的下位结构，也可同化新的上位结构，使原有的认知结构得到了深化，也使新的知识获得了意义。① 由于人们的认知结构不是一下子建立起来的，它有个不断深化、扩展、转化或限制过程，反映在外国学生汉语学习上，也就有个不断增加或增大信息接收量的过程。

(3) 容量和课程课型

不同的课程和课型，由于有的偏重于输入，有的偏重于输出，教学容量也应相应有所不同。精读课和听力课主要是信息的输入，新知识的吸收，要考虑信道的容量，控制教学的信息，合理安排教学内容。学生在精读课上接收信息，眼耳并用，视觉通道和听觉通道同时起作用，可有比较多的信息传递给大脑加工。因此精读课是学习、接收语言知识的主要渠道，教学容量可适当加大些。听力课主要用的是听觉通道，信息输入受到较大的限制，“超载”会使接纳的信息受到严重的损害，因此，教学容量要严格控制。泛读，只要求理解语言材料中的主要信息，一般只在中、高年级进行。由于中、高年级学生的汉语语感较强，应用汉语的熟练程度和自动化程度较高，语言材料中的许多内容对他们而言是旧知和已知，这就为新的信息进入“瓶颈”开了绿灯，而且在新旧知识的相互作用下，学生们不难概括出语篇的主要信息和中心意思。因此，泛读课的教学容量一般都比较大。当然也得适当控制一下语篇材

---

① 李维.认知心理学研究[M].杭州：浙江人民出版社，1998：233－235，244－246.

料所蕴藏的知识含量，过分艰深的、过于专门化的语言材料是不适宜作泛读课文的。

口语和写作课是信息的输出，语言知识的应用。教学容量反映在教师对说话和写作的要求上，即构思时间的长短，篇幅字数的多少，完成速度的快慢，附加条件的难易(如要求表达时，把给出的一些词语和句式组织进去等)。如果教师的要求脱离学生的实际水平，也可视作教学容量过大。另外，口语和写作课也有部分信息的输入，会话教材中供背诵和模仿的话语，写作教材中供参考和启示的要点，一般来说信息量不会太大，只要注意切合学生的实际水平，是容易被接收而充实进学生的知识结构的。

(4) 容量和学生的汉字背景

日本和韩国以及华裔子女等有汉字背景的学生，至少在阅读方面具有得天独厚的条件，他们学习汉语越过一定的障碍后，发展速度较快。许多词语一点就懂，或无师自通，教学容量可适当加大，过慢的进度反而会使他们失去兴趣。欧美学生因为没有汉字背景，每个汉字都得一笔一画地去识记。他们初学汉字时，固然感到困难，到了中、高年级更因汉字的识记和积累适应不了阅读的进度和要求，教师就应减少一些教学容量，腾出时间供他们学习、识记汉字之用。因此许多学校，以有无汉字背景作为分班的一个条件，有其一定的合理性。但由于种种原因，欧美学生和日韩学生混合编班的也不在少数，其中教学容量上的矛盾，如何调节和解决，值得总结和研究。

二、教案的执行和教学容量的调整

教案拟定的是一个大致的教学计划，虽然也经过周密的考虑和筹划，对学生的汉语水平、学习状态、文化背景等作了比较充分的估计，但在执行和实施过程中要针对实际情况在容量上做些部分的调整。如果情况有了变化而固守原计划不变，那么计划再好，效果也不会太理想。

1. 教学容量的控制

在执行教案的过程中，最为理想的效果是能把原先计划好的教学内容通过学生的听觉信道或视觉信道传递到他们的大脑，并加工成为他们的知识。事实上这种可能性极小，在传递过程中必然有一部分信息被阻在信道之外，或者勉强通过信道，大脑却无法对之加工。于是出现了这样的情况：一部分教学内容发挥了作用，成为有效容量；一部分教学内容未发挥作用，成为无效容量。教师作为课堂教学的组织者和执行者，他的责任就是要千方百计地加大有效容量的比重，控制无效容量比例的上升。下面所列的几点都属于教师要注意和控制的范围。

(1) 信噪比

信噪比是在通信系统中，所要求的信号和不需要的噪音的功率之比。在实际信号中，一般都包含有用信号和噪声两部分，用来表征有用信号强度和噪声强度之比的一个参数，称为“信号噪声比”。这个数值愈大(如 1/2 的信噪比较之于 1/4 的信噪比)，噪声对信号的影响愈小，质量愈高。① 语言教学中所谓的噪声，除开外界的因素，主要指学生接收信息过程中受难词难句和母语负迁移的干扰与影响。这些因素，备课中也可能注意到或估计到，而在具体实施教学时，又会出现一些新情况，增加了教学的难度。这就要求教师做必要的调整，控制有效容量，否则，信噪比的数值变小，噪声干扰增大，接收质量会大大降低。

(2) 信息丧失

认知理论认为，一个消息包含一定数量的信息，有其一定的长度。如果传递的消息短于这个长度，信息就会比可能传递的少；如果长于这个长度，信息丧失就会失调地增长。② 语言教学中，学生听读短句，理解比较准确，因为没有丧失信息；听读长句、复句，理解常常要打折扣，就

① 桂诗春. 实验心理语言学纲要[M]. 长沙：湖南教育出版社，1991：217.

② 同上书，p. 219.

因为信息丧失得多。教师的教学，就是要把长句、复句化为容易传递和理解的短句，教师的讲课语言也要尽可能地不要超过传递信息的有效长度，保证学生信息的接收。当然，如果教学内容绝大部分是学生已掌握的知识，信息含量很小，虽然信息没什么丧失，但传递、接收的信息也就减少了。

(3) 概率

在教学中，教师的讲解是信源，他所发出的信息以符号的形式一个接着一个通过学生的感觉通道(即信道)，向学生的大脑(即信宿)输送。前面的符号按一定的概率决定后面的符号的出现。受制于前面的符号越多，后面的符号的确定性就越强。也就是说，听话人在解码过程中，把连续性的声音码转变为离散状态的事件，这些离散状态并非是毫无联系的一盘散沙，而是哪个状态会紧接着前一状态而发生(例如一个词语与哪些词语组合和搭配的可能性)，具有一定的概率。[①] 听话人凭着自己的语感和语言经验，就可猜测即将接收到的信息。例如，听到“中华人民——”，就可知道下面是“共和国”；听到“香港特别——”，就可知道下面是“行政区”；听到“浦东东方明珠——”，就可知道下面是“电视塔”，因为这样的组合概率相当高。教师要充分估计学生按照概率来产生或理解话语的可能程度，并以此推测学生接收信息的最大容量，尽可能保证教学内容都为有效容量。

2. 教学容量的微调

教学不仅要控制整个信息容量，还要对具体的信息进行必要的微调。微调的理论根据是阈限和唤醒水平。

(1) 阈限

大脑的感觉通道好像一个“阀门”，也就是心理学所说的“阈限”。[②]

① 桂诗春. 实验心理语言学纲要[M]. 长沙：湖南教育出版社，1991：227.

② [美] R. L. 索尔索. 认知心理学[M]. 黄希庭等译. 北京：教育科学出版社，1990：27.

当一个信息(词、句子或语法规则)未强调到一定程度,它就在阈限之下(即阈下),学生会不加注意地、轻易地放过,感觉神经兴奋不起来。因此,教学一个新知,一定要反复强调,让它足以刺激学生的神经活动,也就是信息刺激要在阈限之上(即阈上),教学才会生效。

(2) 唤醒水平

唤醒水平指一个人处于警觉的、兴奋的、敏锐意识到周围环境的一种状态。完成任何一种作业,都有最佳的唤醒水平。在语言学习中,唤醒集中反映在注意资源的分配上。认知心理学家认为,注意资源的总量有一个最高限,而这个总量又是与唤醒有关的。唤醒的水平越高,资源就越多,但是到某一限度,就会降低,这个过程有点像∩曲线。语言教学要遵循∩曲线规律,把最重要的、最关键的内容和信息放在唤醒水平的最高点上,这样才能保证主要内容和信息被学生有效地接收。①

第三节　课堂教学的节奏

节奏一词源出于音乐词语,"各种音响有一定规律的长短强弱的交替组合"。② 没有节奏,形不成旋律和乐曲。不仅音乐如此,课堂教学亦有节奏。上课时,如果教师满堂灌输,学生忙于听记,没有思考、回味的余地,教学一直处于高度紧张的状态,则其效果一定不佳。所以课堂教学既要注意教学环节和步骤的组织与衔接,也得讲究课堂教学进程中的起伏、节奏和间歇。课堂教学节奏是否张弛有当,体现了教师教学水平的高低。本节讨论语言课堂教学节奏并探究其与认知的关系。

一、语言课堂教学节奏的作用

语言教学设计,要考虑的因素很多,诸如教学目的与要求、教学重

① 桂诗春.实验心理语言学纲要[M].长沙:湖南教育出版社,1991:98.

② 辞海(第六版彩图本)[M].上海:上海辞书出版社,2009:1107.

点和难点，教学容量、教学比例、教学步骤等等。其实在具体安排教学时，还有一个细节，即教学的节奏，也应加以考虑。有经验的教师在他们设计的教学步骤中已包含了这个因素，但也有不重视或忽视这个细节的情况，因此有必要予以强调。如果一堂课的弦自始至终都绷得很紧，学生易产生疲劳，到时大脑接收不进外来的信息，效果就会大打折扣。所以必须讲究教学的节奏，以集中注意资源，调整学生的学习情绪，消除学习疲劳。

1. 集中注意资源

语言课堂节奏的处理有助于注意力的集中和注意资源的积聚。"注意是心理活动对一定对象的指向和集中。"[①]语言课堂教学的对象一般是教科书，教师教学的一个重要任务是要把学生的注意心理活动指向与集中到教科书以及有关的教学活动之上。因为不是所有感觉到的东西全部为个体所接收，只有被注意到了的刺激信息才有可能送往处理系统(短时记忆和长时记忆)作进一步的加工而被认识和储存。不注意或不太注意的东西，往往接收不进或被忽略过去。而注意的容量在某段时间里是有一定限度的，如果所有的信息都要个体加以注意和接受，势必会超出注意的容量。所以注意总带有一定的选择性，以保证重要的信息顺利地通过听觉或视觉通道这个瓶颈。这里，语言课堂节奏的安排是否合适，显得举足轻重。有效的节奏处理：一个是转换感觉通道。当发现视觉注意力减弱，传输形象(包括文字图像)信息的通道拥挤和阻滞，就要及时打开听觉通道，调动听觉注意力，以传输语音信息。这样，既延续了课堂教学，又让视觉注意得到休息。视觉注意和听觉注意不时地轮换着作业和休整，就可以保持注意的最大容量。另一个是合理分配注意资源。注意从某种意义上来说，是一种资源，既可消

① 叶奕乾，祝蓓里. 心理学[M]. 上海：华东师范大学出版社，1999：59。

耗,又能再生,但在相对的某段时间里它是有限的。课堂教学不断消耗着学生的外部注意(对周围事物包括课堂教学活动的注意)和内部注意(对自身的思维和心理活动包括加工处理信息的注意)的资源和能量。当注意资源消耗过多,学生就再也无法集中精力来听课和学习。学生在课堂上的疲乏、打哈欠,打瞌睡等,都是注意资源告罄的折射和反映。这时,有必要变化教学的手段和节奏,对注意资源进行再分配。例如,集中讲解一个段落后,安排几分钟的间歇,让学生自由阅读和提问;课堂练习之前,留给学生一些准备时间;讨论某个话题前,给些时间写写提纲等等。通过注意资源的再分配,均衡内部注意和外部注意的使用频度和力度,让学生有时间调整和恢复以前使用过度的注意力,重新积聚和集中起一批注意资源,投放到新的学习任务之中。

2. 调整学习情绪

在课堂教学中,如果知识信息接踵而来,不容学生喘息,学习易呈饱和状态;或者学习方式单调枯燥,同一种教学手段持续多时,也会使学生失去兴趣,产生厌烦情绪。而心情烦躁或焦虑,乃是学习的大敌,它会降低学生接受知识的敏度和效度,引起接触和感受知识的迟钝和木讷,导致大脑内化知识(旧知同化或顺应新知)的能力减弱。此时此刻,必须依靠变化教学节奏的手段来调整学生的学习情绪。也就是说,教师要依据和掌控学生的学习情绪,教学内容上要做适当的精减,把学生有限的精力转向关键知识,减少过重的思想负担;教学方式上也要作相应的改变,让紧张的学习氛围和个人的学习情绪略作松弛,以利继续学习;教师的语气语调也应高低起伏,有节奏感,避免自始至终的高平调或低平调而使学生昏昏欲睡。可以这么说,课堂教学具有合理的节奏,让学生保持高昂的学习情绪和驱动力,是教学得以顺利进行的可靠保证。

3. 消除学习疲劳

语言课堂教学，学生常处于被动或半自动状态，学生的精力若为教师牵制着，过度地消耗，时间一长，就容易产生种种精神的抑制和疲劳：视觉或听觉接收外界刺激迟钝；短时记忆再编码和传输信息淤滞；长时记忆储存信息和调整知识结构缓慢；工作记忆匹配、提取和整合、理解懈怠。这时，教师所传授的内容往往会成为学生的耳旁风，头脑接近饱和，接收甚为困难，有时甚至拒绝接受(拒载)。如果不把学生从疲劳中解脱、恢复过来，课堂教学将成为无效劳动。而解决这个问题，消除疲劳的最有效手段和法宝，就是讲究教学的节奏。也就是说，课堂教学不能采取单一的方式：或自始至终地讲解，或整堂课搞题海战术，或大量地听录音材料等等，而要几种方式(诸如听、说、读、写、思、议等)穿插或交错地进行，并在变换教学方式和节奏时注意有适当的间歇，以缓解感觉器官接触和接收刺激的繁忙与内部系统处理和加工信息的紧张状态，保证认知流程周而复始地有序进行，这不仅可解除学生的疲劳，振作精神，而且还能使他们对教学持有新鲜感和兴趣度，提高学习的积极性。

总之，教学要有张有弛，不能一个高潮紧接另一个高潮，在第二个教学高潮兴起之前，要有个神经略微松弛的过程，积蓄力量，以利再战。安排好课堂教学的节奏，就能够发挥出它的无穷魅力，收到理想的教学效果。

二、语言课堂教学节奏与认知的关系

节奏之于语言课堂教学有如此的效率，是因为合理的节奏安排合乎人的认知心理过程。

1. 首位效应和新近效应

心理学理论显示：一个人学习一系列项目，不可能一下子全部记住，且常常会被后来输入的信息挤走或替代。而学习开始阶段收集到的信息以及最后收集到的信息最容易保留和记忆，即所谓的首位效应和新近效应。[①] 前者因为处于教学的开端，学生养精畜锐，注意力集中；后者因为是一个教学段的结束，信息刺激最近、最新，记忆不易抹去。相对来说，中间阶段接收的东西距离首位和末尾都比较远，效应相对一般，回忆起来就显得差些。如果课堂教学将传授的知识毫无节奏地一股脑儿硬塞给学生，那么学生很可能只记住开头和结尾的一些内容，中间的大量知识只能吸收和攫取一部分，而且可能是零散的、跳跃的、极易遗忘的。但是假如根据首位效应和新近效应这个原理，在教学节奏上有意识地将要讲的知识内容，多划分和安排几个教学段落，使教学有多个起伏，那么就会有多个开始和结束，也就是说所学习的知识内容因此而获得多个首位效应和新近效应。这样，学生头脑里保留和记忆的语言信息就会越来越多。

2. 兴奋和抑制

心理学认为，高级神经活动的基本过程是兴奋过程和抑制过程，有机体的一切反射活动都由这两种神经过程的相互关系决定的。兴奋过程是跟有机体的某些活动的发动或加强相联系的；抑制过程是跟有机体的某些活动的停止或减弱相联系的。兴奋和抑制虽然作用相反，但又是互相依存、互相转化的。整个大脑或大脑的某一部位有时兴奋占优势，有时抑制占优势，有时由兴奋转入抑制，有时由抑制转入兴奋。[②]

抑制过程中有一种为超限抑制。当某类信息刺激过强、过多或作用时间过长，大脑皮层神经细胞因兴奋过度而走向反面，降低了兴奋度而进入抑制状态，借以保护疲劳的脑细胞，使之免受损坏，心理学称之为超限抑制，也叫保护性抑制。[③] 教学过程中不注意节奏的张弛，一味

---

① [美]R. L. 索尔索. 认知心理学[M]. 黄希庭等译. 北京：教育科学出版社，1990：157－158.

② 叶奕乾，祝蓓里. 心理学[M]. 上海：华东师范大学出版社，1996：25－26.

③ 华东师范大学心理学系. 心理学[M]. 上海：华东师范大学出版社，1984：47。

地加强信息刺激,加大教学容量,加长教学时间,其结果,不但不能引起学生大脑皮层神经细胞的兴奋,反而使抑制得以发展。例如,有的教师进行词语教学,把课文中的几十个生词,一股脑儿塞给学生;讲解课文,一段接着一段地分析和灌输。到最后,学生头脑被众多的词语和段落信息塞得满满的,呈现饱和状态,其厌倦情绪油然而生,课堂气氛也因此而沉闷不堪。此时学生昏昏欲睡,抑制占据上风,教学效果适得其反。

如果将出现在生词表上的诸多词语,按其在课文段落中出现的先后,分段分批地出示和解释,词语解析和段落讲解交错轮流进行,就能保持学生的兴奋状态,减少或推迟抑制的到来。又如,在两个教学段之间有意识地安排一些间歇和活动,如在完成一个教学段之后,提出与下一语段有关的能激发兴趣的问题,引起学生的探询与思考,或师生共同展开讨论,既活跃了课堂气氛,又可适时地把学生的注意、记忆、思维凝聚到新的语段教学,进入又一个兴奋高峰。也可在一个教学段之后,变换教学手段,例如使用多媒体课件或视频、游戏、模拟实践等,把学生大脑皮层的神经细胞的兴奋点转移到另一个能激发起兴趣、唤醒其注意的中心上来。虽然原来的信息通道已被抑制,但学生又进入了新的兴奋状态,从另一种形式的感觉通道继续接收着新的知识信息。这样,可控制和避免大脑皮层神经细胞由兴奋向抑制转化,保证后续教学取得较好的效果。

三、语言课堂教学节奏的处理与安排

语言教学的课堂节奏一般体现在教学环节之间或教学步骤之间。

一堂课的教学基本上有组织教学、复习检查、学习新课、巩固新课、布置作业等五大环节,这些环节在阅读课型中比较齐全和典型,而在听力、口语、写作等课型中有些环节可能有所省却或变化(如写作课不一定有巩固新课这一环节,讲解新课环节也改变为构思写作),也可能打

乱环节的次序(如听力课的先导后听,也可变为先听后导),因此,一堂课上环节的链接和变通,这本身就带有一定的节奏因素。

实施一个教学环节,其中包含着多个教学步骤。所谓教学步骤,不仅是内容的逐步展示,更是教学方法的选择和变换。比如,教学课文某个段落,其中就可能包含着讲解词语、解释语法规则、念读课文、划分句群和层次、理解句意和段落大意等步骤。这些步骤的次序怎么安排,步骤之间如何链接,完成一个步骤需要采取哪些教学措施,这些考虑就已经涉及教学的节奏了,它既能给顺利地开展教学带来方便,又能最大限度地调动学生学习的积极性。

语言课堂节奏的安排是灵活多样的,宜于围绕集中注意资源、调整情绪和消除疲劳三个方面,通过分散、转移(也可说缓冲)、反复(也可说巩固)等方式来加以处理。

1. 分散

分散是针对讲课内容过多、花时过长,从而引起学习者精神疲劳、接收不良现象而采取的分而散之的一种举措。也就是说,在课堂教学中,把冗长、繁杂的讲课内容分散成几段或若干部分来进行,中间穿插提问、思索、议论等手段,调节沉闷的课堂气氛,提高学生的情绪,保证后续教学的顺利进行和有效性。

分散的方法在阅读课型中用得较为普遍。阅读课型,简而言之,是视觉信息的接收和转换,也就是输入和理解的过程。外国学生学习汉语,识字、积累词语、掌握语法规则、理解句子和段落等,大部分是依赖阅读教学来完成的。因此,阅读课型所负担的教学任务份量最重,花时最多。教师为了完成教学任务,常常需要讲解大量词语和大段文章,易造成学生食而不化、生吞活剥的不良后果。运用分散方式安排节奏,可以有效地解决这个矛盾。

比如对语法点较多或者同一语法点有多个侧面的课文,不宜把这些语法点集中在一起讲解。因为如果学生接收的信息量过大,编码的工作量会相应加重,导致认知机制产生故障,从而出现超载(量过多而接纳困难)、泛化(对规则感觉模糊)和拒载(学不进去,干脆放弃)的情况。课堂教学可以将这些语法点分散在讲正文之前、之中和之后分头进行,这样印象深刻,记忆牢固。例如,"比"字句,有一般的"比"字句(甲比乙大)、带数量的"比"字句(甲比乙大三公分)、带"有……那么"的"比"字句(甲有乙那么大)、以及其否定形式(甲不比乙大、甲没有乙那么大)等等,放在一起讲解,很容易搞糊涂;而分散进行,则因为学生精力集中、头脑清新,容易接受。而在分散掌握的基础上,若再将它们合在一起分析对比,则效果更好。

又如,听力课的教学,也有集中和分散的问题。如果听一遍语料(或文本),要求搞懂地点、时间、起因、发展、后果、人物之间的关系和人物的思想等等,无疑如倾盆大雨,浇得学生茫茫然分不清方向。须知,语音是瞬息即逝的,一大堆语音串进入听觉通道后(有的语音可能受到阻隔,有的语音可能在传递时丢失),大脑要对之进行解码、整合。且不说能否在头脑中完整地保存和记忆这些语料,即使记录下来了,紧接着还要思索一系列的线索和问题,回答和判别种种提问,难度是很高的。所以有经验的教师会用分散的方式来处理,把集中的听、思要求,分散为几个层次来进行。一堂课听同样的语料可能有三四次,每次有不同的要求,由浅入深,由表及里地让学生逐一揭示出语料所蕴含的思想和内容。听第一遍,只要求弄清事件发生的地点、事件和其中出现的人物,以及事件的大概。听第二遍,进而要求搞清楚事件的起始、成因、发展和后果。听第三遍,则更进一步要求理清人物的关系和人物的思想,回答教师的提问。在听完上一遍与开始听下一遍之间,留有空隙,让学生静思或记忆,积蓄精力。这种教学节奏,实际上是在合理调配学生的注意资源,每一遍的听,不是平均使用力量,而是把学生有限的注意力集中到几个点上，这样可以充分发挥注意资源的作用。

2. 转移

转移（或者说是缓冲）是针对学习者在课堂上某一感觉器官发生疲劳、传递能量减弱或情绪紧张、焦虑、厌烦时所采取的一种转移视线和转移情绪的举措。人们在生活中常常运用转移的方式来放松紧张的节奏，调节焦急的情绪，比如：写作时间长了，文思枯涩，就会站起来走动走动，换换思路；案头工作繁忙、感觉疲惫时，就会揉揉眼眶，伸伸懒腰，活动一下手脚；看书久了，眼花缭乱，就会掩卷休息，听听音乐，于是又有了继续工作、学习的活力。课堂教学也是如此：学习气氛紧张，或者精神过度疲劳，可用转移的手段减轻、缓冲某一感觉器官的重负或心理上的压力，使之恢复活力，增加乐趣，调整学习的心态。

通过转移调整节奏的安排是多种多样的，诸如在课堂上听音乐、做游戏、看视频、教唱歌、欣赏图片、放多媒体课件等等。归纳起来主要有两类：一个是放松注意，另一个是转换感觉器官。

前文提过，一个人在某一段时间里的注意资源是有限的，长时间地专注于某一点，极易消耗这种资源。例如泛读课，让学生不停地阅读和浏览，就会造成视觉疲劳，扫视文字的速度开始减慢或停滞，同时可能产生厌烦的情绪。如果硬坚持下去，不会有什么好的效果。这时，宜于转移视线：欣赏一幅与课文有关的图画（比如课文是谈污染问题，就看绿色的风景），看一个影视片段（比如课文是说运动，就看一段足球赛集锦）。虽然似乎继续在使用视觉，但已不同于上面的看书阅读那么专注，可将有意注意转换为无意注意，既节省了注意资源，又有时间积聚新的注意资源，以利于继续学习。

课堂上一种感觉器官过于劳累，容易产生超载或拒载。如果换之以另一种感觉器官，让正在疲劳工作的感觉器官得以休息和缓冲，这也是常见和常用的转移方法。例如听力课所听的语料超长超时，听者的听觉神经传递信息过于集中、频繁,降低了工作效能,对语音串听不真切或者听辨不清,因而解码和整合发生困难。这时,如果教师引导学生读读文本、看看录像、说说感受,由原来的听觉活动转移到视觉、动觉等器官上去,那么听觉器官就有机会休息,消除疲劳。反之,阅读课上学生看书面文字过多过长,也会因视觉器官劳累而引起低效劳作。这时,不妨听听录音、放放音乐、讨论讨论问题,把注意力转移到听觉或动觉上去,让视觉器官得以休息和复原。从这个意义上说,"寓教于乐",调动各种感觉器官同时或轮流参与学习活动,就是通过组织和安排转移,使课堂节奏更有利于良好的教学效果的获得。

3. 反复

反复(或者说是巩固)是防止新输入的知识回生或遗忘而采取的扩展训练或再认练习等举措。新的知识为学生所接收并储存入长时记忆,不是一帆风顺的,中间要通过短时记忆这个瓶颈。短时记忆因为容量小,贮存时间短,后续的知识要闯过这个狭隘的关口,势必挤走或替换前面所接收的知识,这样就会产生知识的丢失和遗忘。短时记忆的知识信息,必须经过复现和再认,进行再度或多次的编码,才能输入长时记忆永久保存。课堂上适时地进行反复,安排巩固性的教学活动,通过教学节奏的舒缓,创造条件,让新知能够顺利地、牢固地充实进大脑的知识结构。

知识的反复可以集中,也可以分散进行。一个课堂的布局,安排巩固新课这个环节,就是集中进行反复的方式。表现在精读课(包括语法课)上尤为特出。精读课的知识传授,量(内容)大、点(语言点)多,讲完新课后有必要进行反复。反复的形式可以是小结,将这一堂课的知识理出头绪,或者联系旧知使知识更为系统化;或者进行操练,使知识转化为能力。例如,对课文中的重要词语,可用造句、填空、辨别等方式促使学生掌握和应用;对语法规则(如"把"字句),可联系已学的语法规则

(如"被"字句)进行对照和区别,掌握不同语法规则的特点。

集中反复,进行知识的巩固,有助于知识的系统化。但如果把一堂课上的知识巩固任务全部集中到"巩固新课"这个环节之中进行,未免过于庞杂。因此,可以区分轻重缓急,那些零碎的、次要的知识的反复,宜于分散进行。例如,有些生词,虽然平日使用频率不低,但在本课文中并不重要,则可随教随练;有些语法句式,在本课文中还不是教学的语言点,则也可在讲解和学习过程中通过造句等方式适当反复。

反复,粗看起来似乎延缓了教学进度、放慢了教学节奏,但是从语言知识的学习和语言技能的掌握来看是必不可少的。这种教学节奏的调节能使学生提高学习效率,帮助教师顺利完成教学任务。

课堂节奏,是语言课堂教学结构的重要组成部分,通常在教学环节和教学步骤中体现出来。重视课堂教学节奏,充分认识其与认知心理的关系,可以有效地提高教学效果,更好更快地实现教学目标。

第六章　汉语作为第二语言教学的模式构建

汉语作为第二语言教学的目的,是要通过一系列的教学活动,让学生逐步地认知汉语,牢固地掌握汉语,熟练地应用汉语。课堂教学是传授汉语知识、训练汉语应用能力的最基本的形式。课堂教学的关键,是要让学生构建起汉语语言模式,并应用汉语语言模式。

第一节　语言模式

汉语作为第二语言教学重点的实施,关键在于让学生把已确定为重点的语言要素建成一个一个模式,贮存进大脑记忆库。

一、语言模式的基本内涵

所谓模式是现代认知心理学的一种假设,是受照相机和电脑的工作原理启示而移植进来的,为心理学家所认可和赞同,并广泛使用于心理学领域。认知心理学认为模式是大脑神经机制对外界刺激信息的一种摄入反应(这同"大脑皮质说"认为是外界信息刺激大脑而在皮质上留下痕迹的说法有异曲同工之妙)。它把不同感觉神经传入的信息综合起来,建成酷似于外界刺激物的模式,这就是编码、存库的过程。所有模式的建立都必须经过编码,才能与其他模式相互区别。[1] 例如,人们之所以能区分"铜壶""瓷壶""紫砂壶""铝壶",就因为它们的质地、大

---

① [美]R. L. 索尔索. 认知心理学[M]. 黄希庭等译. 北京:教育科学出版社,1990:49.

小、形状、颜色各有特点，分清这些信息线索，就是在进行信息编码，并由此而建成不同壶类的模式。

根据模式的原理，模式的建立受刺激信息的大小强弱、清晰模糊而有不同的反响。它们可能有这么几种情况：1）底片式（内外信息——外界的刺激信息和大脑内部建立的模式——完全一致）；2）素描式（内外信息基本相似）；3）近似式（内外信息大同小异）；4）模糊式（内部的模式不能确切反映外部信息）。①

语言模式和一般实物模式不尽相同。外界语言刺激信息通过感觉神经传入大脑，大脑这个加工仪器对其信息线索进行分解，然后综合成为一个模式。② 根据第二语言教学的经验和外国学生学习汉语的反馈，可以做这样的认定：一个完整而有效的语言模式，是由核质（模式的核心）＋外围线索所构成。所谓的“核质”，是由语言信息的主要线索编码而成。所谓的“完整模式”，是由环绕核质的外围线索再编码而成。可见，核质和外围线索的关系十分密切：模式的核质是外界事物在人脑中的本质反映。它对事物的再认具有决定性、根本性的意义。外围线索是唤醒、激活核质的有效信息，对理解、记忆、识别、提取起着重要的辅助作用。光有外围线索而没有核质（即核心），线索将成一团乱麻，不成其为模式；光有核质而没有外围线索，核质就成为“孤岛”，与外界很难联系、沟通。

以识记汉字为例。譬如一个“明”字，有形、音、义三条主要线索刺激感觉神经，才能在大脑中形成“明”这个模式的核质。三条主要线索的汇合，实际上也体现了三种编码过程：形象编码、声音编码和语义编码。就教学而言，这些编码应该由教师和学生共同来完成。也就是说，教师须有意识地提供并强化编码的线索，以促进学生建立有关模式。

① ［美］R. L. 索尔索. 认知心理学［M］. 黄希庭等译. 北京：教育科学出版社，1990：1.

② 同上书，p. 82.

这个模式核质，当然是对于外界有关语言刺激信息的一种反应，符合这个语言信息的本质特征。但是如果到此为止，学生对“明”字的认识还是很肤浅的，他们只知道形为“日、月”、音为“ming”、义为“明亮”的“明”字。要是围绕这三条主要线索(模式的核质)进一步扩展外围线索，例如“明”与“名”同音，“明”与“朋”形近，“明亮”与“明白”“明了”“公开”等义系联，将它们再一次进行编码，那么就建立起了相对来说是完整而有效的模式。因为在日后需要识别或提取的时候，“明”字模式不会跟“名”或“朋”相混，看到“说明”“明理”“明说”也能析出其中“明”语素的含义。

课堂教学的基本作用，是努力促使外国学生构建一个个汉语语言模式。所以汉语作为第二语言的教学，实质上是教师根据课本的语言材料和外国学生的现有水平，确定每堂课必须落实的模式内容和模式数量。并考虑选用适当的教学方法，使学生能顺利而有效地在自己的脑库中构建汉语语言模式。

二、语言模式间的相互联系

从事汉语教学的教师都有这样的经验，把汉语语言模式孤零零地一个一个输入学生的头脑，是相当费力不讨巧的事；而利用语言模式之间的相互联系来促进新模式的构建，是行之有效的一条捷径。我们都知道，大脑库里的许多模式，它们既相对独立地存放于类似图书馆的分类书架之上；又相互之间有着千丝万缕的联系。模式犹如用许多条“信息线”打成的结，这许多条“信息线”的另两端又同其他的“信息线”打成另外的结，结结相连，于是就织成了纵横交错的网络。[①] 就是这样的网络在模式中间起着勾连、同化、对照、叠加、互补等作用，决定了知识之间(或者说模式之间)有着这样或那样的关系或联系。

---

① [美]R. L. 索尔索. 认知心理学[M]. 黄希庭等译. 北京：教育科学出版社，1990：146.

模式间的联系不是简单、划一的，而是各种各样的。汉语教师充分利用汉语语言模式的诸般关系来进行教学，对外国学生构建汉语模式起了引导、促进、“举一反三”的作用。归纳起来有如下几点：

1. 上位和下位关系

模式间的联系有上位和下位关系。有了上位模式，下位模式就容易归类和建立。因为下位模式是上位模式的部分或类属，有许多性质或内涵是重合的(即共核)，甚至是被包容的，可以由此及彼地进行类推(或猜测)。例如学生的大脑库里，已有了“波浪”这个上位模式，再学“海浪、水浪、白浪”这些下位模式，由于“浪”是它们的“共核”，学起来就便捷许多；即使如“麦浪”“声浪”带有比喻色彩的概念，也不难领悟。虽然在学习汉语过程中，“波浪”一词可能出现得较晚，但学生可利用母语中的对应词模式(如英语的“wave”，日语的“浪”)去理解和接收，同样有效。教学中可以充分加以利用。

2. 同类关系

模式常有趋同性，同类的模式一般在学习者的大脑库中会自然聚合，便于匹配与提取。当然，由于一个模式的内涵比较丰富，既可同甲类模式聚合，又可同乙类模式聚合，乃至同多个模式聚合，大脑的加工机制就会自动进行分流。教学中，可以利用同类关系。如果经常有意识地把同类的东西归成类别，则记忆效果更佳。例如，教学时把假设句的关联词“如果”“假如”“设若”“若”“假设”“假使”等归在一起，由于它们是同类词，学生对其意义、用法和位置很快就能接收，五个模式可同时一下子建立。(当然视教学实际，这些模式也可分批建立。)又如，“进行”后面可跟“破坏、创作、研究、工作”等动词，“从事”后面也可跟这样一些动词，它们应属于同类的句式。如果把它们归纳为：动词＋动词宾语，那么以后碰到“给予、予以”等词构成的句子模式，就容易接受了。

3. 亲缘关系

亲缘关系的模式，一者为本体模式，一者为由本体引申的模式。它们之间常常通过比喻和联想来连接，在词语模式中比较突出。例如，“沉”这个词语模式，原义是“从水面上往下落”（如“石沉大海”），联想为“使（东西）降落”（如“脸一沉”）；又比喻为“份量重”（如“箱子沉”）或“程度深”（如“睡得正沉”）。这是同一词语中不同义项之间的亲缘关系（也可说是同一模式内部不同线索之间的亲缘关系）。又如，“渔民撒网”的“网”原指“用绳线结成的工具”，“法网”“关系网”“通讯网”等词语中的“网”都是从“网”这个本体模式，通过比喻或联想形成的抽象概念。这些模式的意义有联系也有区别。教学中有意识利用亲缘关系，能让学生较为准确地把握词语的意义和解释。

4. 近似关系

模式之间常有十分相象或相近的情况，它们给认知提供方便，又带来麻烦。方便的是因为新模式与旧模式相象或相近，容易被接受。例如，大脑库里有了“讨论”这一模式，就容易接收与之近似的“议论”这个模式。麻烦的是因为两个模式过于相近，在识别、提取时往往相混。例如，“容易”和“好容易”，“不容易”和“好不容易”，“容易”加上一个“好”，似乎是程度上的加深（“更加容易了”），实际上“好容易、不容易、好不容易”都是跟“容易”相对的模式，要区别它们得动些脑筋。教学中用其“利”而避其“难”，模式就容易构建。

5. 母语和汉语关系

母语和汉语是两个系统的语言模式，在发音、用语、表达上都有许多差异。利用它们之间的“异”和“同”，进行对照、比较，找出词语上和句法上相对应的和不相对应的东西，这对汉语语言模式的建立有着十分重大的意义。

汉语作为第二语言教学的目的，归根结底是要让外国学生较快地掌握汉语。汉语知识的落实主要是语言模式的构建;汉语能力的培养,主要指模式的匹配和提取,进而达到熟练地应用汉语。

一般而言,与教学相对应的语言模式大致有如下几类:

(1) 词语模式:由形、音、义等线索构成;

(2) 句子模式:由结构、功能、关系等线索构成;

(3) 思维模式:由语言、意念、经验等线索构成;

汉语作为第二语言教学就是要帮助学生在大脑库里建立各种语言模式。

第二节　词语模式的构建

汉语作为一种语言系统,有它的“物质外壳”——语音体系和“记录符号”——汉字体系,但是它们都依赖于词语而存在。教学抓住了词语,必然会涉及语音和字形。虽然在一定阶段(主要是入门阶段)有必要集中进行语音和汉字的学习,为以后的汉语学习打下基础,但词语教学的重要性远胜于这两者。所以模式的建立,首推词语模式。

汉语词语模式是由音、形、义三部分的线索所构成。每一部分都有很多线索,形成一个区域。这样,汉语词语模式的内部线索和外围线索至少有三个区:音区、形区、义区。

可供编码的音区线索:音的分解(声、韵、调);音节的分解(单音节、双音节、多音节);音节的配合(常规的、变调的、儿化的、轻声的)。

可供编码的形区线索:字形的分解(笔画、部件、结构);词形的分解(单字词、双字词、多字词);词形的辨析(同声旁、同形旁、同形、形似)。

可供编码的义区线索:字的表意(本义、引申义、比喻义);词素的会意(相加的[A+B=AB]、偏正的[A+B=aB或Ab]、支配的[A+B=A—B]、转换的[A+B=C]、浓缩的[A+B+C+...=An])。

一个词语模式至少由这三区的一些主要线索编码构建而成。在跟另外一个词语模式相混而不能辨别时，尚需其他线索（次要的、外围的）辅助。所以线索的编码不是、也不可能是一次完成的，常常要进行多次。编码的线索越多，这个词语模式的记忆越牢固，识别和提取也越容易。

一、词语模式构建的要点

汉语词语教学的主要目的，是让学生通过音、形、义三区线索的编码构建词语模式，教师自然应该致力于三区线索的提供和强化。因此，汉语作为第二语言教学就必须在读音、正字、释解、辨似四个方面下功夫。

1. 读音

读音是利用学生的听觉神经将词语的音声灌输进他们的大脑，促使其对声韵调进行编码，贮存进脑库，到需要时再提取。这就要求学生读音准，声调准。不仅看到拼音字母能迅速反应、转化为声音，正确拼读，即使听到一个词语的读音，也能迅速反应、转化而为字母，正确拼写。当然读音必须跟词义结合、挂钩，否则这个音声毫无意义。在交际会话中，人们是凭着与语义紧密结合的词语声音来相互沟通的。如果学生输出于口的音声有差错，就会影响、损害交际质量，甚至产生误解。例如，声母不准："他病假（bingjia）三天"说成"他评价（pingjia）三天"；"造（zao）一个句子"说成"照（zhao）一个句子"。韵母不准："帽子上有一颗红星（hongxing）"，说成"帽子上有一颗红心（hongxin）"；"看问题要全面（quanmian）"，说成"看问题要前面（qianmian）"。声调不准："那就拜托（baituo）了"，说成"那就摆脱（baituo）了"；"你取（qu）得太晚了"，说成"你去（qu）得太晚了"。可见，读音的输入正确与否很重要，教学不能掉以轻心。

2. 正字

正字是利用学生的视觉神经将词语的外形灌输进他们的大脑，促使其对字形（笔画、偏旁、部件、结构）进行编码，贮存进脑库，有待以后提取。这就要求学生认准字形结构，掌握笔画笔顺，见形能读出音，听音能写出形。当然，字形与读音一样，也必须跟词义挂上钩，否则就成为不明意义的纯符号。人们是凭着与语义紧密结合的词语外形（字）来看书写作的。跟读音不同的是，音同义的结合，可以跳过形，而形同语义的结合，必然有音相伴，即使没出声，也会在大脑里呈现读音。如果学生贮进脑库里的字形及其读音比较模糊，就容易写错字（缺胳膊少腿："成"写成"𢦏"，"拜"写成"拜"等），读错字（指鹿为马：认"艰"为"难"，认"亭"为"高"等）。

3. 释解

释解是解释词义。有的词语含义比较具体，有实物可指，则可利用实物、图片、视频形象刺激学生的视觉神经，使之把实物信息同词语系联、挂钩，这就是表象编码。[①] 脑神经通过这样的编码加工，赋予了这个有音有形的词语以明确的意义。例如，"水壶、杯子；火车、飞机；水、火、雨、雪；猫、狗、猪、羊；笔、墨、纸、砚"等等。有的词语涵义比较抽象，无实物可指，只能通过描述、定义去体会其概念或含义。这就是语义编码。[②] 例如"节俭""节余""节约"这样的词语，很难用实物来表示，只能求之于文字，把它们分别描述为："用钱、物有节制"，"节约而剩下（的钱或东西）"，"节省钱、物、（或时间）"。语义编码较之于表象编码要高级、深刻、丰富得多。尤其对于多义词，表象编码常常显得苍白、乏力，难以图描；而语义编码则游刃有余，再复杂的意义也能表述出来。这不是说表象编码一无是处，它经常跟语义编码配合起来使用，相互补充，相得

① [美]R. L. 索尔索. 认知心理学[M]. 黄希庭等译. 北京：教育科学出版社，1990：322.

② 同上书，p. 314.

益彰，帮助、促进大脑记忆。这就是通常所说的双重编码。人们过去的许多生活经验存在于大脑脑库，它们是丰富而生动的画面、情节和形象，只要教师善于开掘、激活这些表象，对语义编码来说，它们是最好的补充和注解。例如，“沸腾”这一词语有两个意思，用语义编码为：1）液体达到一定温度时急剧转化为气体的现象。2）比喻事物蓬勃发展或情绪高涨。这样的描述和定义当然很精确，但过于抽象，学生一时无法接收。如果教学时让学生想象“开水滚滚”的景象，并联想“工地上热热闹闹的劳动”景象，体验自己“在最激动、最热烈的场合下所涌起的一股压抑不住”的情绪，那么，学生会欣然领悟。这就是双重编码产生的效应。

4. 辨似

辨似是区别相似的词音、词形或词义。汉语中绝对同音又同义或同形又同义的词语是很少有的。因此，由音、形、义三种线索编码而成的词语模式，本身足以起辨似作用。但是，为了加快检索的速度，提高检索的准确度，仅仅构建“底片式”或“素描式”的模式是远远不够的。因为汉语中毕竟有大量的同音词和一些同形词存在，尚须有一个辨似的过程。如果教学中有意识地提供有关的同音、同形线索，编码加工到有关的词语模式中去，则在识别、提取该模式时，辨似线索就能排除同音和同形的干扰，正确无误地检索到所需的模式。譬如，对“东西”一词编码，光具有音“dong · xi”、形“东西”、义“事物”这些线索还不够；应该把与之相近的音为“dongxi”、形为“东西”、义为“东边和西边”的另一词语作为辨似线索加进模式中去。这样，在识别“你买了些什么东西？”和“这条马路东西有三里长”时就不会搞错“东西”的含义。另外，汉语中的同义词十分丰富，虽然它们不一定同音或同形，似乎不会混淆，但它们所表达的意义和作用有许多细微的差别，必须在释解词义时，多加辨析，方能使用得体、恰当。

同义词的辨析要素是：词性、范围、色彩、轻重、配合、语体风格等等，这在一般的语法书中都有详述，此处就不一一赘述。这些辨似要素是从不同方面提供了编码的信息线索，线索越充分，对于词义的理解就越深刻，掌握也越牢固。

二、词语模式构建的方法

词语教学是师生的共同活动。学生在接收一个词语时，不只是简单地编码、贮存，而是同时融入过去的生活经验，通过对照、比较、分析、综合、归类等方式进行再次编码，然后才送进大脑库相应的书架之上。有经验的教师能取得理想的词语教学效果，就因为他们善于调动学生已经学习、积累的词语知识，去感知新词语；善于利用模式间的关系，去接收、消化新的词语模式。他们常用的词语教学法，归纳起来有：同化法，归类法，联想、比喻法，辨析法，译解法，入句归纳法等。

1. 同化法

同化法是利用新旧模式之间的上下位关系来进行词语教学的方法。学生在生活中积累了许多外界事物的概念，有用母语编码的，有用目的语编码的。这些概念之间有错综、复杂的联系，当然不都是并列的，它们有大有小，有上有下，有一定的层次。一般来说，学习者头脑中贮存了某种知识结构，就有足够条件吸收新的信息，从而扩大、限制或深化原有结构。[①] 例如，学习者头脑里有“访问”这个词语概念，那么在教学“拜访”“采访”等词语时，只要在“访问”概念的基础上限定对象、场合和方式，新词语的信息很快、很容易地被接收。这可以说是上位概念同化下位概念的学习。再如，学习者头脑里已具有“援助”“资助”等概念，那么教学“支援”这个词语时，只要联系“援助”“资助”概念的共同性

---

① 李维. 认知心理学研究[M]. 杭州：浙江人民出版社，1998：3.

质“用人力、物力或财力等帮助人”，则“支援”这个新词语的含义也就容易领悟、理解而被接收。这可以说是下位概念同化上位概念的学习。采用同化法进行词语教学，是利用已知、旧知去开拓、扩展未知、新知的有效途径，且方便学习者编码、归类、入库。[①] 所以，这种方法为第二语言教师最乐意采用。

2. 归类法

归类法是利用模式之间的同类关系来进行词语教学的方法。俗话说：“物以类聚，人以群分”，正说明世界上(乃至宇宙中)的万事万物，都属于一定的类别。“纲目种类科”是一种科学的分类，它反映了事物间上下左右的种种联系。词语的概念是客观世界事物在人脑中的反映(包括语言本身诸要素的反映)，自然可根据某种标准划分为各种各样的类别。教学中有意识地把性质相同、意义相近的词语归在一起来释解和辨析，实际是把同类模式集中、聚合起来贮存进脑库。生活经验和语言实际证实，群集记忆比单个记忆效果显著得多。[②] 只要外界有关事物一刺激，就能激活、唤醒大脑库中成串的同类词语，虽然还得经过筛选才能提取所需的词语，但遗忘率大大得以降低。譬如，把有关“吃苦、劳累”的词语“辛苦、艰辛、辛勤、辛劳、疲劳、劳累、疲乏”等归在一起，学习者对这些词语理解和记忆就深得多，需要识别和提取时，由于检索线索多，只要回忆起其中任何一个，都能成串地、连锁反应地从大脑库中调出这些词语供选择、应用。采用归类法进行词语教学，把散在的单个词语组合成群体，就能发挥出“组织”的力量。

3. 联想、比喻法

联想、比喻法是利用模式之间的亲缘关系来进行词语教学的方法。外界事物之间有着千丝万缕的联系，它们或正或偏，或并或从，或母或

① 李维. 认知心理学研究[M]. 杭州：浙江人民出版社，1998：49.

② [美]R. L. 索尔索. 认知心理学[M]. 黄希庭等译. 北京：教育科学出版社，1990：251.

子，或枝或节，或环环相扣，或一发数矢，纵横交错，不一而足。反映在词语上自然也是如此地繁复、交叠。由于事物无限、事物的状态无限，而词语有限、或不及产生新词，势必会利用已有词语通过联想、比喻滋生出新义，于是就有了词语的本义、引申义、比喻义、假借义等等亲缘关系网。教学中把词语的多个义项，利用联想、比喻法，将它们有机地串联起来，就容易为学习者所掌握。譬如，音乐上的"节奏"，转化为工作中的"节奏"，可指出这是据"有规律"演化出来的比喻义。又如，"发动"原义为"使开始(发动进攻)"，可同时指明，此义联想到人身上转义为"使人行动(发动群众)"，此义联想到机器上转义为"使机器运转(汽车发动了)"。采用联想、比喻法进行词语教学，可揭示出多义词语的内部转化和引申，有利于学习者理解和记忆。

4. 辨析法

辨析法是利用模式之间的近似关系来进行词语教学的方法。汉语中同义词和近义词相当丰富，它们同中有异，差别细微，是客观事物及其性状的千差万别在词语中的反映。同义词和近义词，在双音节词中，常由一个相同语素和另一个相异语素结合而成。相同语素决定两个词语意义的"雷同"，相异语素决定两个词语意义的"异殊"，并由此带来"词性、色彩、轻重、范围、配合、语体"等诸种因素的差异性。"词性和词义"可以说是同义词模式的"核质"，其他诸种因素是环绕核质的外围线索，由此决定同义词的意义和用法。教学中，为了有效地构建同义词模式，可利用两个(或几个)同义词中的相同语素和相异语素以析其义；可利用两个(或几个)同义词中诸种因素的差异以辨其用。例如，"坚定、坚决""坚强、坚毅""坚忍、坚韧"等一组同义词，"坚"是它们的"共核"，有"牢固、硬"的意义；而由于另一语素的不同，形成了意义上的某些差异。"坚定"意为：稳定、不动摇；"坚决"意为：有决断，不犹豫；"坚强"意为：强有力，不可摧毁；"坚毅"意为：有刚劲，不脆弱；"坚忍"意为：有耐力，不变化；“坚韧”意为：有韧性，不断裂。为让学习者方便选取和应用，教师有必要进一步加以辨析，通过对比，给每一组词语模式，添加几条辅助线索，以供大脑提取或筛选。譬如，“坚定”和“坚决”，前者多用于“立场、意志”，具褒义，形容词，又是动词；后者多用于“态度”，中性词，形容词。“坚强”和“坚毅”，前者多用于“意志、性格、力量”，形容词；后者多用于“表情、姿态、性格”，形容词。“坚忍”和“坚韧”，都用于“精神、意志、性格”，但前者只用于“人”，后者“人和事物”皆可用。外围线索越多，越精细，则提取、应用的正确率也越高。辨析法是词语教学最为重要的方法，它对吸取、接收和识别、提取有关的同义词语模式，有着不可低估的作用和意义。

5. 译解法

译解法是利用母语和目的语词语模式中的对应关系而进行词语教学的方法。第二语言教学，基本上是成人外语教学，它与儿童习得语言有许多不同之处。因为在成年人的头脑里已经存有丰富的母语语言模式，在学习目的语时，原有的母语语言模式必然会参与进来。当目的语的一个词语信息刺激学习者的感觉神经，传递到大脑库，一般总是与母语中某个词语的意义系联、挂钩。语义上的挂钩，为识记目的语词语创造了有利条件，因为目的语词语的音、形，总是系在母语词语的语义之上。也就是说，教学目的语的一个词语，读音和形体只能按照目的语的自身语音体系和字形规律去念去辨，而语义却常常利用母语来释解。所以，汉语词语教学，学习者所构建的汉语词语模式大多依附于其母语的词语模式之上，当识别、提取该词语时，也常常要通过其母语的过渡和转译。汉语和学生母语(如英语)的词语模式，有的在概念和含义上完全对应(如“书”之于“book”，“笔”之于“pen”)；有的与多个语义对应(如“发展”有“变化”“扩大”等数义项，与“develop、expand、grow、recruit、admit”等多个英语词语对应)；有的不完全对应(如“归结”需用词组"sum up、put in a nutshell"来解释)。情况虽然复杂,但基本上能够互相翻译、解说。这就是用译解法来进行词语教学的基础和根据。教师教学可引导学生对照课本生词表中的外译,鼓励学生翻检汉外词典,以确定目的语词语的含义。同时,还需致力于对比,了解这些对应词语用法上的差异。比如,"书"的对应义是"book",但"book"却有名词用法和动词用法,"书"一般只做名词,至于"大书特书"中的"书",是古代汉语的动词,跟"book"的动词用法含义完全不同。学生明白了这个道理,就能借鉴母语的词语去正确理解汉语的词语,产生正迁移;不会因为混同两种语言中的差异而产生负迁移。当然,我们并不主张用母语来进行汉语语言教学,因为那样会冲淡汉语的语境,减少耳听汉语的机会。但也不一概排斥母语,尤其对于初级程度的学习者,适当地利用一下母语,还是有好处的。

6. 入句归纳法

入句归纳法是利用上下文关联而认识词语的教学方法。有的词语,很难用上述的一些方法教学,不妨将它们植入几个例句之中,从而体会并归纳其意义和用法。

第三节　句子模式的构建

词汇是语言的建筑材料,语法是语言的构造规则。散见的词汇只能反映事物的概念,它们要按照语法规则搭配起来成为句子,才能传达出一定的意思。第二语言教学,尤其重视句子模式的构建。儿童习得母语,即使不学语法规则,也能说话、读书,因为他们"生于斯,长于斯",始终生活在母语环境之中,久而久之,耳熟能详,从模仿到应用,可以越过"语法"这条鸿沟。有第二语言背景的双语者,大多走的也是这条路。而第二语言教学,一般缺少目的语环境,学习者又不能旷日持久地自己去摸索、适应语法规则，所以不构建句子模式，词汇积累再多，也难以开口说话或翻书阅读。

句子模式是由结构、功能、关系三部分的线索所构成。每一部分都有很多线索，形成一个区域。这样，句子模式内部线索和外围线索至少有三个区：结构区、功能区、关系区。

可供编码的结构区线索：成句条件、语序、一般句式、特殊句式、正式与变式等等。

可供编码的功能区线索：叙述、判断、描写、比较、询问、祈使、测度、选择等等。

可供编码的关系区线索：因果、假设、转折、递进以及修饰、限制、说明、补充等等。

语法教学（主要为句式教学）的目的，就是提供各种有关线索，促使学习者构建一系列句子模式。教材中，生活中，接触的句子是大量的，是不是每个句子都要相应地建立一个模式呢？这里，涉及模板模式和原型模式的优劣问题。

贮存进大脑库的模式千千万万，归纳起来是两大类。一类是模板模式，一类是原型模式。所谓“模板模式”，是指大脑中的一种内部结构。它是对于外界刺激物的一种摄入反应。每一个外界刺激物作用于感觉神经，通过脑神经的传导，就会在大脑库里相应地建立起一个模板。有多少外界刺激物，就有多少与之相应的模板。也就是说，我们的生活经验创造了极其大量的模板，每一个模板都与一个意义相联系。这样的模板，可以说是“底片式”或“图像式”的。它们的精确图形跟外界刺激物是如此的逼近和相似，为迅速而无误地识别和提取创造了有利的条件。[①]

---

① [美]R. L. 索尔索. 认知心理学[M]. 黄希庭等译. 北京：教育科学出版社，1990：57.

所谓“原型模式”,也是大脑中的一种内部结构。但不是对所摄入的外界刺激物立即相应地建立一个模板,而是经过加工抽象,把模式的某种抽象物贮存进大脑库。那种抽象物起着原型的作用,但比模板高级,因为它是许多同类外界刺激物的概括。它又比模板经济,因为它“以一当十”,把许多模板归纳、综合为一个模式。① 例如,汉语“比”字句,与其把“哥哥比弟弟高”“猪比狗大”“海比河深”等等一系列的结构类似的句子建成一个个模板,不如把它抽象为“A 比 B+形”,既体现了模式的原型,又省时省力,即使碰到以往从未接触过的同类语句(如“改革比保守进步”),也能据此类推、理解。原型模式的优越是模板模式所无法比拟的。在汉语作为第二语言教学中,建立原型模式越来越为教师所重视。如果说,在初级阶段早期,教师比较强调背诵来让学生建立模板模式,那么在初级阶段中后期,一般都注重法则和规律的归纳和综合,努力让学生建立原型模式。

一、句子模式构建的要点

句式教学,不仅要让学生迅速有效地构建句子模式,而且要让他们正确地使用句子模式,以便加快说话、写作的进程。因此,从事汉语作为第二语言教学的教师都在背诵、模仿、关联、纠错等四个方面下功夫。

1. 背诵

背诵是把新近输进大脑的句子,通过默读与反复,加深刺激的印象,使之从短时记忆转入长时记忆。背诵的句子,一般是比较典型的范例,它是学习者模仿造句和出口成句的基础。一个句式可以演化出众多的句子,换言之,许多句子很可能属于同一种句式。因此,句子模式的构建尽可能靠向原型模式,即具体句子和抽象化了的句式结合,既能记,又能产。有时,同样一个句子,在某种特定的情景下,表达的意思不

---

① [美]R. L. 索尔索. 认知心理学[M]. 黄希庭等译. 北京:教育科学出版社,1990:59.

完全一样。比如,"是这样的嘛?/!"这个句子,在听到一个意想不到的消息时使用,表示"惊奇";在使别人相信、打消别人疑问时使用,表示"强调";在不相信别人的话时使用,表示"怀疑"。教师在向学习者输入一个句子时,及时提供、强化依附在这个句子上的功能线索和语调线索,就能为他们正确使用这个句子模式打下良好的基础。总之,在汉语作为第二语言教学中,背诵对学习、掌握汉语语言有一定的作用,而且能促进外国学生用汉语思维。

2. 模仿

模仿是仿照句子的主要结构通过替换词语来表达意思的一种有效的学习方式。如果说,背诵只是对某种句子的机械重复,那么模仿已是一种创造性的重复。它利用的是句子的主干,其中的词语已被替换,整个句子的意思也已被改造。因此,模仿较之于背诵,在学习语言的道路上前进了一大步。当然,儿童习得语言,背诵与模仿往往结合在一起,他们从大人那里学说话,有背诵的成分,也有模仿的成分。汉语作为第二语言教学,则把背诵与模仿视为两种学习方式。这样既有利于操练,也有利于记忆。模仿句子,单句比较单纯,只要把握好语序,一般不会有大的差错;复句的模仿,则有功能和关系等线索在其中起着作用,仅仅从形式上去仿照,容易发生偏误。如"既然已决定了,那么就这样去做吧,为什么还那么犹豫呢?"从功能线索来看,这里有陈述成分,也有反问成分;从关系线索来看,中间有原因推断关系,也有转折关系。不弄清其中的诸种线索,就会"模仿"出这样的句子:"既然他不想去商场,那么我们就一起去,为什么要分散行动呢?"句子本身没错,但不合情理,就因为没充分认清其中的线索。所以,我们在教学中,采用模仿造句方式,要对句子(或句式)进行必要的分析,尽量提供和强化有关功能或关系方面的线索,以发挥"模仿"的最大效用。

3. 关联

关联是把句子组织得更加严密、更加合乎事理的一种教学方式。客观世界的事物都有这样或那样的联系，句子就是事物间的联系在语言上的反映。例如，主体，有的能动作，能思想，能感受，有的可变化；客体，大多可受支配，有的可存现。句子就是把主客体关联起来以表示其中判断、领有、叙述或描写关系。又如，几个事物之间，或者时间相接：有先、有后、有同时；或者事理相因：有缘有果、有顺有逆、有条件、有假想等等。句子就是要把诸个事件关联起来，以显示其中的种种关系。句子模式的构建要重视这种关联。有的是有形关联，可依仗一些关联词语镶连；有的是无形关联，只依靠句子内在意义的会合。无论哪种关联，对于构建句子模式都有很大实际意义。从教学实践看，应用关联词语以表达某种关系似较容易掌握，而那种无形的关联，较难把握。常会发现这种情况：学生的作文全用单句写成。检验各个单句似都合乎语法，但连起来读，却不知所云，或者条理不清，或者缺乏逻辑性。这里不是学习者思路的问题，如果他用母语来表达，相信绝无此种情况。主要的问题是他们不知用怎样的句子才能把上下文关联起来。而此种情况，正是教师教学的着力点。

4. 纠错

纠错指纠正学习者口头和书面造句中的错误。上述“背诵”“模仿”“关联”三个方面主要是积极地从正面帮助学习者构建句子模式；纠错，则是消极地从反面帮助学习者确立句子模式。经过正反两方面的努力，有关的句子模式就能牢固地输入学习者的大脑库。但这并不意味着纠错至此为止。因为学习者头脑里虽然有某种句子模式，但由于应用时，使用的词语在不断变换，而词与词之间的搭配又有其本身的定规和习惯，中间还涉及句子意思的关联，这就难免会有用词上的错误、搭配上的错误和关联上的错误。纠错时，有必要指出其出错的原因：或是不明词义，或是不知词性，或是不清楚词的色彩，或是不解句子的表达功能，或是受母语的负面影响，或是混淆句子内部间以及句子外部间的意义关系，等等，务必让学习者"知其所以然"，能自我监控，做到"下不为例"。比如，"我昨天回来很晚，所以被父亲叱咤一气。"从所造的句子来看，学习者对因果句及其关联方式是掌握的，对被动句也是知晓的。但"叱咤"一词用在这里明显不妥，应该换用"叱责"才对。究其原因：可能对这两个词语的意义不很清楚；也可能忘了被动句中必须使用及物动词的规则。教学中，多多加以分析和说明，对学习者的正确造句会多有裨益。

二、词语模式构建的方法

句子教学是涉及学习者能否连词成句、表达意思的关键。抓住这个关键，把汉语主要的句子模式输入外国学习者的头脑，那对汉语语言的学习，有着决定性的意义。学习者所积累的词语，因为有了种种句子模式的驱动而变得活跃而有生机，不再呆躺在大脑库的书架上"无所作为"。从事汉语教学的教师，深知个中的重要关系，他们为了尽快地让学生构建各种句子模式，使学生学到的词语有"用武之地"，创造和采用了许多有效的教学方法，归纳起来有：归纳法、演绎法、对比法、归类法。

1. 归纳法

归纳法又叫"例—规"法，是先呈现规则的若干例证，让学习者从例证中概括出一般结论的句子教学法。实质上，许多科学的原理和规则，都是这样归纳、抽绎出来的。所不同的是，科学研究要从大量的事实和现象中，通过对照、比较，剔除无关的东西或不紧要的线索，找出一些共同性的因素，从而发现其中的规律。其间可能要耗上许多时间和精力，可能经过多少次的失败、摸索才最后获得成功。而教学则是教师有意出示有关某种规则的例句，这些例句自然是经过挑选的、典型的、具有代表性的，学习者只要找出其中共同性的东西，就能较快地发现规则。

虽然这种“发现学习”与科学研究不可同日而语，但由于符合人们发现客观规律的认知过程，学习者对此印象深刻，其所得出的句子规则能很快进入长时记忆库，终身得以受用。运用“例—规”法教学，需要学习者对例句进行辨别，即提出假设与检验假设并进行概括。[①] 例如，教师出示下列例句：

① 我们是昨天晚上看电影的。

② 我们是昨天晚上看的电影。

③ 山本是乘飞机来上海的。

④ 山本是乘飞机来的上海。

学习者经过辨别，发现这四句都是“是……的”句，但①③是一种类型，②④是另一种类型。那么，是不是“是……的”句有另一种形式呢？（注意：这是提出了假设）于是学习者带着这个问题模仿造句（注意：这是在检验假设）：

⑤ 我们是在扬州饭店吃饭的，你是去什么地方吃饭的？

⑥ 我们是在扬州饭店吃的饭，你是去什么地方吃的饭？

检验结果，假设成立，学习者从中概括出这样一个规则：“是……的”句的“的”有时可置于动词和宾语中间。

当然，“发现学习”是有内外条件的。内部条件是学习者必须掌握有关的概念和知识。例如，上述例句的归纳，学习者起码得有“主、谓、宾”的概念，和“是……的”句的知识，学习才得以进行。外部条件是教师呈现的必须是体现规则的例证，而且有意用一定的方式排列（如上述的例句，一句正例、一句变例那样排列），这就为学习者比照、归纳创造了线索条件。因为例句都“有的放矢”，不需要学习者“大海捞针”，保证

① 邵瑞珍．学与教的心理学[M]．上海：华东师范大学出版社，1990：81．

了学习的顺利进行。此外,教师在学习者遇到困难时,还可以提示、启发。提示越多,越明显,则发现的难度越低。

2. 演绎法

演绎法,又称为“规—例”法,是先提示规则,然后用例句印证的句子教学法。① 归纳法是从具体到抽象,所归纳出的句式是上位规则,学习者能接收的原理是大脑机制采用了从下位同化上位的模式。演绎法与之相反,从抽象到具体,依据句子规则而造出一系列的句子,这些具体的句子都属于下位层次,学习者能接收的原理是大脑机制采用了从上位同化下位的模式。演绎法的运用,实际上是把句子的原型模式直接输入学习者的头脑,举例的目的是反复刺激,以加深该模式在脑中的印象,使之遇到同类句子,即刻能反应出句子的上位规则,从而迅速地理解句意。从某种意义上说,它比归纳法经济、实用,故而为教师们所乐于采用。但这种方法也有个先决条件,即学习者的认知结构中已经具有上位规则。例如,学习者已认识:汉语的补语常出现在“动·得·补”结构中,在此基础上,教师再出示:“＜把·宾＞＋动·得·补”这个句式,并说明上位规则“动·得·补”,如果有宾语,可用“把”提前(如:“我把房间收拾得干干净净”)。学习者头脑里因为已有了上位规则,很容易接收并同化这个下位规则。这个新规则很快就纳入原有的认知结构,导致原有结构进一步深化。当然,所谓的上下位是相对的,“＜把·宾＞＋动·得·补”相对于“动·得·补”是下位,而相对于依据此规则生成的具体句子,它就成了上位规则。所以,演绎法不仅要顾及学习者原有的认知结构,而且对于新规则的上位来源及其下位特点要作简单、扼要的分析,尽量使新知识与旧知识联系起来,发现新旧知识的相同点和不同点,从而加强、丰富学习者的认知结构。②

① 朱纯.外语教学心理学[M].上海:上海外语教育出版社,1997:248.

② 邵瑞珍.学与教的心理学[M].上海:华东师范大学出版社,1990:82—83.

3. 对比法

对比法,是与学生母语语法作对比,找出异同,从而强化目的语的句子教学法。汉语作为第二语言教学的对象,大都熟知自己母语的语法,在学习、接收汉语的句子时,必然会自发地跟自己的母语相对照,以进行知识的迁移。凡两种语言相同的地方,学习者容易联系、比照、接受并掌握,这就是所谓的正迁移;凡不相同的地方,那些属于其母语所有的特性,必然会渗透、参与、掺杂进汉语,干扰、影响汉语语言的学习,这就是所谓的负迁移。句子教学运用对比法,就是要促进其母语对汉语的正迁移,避免其母语对汉语的负迁移。例如,“主—谓—宾”作为基本语序,是大多数语言所共同的,所以学习者积累若干个汉语的名词、动词后,就能说出“他是老师”“玛丽学习汉语”等简单的汉语语句,这正是正迁移的积极反应。又如,英语有表示动作进行的形态“ing”,汉语没有完全与之对应的形态,有一个不表时、只表态的“着”,和它有点儿相像。学习者可由此把其母语(如英语)中的“I am working.”相应地译成“我正工作着。”但这只是浅表的水平迁移,遇到深层的一些问题,可能就说错。例如欧美学生常这样说:“我谈话他。”形式上符合“主—谓—宾”语序,但句子不通,因为动宾搭配不当。可见动宾之间有许多搭配线索,不加以限定,仍会出错。又如,欧美学生说:“我们说话着,他们跳舞着。”不合汉语习惯。因为汉语中有些动词来自于古代的“动宾式结构”,如“签名、带头”等,很多是离合词,中间可加“着、了”以及别的一些词语,如“我们说着话,他们跳着舞。”这里有汉语词语的演变线索在起着作用,简单化地套用母语的“speaking”“dancing”来对译,就容易出错。这就是负迁移的反应。因此,教学中通过对比,充分提供、强化构成某类句式的线索,学习者存于大脑库里的有关的句子模式就清晰、完全,输出这类句子就能正确、达意。问题是教科书乃至语法书,述说的、提示的句子结构都较为基础,其中的众多线索有待教师通过两种语言的对比去归纳、揭示,对每种句式的应用加以必要的限定,只有这样,才能实现知识的纵向迁移。

4. 归类法

归类法,是把零散的、无序的句子,按照功能或结构加以归类的句子教学法。[①] 汉语作为第二语言教学,所用的教材一般都是以课文形式编排、组织的,语言点的出现要受课文语料以及篇幅的限制。故而,一个语言项目常常会分散在不相连贯的几篇课文之中。其好处是教学可集中于一点,易于学习、接受;缺点是零碎切割,不利于展示其全貌。况且,存于学习者大脑库的语言项目,没有秩序地乱放乱堆,会给检索和提取带来许多困难。例如,说话时需要强调某一方面,有的学习者不管什么情况,一律用“连……也……”句式来表示,有时显得单调、生硬。如果教师有意识地把有关强调的句式,诸如:用疑问代词、用两次否定、用反问句、用副词“是”“就”、用“是……的”句等等归在一起,让学习者进行再编码,那么他们说话、写作需要强调时,就会选用合适的句式,充分地表达清楚自己的思想和情感。当然,这种归类目的在于方便学习者掌握和搜检,不一定是科学的分类。所以归类的标准得视交际的需要而有不同:或者是结构上的,比如,比较句可归为平比句式(如“跟……一样+形”等)、差比句式(如“……比……形(数量)”等)和极比句式(如“在……,……最……”等);或者是功能上的,比如,表示“不满”的句式,可归为直接式(如“我不喜欢/满意/高兴……”等)、委婉式(如“对……我不太欣赏/感兴趣”等)、强烈式(如“难看(贬义形容词)得没法儿说了/得要命/到家了”等)。归类教学法,可提高学习者从大脑库提取有关句式的速度和质量,使之说话生动而有变化,克服只用简单句绕着话题兜圈子而又说不清的弊病。

---

① 朱纯.外语教学心理学[M].上海:上海外语教育出版社,1997:250.

第四节　思维模式的构建

人们的思维总是依赖于某种语言(词语和句子)进行的,其中蕴含着、渗透着该民族的风俗和习惯,受到该民族的文化、道德、伦理等因素的影响,久而久之,形成了某一民族所特有的语言思维模式。儿童习得母语,受其生活群体的思想意识的熏陶,很自然地构建起符合其民族特色的、习以为常的语言思维模式。当然,就人类的思维规律而言,许多地方应该是相同的、一致的,比如用概念进行判断,用判断进行推理,等等。惟其如此,不同语言的人们才能通过翻译进行交流与沟通。但由于在语言思维模式上存在着差异,所以不同语言的人们即使通过翻译也还是会有隔阂,乃至于格格不入。

第二语言的学习,要暂时搁置母语于一旁,训练自己用目的语直接思维,这个过程是艰难而漫长的。且不说两种语言的转换,就是同一语言中方言和普通话之间的转换也非一夕之功所能奏效。比如同样说汉语,方言地区的人说普通话常常会漏出地方音和方言词语,因为他们是用方言思维然后转换成普通话的。要经过一段时间的自我训练,方能熟练地用普通话思维。那么,两种语言的转换,其训练的时间自然更长。汉语作为第二语言教学,要缩短这个转换过程,就得让学习者迅速构建汉语的思维模式,培养并适应汉语的思维习惯。

思维模式是由语言、意念、经验三部分的线索所构成,每一部分都有很多线索,形成一个区域。这样,思维模式内部线索和外围线索至少有三个区:语言区、意念区、经验区。

可供编码的语言区线索:词语、句子、语序等等。

可供编码的意念区线索:观念、习惯等等。

可供编码的经验区线索:事件、经验、情景等等。

这三个区的线索是构成思维模式的重要元素。人们的思维，首先得有思维源，或者是由外界事件刺激而引起思索，或者是过去的刺激在头脑中"激活"，凭着自己以往的经验去回忆、想象、推测。这里有展现情景的形象思维，更多的是运用语言的抽象思维（即逻辑思维）。外国学生如果运用其母语思维，则词语、句子、语序的选用会自觉地受固有的观念、习惯的约束和支配，他所说出来或写出来的意思、思想，很快能被操同一语言的人所接受。如果要用目的语思维，则必须符合目的语的思维模式，即要受说该语言的人们所特有的观念和习惯的约束和支配，去选用目的语的词语、句子、语序。这样说出来或写出来的意思、思想，才能被操目的语的人所接受。

汉语的思维模式自然也渗透着使用汉语的人们的观念、风格和习惯。外国学生学习运用汉语思维，除了掌握汉语的语句外，还必须了解汉族人的观念和习惯，具体地说，需构建三种汉语的思维模式，即简单语句的思维模式、复杂语句的思维模式和带有意念的思维模式。

一、简单语句的思维模式

简单语句的思维模式是外国学生比较容易构建的。因为简单语句在大多数语言中是相同的，而简单语句又是最基本的思维模式。掌握了汉语简单的句子模式，就等于学会了用汉语进行不太复杂的思维。只要知道汉语的基本语序是"主—谓—宾"，并积累一定数量的词语，就可生发出无数的句子供学习者思维使用。比如，他可用"是"对事物作判断，用形容词直接对事物作描述（不必用"是"联系，有别于西方语言），用动词对人的行为和事件的发展作些述说，等等。如果进一步掌握"主—谓—宾"的扩展式和变式，则用汉语思维的余地就大大增加。比如，他们可用"把"字句和"连……也"句强调某个事物，用"被"字句变主动为被动，用介词结构作修饰语以显示种种关系，等等。虽然这些句子模式尚未超越简单语句的范围，但大致上能利用它们把自己的思想组织起来、表达出来。

值得注意的是，汉语修饰语的添加和连缀。在这一点上，汉语和其他语言(特别是西方语言)有较大的不同。例如，英语的习惯，是把较长的修饰语作为一个从句放在被修饰语之后，用关系词来连缀；而汉语的习惯则不论修饰语的长短，一律置于中心语之前。例如："People will often say things in their own houses which they will not say in public."其中"they will not say in public"是修饰"things"的，但它不在"things"之前，而是缀以关系代词"which"置于句后。翻译成汉语："人们常常在他们自己的家里讲他们不愿公开讲的事情。"修饰语"他们不愿公开讲"一定要放在中心词"事情"的前面。又如："The young girl thanked her protector for keeping her safe among the thieves."译成汉语："小女孩为在盗贼横行时得到安全而感谢她的保护人。"把修饰语搬到了中心语之前。这说明英语的思维特点是先主干，后修饰；汉语的思维特点是主干和修饰同时一起出现，无论修饰语有多长，都照此办理。例如："一个十二三岁系着红领巾长得很清秀的女孩，正从马路对面匆匆忙忙地朝我这儿走来。"这么长一句话，一气呵成。不习惯这种思维的人很难组织得好。许多学习者只能把句子拆成几个短句来表述："一个女孩走来""她十二三岁""她围着红领巾""她长得很清秀""她在马路对面""她匆匆忙忙地走""她朝我这儿走来"，可以看得出学习者说得很吃力，曲折而勉强地把他想的意思表达出来。很显然，用短句表述没有原句清楚、通畅。因此，学会汉语修饰语的用法是外国学生运用汉语思维的必由之路。

二、复杂语句的思维模式

把简单语句的思维模式加以串联、关联，就形成了复杂语句的思维模式。人们的思维内容很广(自然的、社会的、包罗万象)，也很深(研究成因、推测结果、揭示规律等)。单以日常生活来说，诸如人的活动跟周围的人或事物之间的关系，事件或情节的发展、变化及其条件和原因，事件和事件之间的联想与推测，等等。这些内容就不是简单语句的思维模式所能承担的，需要运用复杂语句的思维模式才能理出头绪，分清关系。语言中的复合句就是为顺应思维的扩展和深化而产生的。

复杂语句的思维模式，汉语和英语大致相仿，一般的常式是偏句在前，正句在后，有关联词连接。例如，“If I must wait till next week ,I must wait.”译成汉语：“如果一定要等到下个星期，那我只好等了。”“Although he is very busy ,he has never been absent from class.”译成汉语：“虽然他非常忙，但从不缺课。”语序基本上是对应的，这样的思维模式对欧美学生来说，很容易掌握。但也有正句在前，偏句在后的情况。这在英语中也是常式，而在汉语中却是“异式”，因为它应用频率不怎么高，且多少带有某种修辞色彩。例如：“他的形象在我心目中一直很好，虽然他的姓名我并不知道。”“他忍受着，不管是怎样的疼痛。”这里先偏后正，为的是强调“他”的形象和行为，感情色彩较强。学习汉语的外国学生可能要到高级层次才能学会使用，对一般的学习者可以不做这样的要求。

三、带有意念的思维模式

思维总是凭借某种语言进行的，而语言总有其约定俗成的习惯和一定的文化积淀，带有民族的一些意念。所以思维模式不完全等同于语句模式，它必然要涉及渗透于语言中的民族意念。汉语的思维模式常常带有这样的意念倾向：从大到小和从正到反。[①] “从大到小”集中表现在时间、地址、系统、地位、坐次等方面。时间的顺序是“年—月—日”(与英语的“日—月—年”正相反)。地址的顺序是“国—省(市)—县(区)—路—号—室”(与英语的“室—号—路—市”正相反)。系统，行政

① 朱纯.外语教学心理学[M].上海：上海外语教育出版社，1997：89.

是“国—省(市)—区(县)—街道(乡)”;教育是“教育部—教育局—学校—系科—年级”。地位的顺序是“部长—司(局)长—处长—科长—科员”。辈分的顺序是“曾祖—祖父—父亲—儿子—孙子”。坐次和名次可按级别排序,也可按姓氏笔画排序,等等。“从正到反”集中表现在对人对事的评价和评估上,“先成绩后缺点”“先同意后保留”“先表扬后批评”“先肯定后意见”。这是中国人惯用或者说乐于采用的说话技巧,也是一种思维定式。所谓“但”字后面做文章,就是指这类说话。因为“肯定”在前,“表扬”在前,对“但”字后面的“意见”“缺点”和“批评”,就不觉得难堪、逆耳,易于接受。西方人说话直率,中国人听了觉得太冲,不太舒服,就是文化差异带来的问题。其他如“客套”“谦逊”“委婉”“留有余地”“暗示”“推托”“辞谢”等等的思维模式,都有汉民族的传统道德、传统文化和传统思想积淀下来的为人处事的文化观念和交际习俗从中起着作用。学习者能构建起这些带有汉民族文化观念的思维模式,那说出来的汉语就比较地道、恰当了。

四、思维模式的构建方法

汉语思维训练,是提高学习者说话和交际质量的关键。在词语教学和句子教学的同时,也要进行思维教学。三者既有分工,又须密切配合,以共同实现教学目标。思维模式的构建目前在汉语作为第二语言教学中采用较多的方法是:快速回答法、复述法、对译法、中介法和概括法。

1. 快速回答法

快速回答法是教师提出问题让学生用简短的语句快速回答的思维教学法。一般在初级阶段采用较多,也就是说,学习的一开始就有意识地训练其汉语思维的习惯。因为是初学,所以只能使用简单语句;因为是快速,不留“用母语思索”的余地,逼其用汉语直接作答。虽然这种训练近乎“刺激—反应”的机械方式,回答的也只是刚刚学过的语句,没有多少创造性,但对初学者来说,这是汉语思维的起步,久练成习惯,习惯成自然,可以初步构建起简单语句的思维模式，以适应或应付日常生活的交际会话。

2. 复述法

复述法是让学习者把学过的课文内容和课文情节大致地复述出来的思维教学法。复述既能巩固知识、加强记忆，同时也是训练思维的有效手段。复述不是照本宣科地读，也不是一字不漏地背，而是大致地、有所删减地，甚至重新组织地说出大意或情节。这就要求既用书上的语句，又融进自己的话语，两种话语（书面语和口头语）交叉在一起叙述。因为都是刚刚学过的书上的东西，学习者无须用母语帮助思维，又多少带有一点儿创造性，所以是培养、训练运用汉语思维的好办法。

3. 对译法

对译法是让学生把母语的句子译成汉语从而体会两种语言的不同模式的思维教学法。把汉语中有别于其母语的那些句式特点，通过相互转译，例如中翻英或英翻中等，让学习者进行对照、比较，找出其相异之处，以刺激大脑神经，强化汉语的思维模式。当然，这只是一种训练思维的手段，并不是要提高翻译的水平或技巧，最终是要培养起直接运用汉语思维的习惯。

4. 中介法

中介法是鼓励外国学生尽可能把运用母语思维的语句转译成汉语的一种思维训练法。外国学生在运用汉语思维过程中，要完全摆脱其母语的思维模式，几乎是不可能的事。可以说，有相当长的一段时间，他们都处于思维用母语、表达用汉语、中间经过转译这么个阶段。有的语句在两种语言中的差异甚小，转译顺当，用汉语表达出来，正确而尽意；有的语句在两种语言中差异较大，转译麻烦，用汉语表达出来，容易掺入其母语的一些东西而产生偏误，形成所谓的“中介语”。中介语现象当然不提倡，但却是不可避免的。与其让它们潜伏在学生头脑之中，不如让它们暴露出来，可以“对症下药”，纠偏扶正。经过一段时间的训练，相信外国学生会从错误中有所感悟，逐渐把自己的母语思维模式纳入汉语思维模式的正确轨道之中。

5. 概括法

概括法是要求外国学生对课文或阅读材料的段落大意和中心思想进行概括的思维训练法。课文和阅读材料提供了许多内容或情节，要把它们概括起来，需要外国学生对其进行梳理、分析、归纳，通过一系列的思维活动，撷取其中最主要的意思或主线，提炼为概括性的语句。这不像复述法可以背诵或摘取材料中的语句，它没有现成的语句可资利用，学习者必须在融会贯通的基础上重新组织和创造语句，简明而扼要地说出大意或中心思想。这实际上是在培养、训练、检验学习者的理解能力、思维能力和表达能力。由于接触的内容是用汉语写的，外国学生的接收和理解自然也大都是汉语模式（母语的成分很少），那么他们在进行概括思维和选用语句上没有必要转译成母语来思维，势必会直接使用汉语去思维。所以教学经常运用概括法，能促进学习者形成汉语思维的习惯。

第七章　汉语作为第二语言教学的模式匹配、提取与应用

汉语教师运用种种方法促成外国学生构建起汉语词语模式、汉语句子模式和汉语思维模式，还只是实现了教学目标的一半。如果教学到此为止，不从模式的匹配和提取方面下功夫，那么很可能千辛万苦帮助外国学生建构起来的汉语模式无法发挥其应有的作用。所以教学目标的真正实现，是能让外国学生熟练地进行汉语语言模式的匹配和提取。

模式匹配是为了从大脑库提取贮存的知识，提取知识是为了应用。匹配卡了壳，无法正常提取，也就谈不上应用了。能不能进行有效的匹配，当然跟模式的构建有关。模式模糊、不完善，匹配必然大打折扣。所以构建模式是实现教学目标的重要前提和基础。但模式构建再好、再完善，如果只是搁置在一旁，不进行匹配与提取，不加以应用，也就是说，教学中不去进行各种各样的操作和训练，外国学生所掌握的汉语语言知识不付诸于实践，那么模式的构建成了无用之功，所谓教学目标的实现也就成了一句空话。汉语作为第二语言教学之所以要进行听说读写的训练，就是为了完善学习的认知过程，将知识转化为能力，从而能够理解汉语并运用汉语。

第一节　模式的匹配

外国学生能认出一个汉语的字，识别一个汉语的词，理解一个汉语

的句子，或用汉语说出一句话，绝不是偶然的，是课堂教学或个别教授的成绩和结果，也可以说是构建汉语模式的积极反馈。这种反馈，主要表现为模式的匹配。

一、模式匹配及种类

模式的匹配是一个识别、回忆、提取的过程。也就是把以往输入大脑库的信息模板或模型，根据外界刺激的需要，作出输出的反应。而要从大脑库中数以万计的记忆模式中调出相关的、急需的模式，就有一个搜检过程。搜检必须有线索，就像词典的音序或笔画一样，少了它们，信息犹如一团乱麻，检索如同“大海捞针”。所以模式的构建，植根于线索的编码；模式的匹配，也取决于线索编码。外界巨大的信息，经过编码，以模板或模型的方式存入大脑，千万个信息就有千万块与之相应的模板或模型。当外界的刺激传入感觉神经，促使大脑搜索，发现与某个记忆模型（或模板）相匹配（类似或相近），就会作出反应，激活、唤醒有关的模型（或模板），人就能识别、回忆这个信息。①

模式匹配有两种。一种是模板匹配，头脑里贮存的是外界事物的“图像”，就象照相的底片一样（表象编码属于此类），其匹配活动正好同“按图索骥”相反，是“对骥找图”，即从记忆中检索同外界信息相近或相同的图像，能够匹配的，外界信息就被识别。一种是原型匹配，把原型的模式经过抽象贮存于记忆之中，这种抽象，概括了许多个原型（抽象编码属于此类），其匹配活动是，如果发现外界的刺激物与头脑里被抽象的原型相似，外界信息就被识别。② 汉语作为第二语言教学注重后一种匹配。例如教学“程度补语”，可以列举许多例句：“天气冷得很。”“他走得太快。”“房间布置得很漂亮。”“大家都高兴得大笑起来。”“运动员

---

① 彭聃龄．语言心理学[M]．北京：北京师范大学出版社，1996：197.

② [美]R. L. 索尔索．认知心理学[M]．黄希庭等译．北京：教育科学出版社，1990：57－59.

们跑得满身都是汗。”每个例句的格式又可以演化出许多同类句子，那么无论建立多少块模板也无法穷尽，费时费力，很不经济。如果把这些原型抽象为“动/形＋得＋补(可以是副词、形容词、动词词组、小句等)”作为记忆模型，让学生头脑中既有具体意义的句子，又有抽象的句式结构，匹配就显得有效而经济。

二、模式匹配的作用

就汉语作为第二语言教学的认知意义而言，模式匹配有两种作用，即识别作用和理解作用。

1. 识别作用

人们之所以能认路，是因为他们以前曾经经历过，在大脑中留有地图或路线图；人们之所以能认识世界，是因为他们通过种种实践，在大脑中积累了无数相关的知识；外国学生之所以能用汉语看书读报、说话交流，也因为它们以前曾学习过，在大脑中存有许许多多的汉语模式。可见，识别首先得感知，让外界刺激物(汉语作为第二语言教学的刺激物主要表现为汉语语言信息)作用于大脑，形成知识而被贮存，然后才能反馈。这也就是汉语作为第二语言的课堂教学注重模式构建的原因。头脑中白板一块，识别只能是句空话。但识别不完全是被动的“按图索骥”或“对骥索图”，由于外界事物有着种种联系，在识别甲事物时，可能关联到乙事物、丙事物(比如识别兼语句“我叫他来”时，发现“我看见他来”的句子结构似乎不一样)，于是有了新感知，经过大脑机制的加工(得出“我看见他来”中的“他来”是主谓词组作宾语)，形成新的知识入库存放。[①] 这等于是图书馆采购到一批新书而编码上架。感知—加工—入库—识别—新感知—加工—入库……无穷反复，层层叠加，就在人脑中织成一张知识网络。凭着这张网络，人们就能识别无数的事物，

---

① [美]R. L. 索尔索. 认知心理学[M]. 黄希庭等译. 北京：教育科学出版社，1990：56.

就能认识世界。对学习汉语的外国学生来说，就能识别已经学过的汉字、汉语词语和汉语句式，而且还能通过类推、联想、比照去认知、识别新的汉字、汉语词语和汉语句式。

头脑里有了记忆模式，遇到相关的信息刺激是否一定能识别呢？学习汉语的外国学生常常出现这样几种情况：一种是“似曾相识”，就是回忆不起来；一种是“思之再三”，终于辨认了出来；一种是“一拍即合”，迅速反应过来。这里，或者是提供的环境和线索不足以唤起记忆；[①]或者是匹配的能力较差。对前者，可增添或提示“显豁”的线索。例如，外国学生阅读《秦陵兵马俑》[②]中“我们要赞美秦代艺术家们的伟大成就，他们使中华民族的文化更加灿烂，更加辉煌”一句时，在“灿烂”和“辉煌”两个词上打了“顿”。于是教师提示“灿烂”一词常跟“阳光”搭配（“阳光灿烂”），“辉煌”一词常同“灯火”搭配（“灯火辉煌”），让学生想象“阳光”“灯火”的明亮耀眼，由此体会“灿烂”“辉煌”的含义，以及它们的抽象引申意义：“成绩显著”。学生顺着教师所增添的线索，领悟到了这两个词语在句中的含意。对后者，则需加强匹配的训练。除了个人的禀赋、天资、悟性外，“反复实践”是一剂良药，它可以加快“匹配”的速度，提高“匹配”的熟练度。例如，学习者刚开始阅读短文，常常一字一字地认，一字一字地读，认读速度十分缓慢，这正暴露了他们“匹配”的不熟练。训练时日一久，他们也能一目数字、一眼几句地看书了。“匹配”频率高的那些模式已不再是拦路虎，他们的注意力已移向“匹配”频率低的或者初次“匹配”的模式上，阅读速度因此而大大加快，这正反映了他们“匹配”的熟练性。

---

① ［美］R. L. 索尔索. 认知心理学［M］. 黄希庭等译. 北京：教育科学出版社，1990：238.

② 华东师范大学对外汉语教研室. 基础汉语续 25 课［M］. 上海：华东师范大学出版社，1989.

2. 理解作用

外界的汉语语句信息，有的以“音声”刺激外国学生的感官而实施匹配，有的以“外形”刺激外国学生的感官而实施匹配。于是，在汉语作为第二语言教学中，就形成了听力理解和阅读理解两门训练课程。根据汉语水平考试(HSK)[①]的要求，听力要达到 170－220 字/分钟的速度，阅读要达到 120－150 字/分钟的速度。这是一种高标准，对于处在学习之中的外国学生来说，不是一下子就能达到的，必须通过即语言模式的构建和模式匹配的训练，才能加快匹配速度，增强理解力。

模式识别，是由感官所得到的信息和储存在记忆中的知识共同决定的。[②] 例如，外界的信息是某个词语，储存在记忆中的知识也有这个词语(音声、形体、概念的统一体)的模式，该词语就可被识别而理解。外界的信息是一个句子，一个句群，乃至一篇文章，那就得调动记忆库中的众多知识进行一系列的模式匹配，去识别和理解它们。教学实践显示，外国学生的汉语语言匹配大致有两种情况，一种是连续匹配，一种是跳跃匹配。所谓“连续匹配”，是按照外界语言信息的顺序，连续不断地匹配，让词语的模式、句子的模式、思维的模式一起参与识别和理解。一般的课文阅读和报刊阅读属于这种情况，遇到疑难词语就查阅工具书解决。所谓“跳跃匹配”，是在对外界语言信息逐个匹配的同时，遇到疑难词句，不为之所阻，跳跃障碍，继续后面的匹配。由于语句模式间的种种联系，以及学习者本人的阅读经验和阅读预期的作用，即使跳过几个词语，通过猜测、联想等手段，仍然可以正常思维，达到理解的目的。课前的预习和浏览性的泛读属于这种情况，只要求大致理解，不必细细琢磨。

---

① 此处所指的汉语水平考试(HSK)为 2010 年以前推行的老版汉语水平考试(HSK)。

② [美]R. L. 索尔索. 认知心理学[M]. 黄希庭等译. 北京：教育科学出版社，1990：49.

第二节　模式的提取

在课堂教学中会遇到这样的情况：有的学生反应灵敏，教师提问，抢着回答；有的学生反应迟缓，即使教师“点将叫名”，也是支支吾吾，甚至干脆回答“不知道”。产生这种情况的原因主要在于模式匹配和提取的熟练程度各异。

一、模式的识别与提取

模式匹配的目的是为了识别外界刺激信息，进而从大脑库提取与之相应的模式，进行思维活动或交际活动。大脑库犹如图书馆，贮存着千万亿个与外界信息相应的模式。而每个模式又有着众多的线索(主要线索和外围线索)，相互联系、沟通，由此织成一张知识信息网络。大脑的思维活动，实际上是处在网络之中的一些模式通过线索的沟通，进行着各种组合。可作这样的设想，大脑是一台电脑，内存的千万亿个信息犹如贮存于大脑库中的千万亿个模式。键盘相当于外界的刺激信息。当把信息键入电脑，电脑立即会作出匹配反应，把相应的模式显示于屏幕(即文本区)。人们可以在此编辑、处理文件。同理，大脑机制把感觉信息与大脑库中贮存的模式，通过搜检、筛选、验证，作出匹配反应。被识别了的模式就从大脑库中被提取到相当于电脑屏幕的脑屏，进行思维或理解的加工活动。于是，与外界刺激有关的信息模式，一一被提取到了脑屏，那些无关的信息模式依然沉睡于大脑库中。由此而言，提取的信息模式是已经被激活和唤醒了的。[①] 就因为它们是激活了的，唤醒了的，它们就能积极参与思维活动。大脑加工机制将这些激活、唤醒了的信息模式(包括词语模式、句子模式、思维模式等)，在脑屏

---

① 彭聃龄．语言心理学[M]．北京：北京师范大学出版社，1996：201．

上进行组合、系联,成为有意义的一组组信息,这就是思维。它们存之于脑,就是思想;出之于口,就是说话;流之于手,就是写作。外国学生用自己的母语思想、说话、写作,那么地得心应手,就因为匹配熟练,识别提取迅速,在脑屏上进行组合、系联,瞬息即就。而用汉语思想、说话、写作,那么地艰难阻滞,就因为匹配生疏,识别提取迟缓,在脑屏上进行组合、系联的效率自然就低。汉语教学中,常见外国学生阅读时的茫然表情,说话时的断断续续,写作时的费劲儿,问题都出在对汉语语言模式的识别和提取的不熟练上。

由于外国学生提取汉语语言模式的不熟练,常常出现三种不尽如人意的情况:提取不出,提取有误,提取迟缓。“提取不出”,原因有二,可能外界的信息线索(包括环境和语境)不够刺激强度,无法激活、唤醒已贮存的模式,即通常所说的“想不起来”;也可能原来构建的模式太模糊,与外界信息对不上号,提取无门。例如,外国学生阅读“人们望着天空中被彩霞涂抹的太阳”①这个句子时,对“涂抹”这个词觉得很费解,因而无法理解整个句子所描述的意境。问题就在于学生大脑库中所构建的“涂抹”模式,是指“手的动作”,跟“无臂无手”的“彩霞”怎么也挂不起钩来,所以难以理解。“提取有误”,原因是构建的众多模式,有的比较相象或近似,容易混淆,加之又不经常去辨析,故而造成提取上的差错。例如,外国学生常常把“游览”混同于“旅行”“旅游”,在作文或造句时,说出“我们将旅游北京”“今天上午去长城旅行”等句子,就因为这些词语模式过于相近,容易错误替换。“提取迟缓”,是不熟练的缘故,因而面对一个信息,常常要“思之再三”,才迟迟疑疑地从大脑库中选取。例如,有外国学生在回答教师提问“你们昨晚看了芭蕾舞团的什么演出?”时,呐呐地重复“什么演出?什么演出?”,冥思苦索好一阵,最后才爆出

① 华东师范大学对外汉语教研室.基础汉语续25课[M].上海:华东师范大学出版社,1989:182.

"再见、再见—哦,告别演出!"。显然,学生对于"告别"这个词语模式的掌握明显不及"再见"来得熟练。可见提取的效率,完全取决于模式的构建和模式的匹配。清晰的模式是正确提取的基础,熟练的匹配是高速提取的条件。汉语作为第二语言教学,课堂教学比个人自学有效,就是因为可帮助学习者构建清晰的模式;课堂教学中练的时间要多于讲的时间,就是因为要训练学习者熟练的匹配本领。

二、外部刺激与内部刺激

模式的匹配、识别和提取,有的是外部刺激引起的,有的是内部刺激引起的。读、听,由语句的外形或音声刺激引起匹配,从而识别和提取相应模式(可以说是"按骥索图");说、写,由某种动机、意念刺激引起匹配,从而识别和提取相应模式(可以说是"按需索图")。外部的刺激信息是显而易见的,汉语教科书的课文(包括阅读、会话、录音等材料)、生词、练习、以及教师的讲解,都是外部刺激信息,这些基本上可由教师引导、掌控。但外国学生学习汉语毕竟不是背诵课文、复述故事而已,他需要具备应用汉语适应生活环境或工作环境的能力。也就是说,即使没有什么明显的外部刺激信息作用于感觉器官,由于自身说话、写作的需要,也必须调动、提取有关的各种模式进行思维和表达。认知心理学称之为诱发反应,或内隐联想反应,①它包括语境刺激反应、交际欲望刺激反应和潜台词刺激反应。"语境刺激反应"是指学生受到语言环境的刺激,例如小组讨论、受到表扬或挨了批评、观看电影或电视、参观展览会等等,需要发表一些感想,于是引起大脑的思维活动。"交际欲望刺激反应"是指学生在生活中或工作中受到交际欲望的刺激,比如买东西、请客吃饭、谈生意、打电话约会等等,需要表达自已的意愿,也会引起大脑的思维活动。"潜台词刺激反应"是指受头脑里的意念,即潜在

① [美]R. L. 索尔索. 认知心理学[M]. 黄希庭等译. 北京:教育科学出版社,1990:246.

言语的刺激，比如草拟稿件、构思文章、酝酿观点等等，需要形成自己的见解和思想，自然会引起剧烈的思维活动。这些刺激反应，由于意念、欲望等作用，促使大脑机制提取相关的语言模式进行组合、系联，于是生成了感想、意愿、观点，或口说，或笔写，达到与他人交际或交流的目的。这些由内部刺激信息引起的思维活动，属于自由学习活动，虽然不是教师所能控制，但教师可以营造语境，提供条件，甚至强制训练(如写作、小组发言等)，实际上也是在有意识地锻练、培养外国学生用汉语思维的习惯。

第三节　模式的应用

人脑所接收的各种信息，都以模式的形式贮存于大脑库中。平时它们都“沉睡不动”，一旦受到外部信息或内部信息的刺激，在大脑机制的作用下，相关的模式就被激活、唤醒，并被提取到与电脑屏幕相仿的脑屏，在那里进行模式的组合、系联。于是外界的话语和文字信息在那里被识别和理解，个人的思想和观点在那里形成，要表达的言语也在那里产生。这就是模式的应用。

一、模式的组合与联系

语言模式间的组合、系联，是一个十分复杂的过程。它牵涉到意合的习惯、句子的规则、思维的观念等等诸方面的因素。哪怕是“你吃饭了吗?”这样简单的一句话，就有“你”“吃饭”“了”“吗”四个词语模式参与，有“完成式”和“疑问式”两个句子模式从中约束，其中还受汉民族“打招呼”意念的支配。正是这些因素的共同作用，人们才能正确理解这个语句的真实含义:见面打个招呼，并非邀人吃饭。

汉语作为第二语言的教学，语言模式间的组合、系联主要反映在两个方面:一是识别理解，一是造句表达。“识别理解”，主要指阅读理解和听力理解。这是将感官知觉到的外界语言信息（音声的、外形的、或两者兼有的），与大脑库中所贮存的模式相匹配，然后提取相关模式到脑屏进行分析、综合。例如，外国学生听到或看到这样一句话："南京路上的商店以优质的商品和最好的服务，吸引着南来北往的新老顾客。"在他们的头脑里就会依次提取贮存于大脑库中的"南京路—商店—优质—商品—最好—服务—吸引—南来北往—新—老—顾客"等词语模式置于脑屏，又依赖汉语的语序规则、语法规则（如方位结构，助词"的""着"和连词"和"的作用等）来理解句意。因为这是对外界既定的语言信息的一种反应，词语有定，语序有定，句式有定，人脑只要对这些词语之间的意义关系作出判定，对句式的表达功能有所领悟，那么就可正确理解这个"外来"语句的意思。"造句表达"比"识别理解"更高一筹，因为这是学习者对自身的某个意念（也可能是用其母语思维的）的一种反应，词语未定，语序未定，句式未定，那么整个反应就须选取有关的若干词语模式，按照一定的语序模式和句子法则模式，以及思维模式，在脑屏上进行搭配、组合、调整、选定，生成符合本人意念的有意义的语句。例如，外国学生头脑中产生了这样的意念：中国沿海地区的农村经济高速发展。他可以说成："中国沿海地区的农村经济发展很快，只要到当地去看看就可感受到。"也可说成："如果你到乡村去看看的话，你一定会感受到中国沿海地区的农村经济的高速发展。"也可说成："来到中国以后，亲眼看到了中国沿海地区农村的巨大变化。"等等。一个意念，多种表达，其语言模式的提取和应用，以及模式之间的组合、系联，比较灵活、机动，随交谈的对象、场合和说话者的情绪而定。这个过程对使用自己母语的人来说，似乎很简单，其反应的敏捷和快速已到了"不假思索"的程度，完全感觉不到脑屏工作的程序。而对使用汉语思维的外国学生来说，则相当复杂，造一个句子或表达一个意思，往往需推敲、寻思好久，要花费许多脑力和时间。因此，汉语作为第二语言教学的任务，就是要千方百计地提高学习者组合、系联模式的效率和正确度。

二、提高模式组合与系联的举措

对外国学生而言，模式组合、系联的快速和敏捷，取决于他们对汉语语言模式的把握和搭配的熟练。人们说自己的母语那么流利，就因为在思维过程中不完全是一个词、一个词地从大脑库中蹦出来，大多是以词组和短句形式一个接连一个鱼贯而出。这里有许多是固定搭配或习惯搭配。也就是说，在激活一个词语时，同时唤醒了与之相关的、可以与之搭配和组合的一串语词，而这些词语大都是平日的积累与经验，当需要运用时自然做出的一种反应。例如，意念中要对模范或英雄表示几句，大脑库中就会反应出"佩服、敬佩、信服、钦佩……"等词，如果选定了"佩服"这个词语模式，同时也就唤醒了能与"佩服"相组合的词语："能力、本领、精神、毅力、勇气、胆量、才干、技术、手段、行为、说话……"。如果从中选定了"精神"这个词语模式，同时也就唤醒了能与"精神"相组合的词语："伟大的、高尚的、拼搏的、勇敢的、革命的、创业的、爱国的、无私的、忘我的、大无畏的、持之以恒的、不屈不挠的……"。人脑可以随心所欲地挑选这些词语生成许许多多句子："我佩服他爱国的精神"，"我佩服他不屈不挠的精神"，"我佩服他的拼搏精神"……好像信手拈来，不费吹灰之力。但是学习汉语的外国学生，限于积累和经验的欠缺，这种连锁反应就显得吃力和困难，影响到生成语句的速度和有效率。所以汉语作为第二语言教学，得在词语的搭配上下一番功夫。每教学一个词语，尽可能地把它组成一系列的词组，也就是说构建一个词语(如"丰富")的模式，应提供众多信息线索，诸如被修饰的(如"非常丰富""那么丰富""极为丰富""无限丰富"等)，修饰的(如"丰富的物产""丰富的知识""丰富的经验""丰富的生活""丰富的资源""丰富的矿藏"等)，支配的(如"丰富了知识""丰富了生活""丰富了经验""丰富词语""丰富想象力"等)，描述的(如"藏书丰富""经验丰富""资源丰富"

等),以及被支配的,等等。这里,背诵的训练就显得特别重要。虽然成年的外国学生 学习汉语最怕死背硬记,他们喜欢利用规则来生成句子,但这比较费时费力,影响速度。如果能通过背诵,逐步记忆并积累相当数量的汉语词组模式和短句模式,则可省却许多搭配的功夫,甚至可脱口而出。

要提高外国学生组合、系联汉语模式的速度和正确率,除了加强词组教学外,还应重视培养学生的自我检验与自我监控的能力。被提取的诸多词语模式显示于脑屏,其词语搭配是否得当,组成的句子是否正确,思维的意念是否合乎习惯,都需要由学习者凭自己的知识去判断、检验,这就是自我监控能力。有没有自我监控能力或者自我监控能力的大小,取决于对语言模式的主要线索和外围线索的掌握。为了词语搭配得当,就要掌握词语模式的意义、范围、色彩、词性等等线索;为了使句子正确,就要掌握句子模式的语序、正式和变式、表达功能、句子的内部关系和句子的外部关系等等线索;为了使表达符合民族习惯,就要掌握民族的思维观念和习惯等等线索。这些带有抽象化、规则化和习惯性的原则,是脑屏生成正确句子的条件和基础。汉语作为第二语言的教学,重视句子的"合辙"(合乎语法规则)、"拆装"(句式的变换)、"锤炼"(句意和表达的推敲)等训练,目的是要变教师的监控为学生自我监控。这个变化过程可能需要较长的时间,但只要从学习的一开始就抓起,从简单语句的监控到复杂语句的监控,从依赖教师检验到自己独立检验,从无自信到自信,久而久之,就能培养起自我检验、自我监控的习惯和能力,进而能提高表达(说话和写作)的正确性、得体性和简洁性。

教学目标的确定和落实,经历词语模式、句子模式、思维模式的构建和语言模式的匹配、提取、应用,完成了知识的传授(输入)和训练(输出)过程,这可以说是一项系统工程。教师是其中的工程师,规划和设计着教学的蓝图,组织和引导着教学的进行,检查和验收着教学的成果。教师的作用无疑相当重要,但也不能忽视学生的能动性,模式的构建、匹配、提取与应用,需要师生的共同努力,才能循着认知规律提高汉语水平,达到预定的教学目标。

第四节　模式应用示例:语体对听力理解的认知影响

外国学生头脑里所构建的汉语模式,必须经过充分的应用,才能得以巩固,并真正成为永久可以保存的知识。因而,模式的应用对于外国学生学习汉语是至关重要的。听力理解是外国学生学习汉语的一个重要方面。听力理解的实现受到诸多因素的影响,本节以语体为例,分析其对听力理解的认知影响,进而从一个侧面来印证模式的应用。

听力与阅读一样,共同担负着语言的接收与输入。所不同的是,听力主要依靠听觉传递,所听的内容主要是人们的口语会话,这在汉语学习中尤为突显;阅读主要依靠视觉传递,所读的内容主要是人们的书面语言。但这是就其主导方面而言,事实上,听新闻广播等等已经涉及书面语的问题;读剧本之类的作品,也包含了口语的因素。外国学生在阅读时,虽然接触的是文字,却往往能唤醒其读音,因而读的过程实际上是由形和音共同去系联词的意义;而在听的时候,却很少能从语音马上反应出文字,因而听的过程常常只是语音与词义的单一系联。这就决定了听的难度比读要高;听新闻广播会接触到大量的书面语,比阅读报刊更为困难。分析语体对听力理解的认知影响,涉及模式的构建、匹配与提取,特别是匹配与提取的影响对听力理解更为直接。

一、听力理解的产生机制

"听"是接收言语信息,是言语信息输入和理解的过程。听话者听到说话者的声音后,从声音转换成言语信息,建构意义进行理解,有一个心理的过程。这个心理加工过程可分为听觉加工、译码加工、思维加工三个连贯的阶段。

1. 听觉加工

听觉加工包括一系列的加工过程。首先由听觉器官将感觉到的自然音，经过筛选，从自然音中过滤出有关的语音，然后在语音中再进行甄别，确定汉语音节；该音节在短时记忆中作暂时的停留，并作为线索激发长时记忆中的语音知识结构，调动其中的汉语语音系统；在汉语语音系统的控制下经过核实和辨析，分析出汉语音节的声韵调。① 这里有感觉器官的接收和离析，有短时记忆的编码和输送，有长时记忆语音知识的监测和控制。这个过程中的一系列步骤基本上是同步完成的。只有生疏的、陌生的语音，在加工过程中每个步骤才可能有较为明显的停顿和思索。在实际生活中，听到的语音常常不止一个音节，而是由多个音节组成的一句话或一段话，因而听觉登记要加工的是一长串语音流。也就是说，它要接连不断地筛选、过滤、甄别、辨析，确定语音串中每个音节的声韵调。例如，听觉器官在自然音中先后过滤出汉语音节 ta-nian-ji-sui-xiao-que-hen-hui-ban-shi 这样一串语音流，并受长时记忆中汉语语音系统的监控，分辨和确定了语音串中每个音节的声韵调：tā-nián-jì-suī-xiǎo-què-hén-huì-bàn-shì。

2. 译码加工

译码加工也有一系列的加工过程。首先是根据短时记忆中业已编了码的汉语语音音节的声韵调线索，在长时记忆中搜索已经贮存的、与语音代码相匹配(即声韵调相近或相象)的词语模式(如 nianji)；这样的模式可能有好几个(如跟 nianji 相匹配的有“年纪”“年级”“年集”等)，选出记忆中与外界语音刺激完全一致的词语(这里选择“年纪”)；再把匹配了的词语提取到工作记忆等待与别的词语组合。如此反复，把语

① 徐子亮，吴仁甫. 实用对外汉语教学法[M]. 北京：北京大学出版社，2005：143.

音串中的汉语音节都匹配上词语模式(如上述语音串的词语模式分别是:他,年纪,虽,小,却,很,会,办事),分别提取到工作记忆中准备组装。而一时匹配不上的新的语音信息(如 que 是“缺、确”、还是“却”,banshi 是“办事、半世”还是“版式”,一下子定不了)则暂时寄存记忆库,以备下一阶段思维加工时运用。

3. 思维加工

思维加工主要进行语言信息的组合与理解。组合是按贮存于长时记忆的语法规则,把上一阶段先后提取并暂放在工作记忆中的词语模式组合成语言形式,同时修正提取有误的词语;再把言语形式转换成命题,或直接用目的语显示语义,或转译成母语显示其语义进行理解。例如,上述的语音串通过译码加工,匹配和提取了“他,年纪,虽,小,que,很,会,banshi”等词语模式到工作记忆,在那里进行整合。按照语法规则,如果前一句子有连词“虽”,那么可以决定后面的 que 应该是“却”;如果确定了这里的“会”是动词,那么后面宾语应该是动词性词组“办事”。整个句子整合起来是:他年纪虽小,却很会办事。转换成命题(即句子的意思)是“年纪小”“他会办事”。至此,这个语音串的意思就很明确了,听话者真正听懂了句子的意义。因此,听力理解,实际上就是“根据声音建立话语的意义,即了解说话人所传递的消息的内容和意图”。[①]

二、口语和书面语的不同特点

口语与书面语的产生机制基本相仿,都要通过话语计划、话语构建、话语执行三个阶段。它们都是说话者或作者在大脑中形成有关的思想、意识,作为一种内隐刺激(即话语计划),通过传递、扩散到达长时记忆的语义网络,从该结构中选取、调用相关的词语到工作记忆,在那

① 桂诗春.实验心理语言学纲要[M].长沙:湖南教育出版社,1991:332.

儿进行组合装配(即话语构建),然后输出语言(即话语执行)。[①] 这个过程,无论是书面表达还是口语表达,基本上是相同的。所不同的是,一则在执行话语时,要求手的肌肉进行动作,发而为字形;一则要求口腔肌肉的运动,发而为语音。汉语由于历史原因,造成口语和书面语长期分离和脱节。口语用的是白话,书面语用的是文言,两者犹如隔开一条鸿沟,相距甚远。五四新文化运动提倡白话文,在一定程度上缩短了口语和书面语的距离,缩小了两者的差异。发展到今天,口语和书面语使用的都是现代汉语,对熟悉现代汉语的人来说,听人们说话(口语)和听新闻广播(书面语)基本上没有什么两样。但它们毕竟是两种不同的语体,有着各自的特点,具体表现在:

1. 表达的环境与速度

口语有直接的听话对象,有互相交际的环境,其会话的速度要求较高,组织语句的反应要快,不可能字斟句酌,也不可能长时间的思索和停顿。因此,口语的用词比较通俗、朴实,语多短句,不太讲究修辞和句子的上下关联。书面写作只有假想的读者,是一种间接的交流,允许有较多的时间对表达的内容和词句进行斟酌和推敲。因此,书面语词藻一般比较华丽、浓重,语句修饰和雕琢的痕迹较多,就像鲁迅说的文人常用"巉崦"来形容山势,究竟这是什么样子,谁也说不清楚。这在口语中是绝对不会使用的。

2. 用词的通俗与雅致

口语会话一般来说比较随意,不计较重复、啰嗦、语句残缺,只要求达意而已。因此,口语中常会出现"这个,这个""呃……呃……"等只是用以过渡而并非传达意义的词语和音节。说话者有时还会插入与话题关系不大的叙述,甚至在说话过程中提出一个话题或说了上句之后,突

① 桂诗春. 实验心理语言学纲要[M]. 长沙:湖南教育出版社,1991:414—415.

然卡住,于是“哈哈”一笑而不了了之。这在书面语中一般是不会出现的。书面写作则比较精致,讲求信(材料充实)、雅(文字漂亮)、达(行文通畅)。例如“大量出现”,在书面语中会用“涌现”一词;“形成相同意见”,书面语则以“达成共识”来表达。由此可见,书面语一般文气贯通,文字畅达,修辞恰到好处,很少拖泥带水;其叙述、抒情、议论等手法有机配合,相得益彰。

3. 结构的松散与严谨

口语会话的构思比较简单,不必追求语句的起承转合,即使关联失当,前后颠倒,也无伤大雅。口语当然也有大致的话语计划,说话围绕一定的话题而展开,但大多是边说边想,谈不上精细的构思,除非是有书面稿子的发言或报告,才会讲求整个话语的条理和结构。书面写作则要有一定的构思和布局,讲究承上启下、过渡呼应。因而书面语的结构都比较严谨,如写作追求所谓的“豹头”“凤尾”,就是要求开头醒目有势,结尾意味深长。一般而言,记叙类的文章结构由开头—记事—结尾组成;小说类的结构由开端—发展—高潮—结局组成;论说类的结构由提出问题(论点)—分析问题(论证)—解决问题(结论)组成。文章脉络清楚,层次分明,条理井然,章法有序。这种艺术构思适宜于视觉阅读而有充裕的时间去品味,不是听觉在局促的瞬间所能感受得到的。①

由于书面语经过反复斟酌和推敲,词语选用广泛,修辞色彩浓厚,结构紧凑严谨,它主要提供读者凭视觉感知去阅读、理解和消化,时间上也较充裕;而听力没有视觉方面的优势,且时间局促。对于外国学生来说,听书面语材料,一则需要有充足的词语模式的贮存,再则要求通过听觉所接收的信息与大脑库中贮存的模式进行匹配,期间要经过搜检、筛选、验证等一系列程序来辨别丰富的词语、揣摩多样的修辞色彩,

① 徐子亮,吴仁甫.实用对外汉语教学法[M].北京:北京大学出版社,2005:156—157.

故而显得特别吃力和困难。

三、听口语和听书面语的认知差异

汉语作为第二语言教学，编有教材可供学生自学，为何还需要教师讲解呢？原因之一就在于教师可根据学生的实际汉语水平，把教材上不容易看懂的书面化的语言，改造成为学生容易听懂和接受的口头语言。如果教师在课堂里照本宣科地念读教材，肯定不受学生欢迎，也收不到良好的教学效果。这个教学中常见的例子，很生动地说明了听口语和听书面语在认知上的差异。这种差异主要表现在耳感、跳跃、理解三个方面。

1. 耳感的生与熟

耳熟能详，这是外国学生比较容易听懂口语的基本原理。因为人们在口语会话中所使用的词语是有限的，这些词语不仅通俗、常用，且出现频率相当高。它们在人们大脑记忆中，一直处于活动状态，听到音节就能匹配和提取出相关的词语，已到了呼之欲出的地步。例如“很贵”(而不是“昂贵”)、“特别好”(而不是“绝佳”)、“没有时间”(而不是“无暇”)这些词语。再如对话中的应对词语，对问话的回应有“行，可不是，真是的”等；对感谢的客套有“不谢，不客气，没事儿，没关系”等；同意对方的建议有“好，可以，没问题，一言为定”等；对对方说的事情表示理解的有“原来如此，怪不得，可以理解”等等。经常出现和使用在口语中的常常是这样一些词语，听得多了，自然不假思索就能直接反应过来。即使是口语中的叙述性话语，尽管比应对性话语要复杂一些，但也是以常用词语构建起来的，从语音流的感知、音节的划分、词语的匹配、词义的确定到语义的整合，都比较顺畅，听起来并不觉得费力。再则，口语会话中的句子以单句居多，复句也只有一两重的关系，不像书面语中的句群，常以多重复句的形式出现。短句和单句的信息容易捕捉，这就为听觉感知和接收口语会话内容创造了条件。语音的特性是稍纵即逝，如果句子过于复杂，过于冗长，前听后忘，首先是影响正确切分，其次是妨碍词语与相关音节的匹配。匹配和提取发生了问题，或打了折扣，摄取的词语没有连续性，那就无法按照语法规则整合所接收到的断断续续的语句，也就很难正确地理解其意义。可见外国学生之所以能较快地听懂口语会话，就因为处于日常的会话语境中，耳中听到的全是日常用语和简单句式，久而久之，产生了较强的语感，这种语感可以起到“耳熟能详”的作用。外国学生之所以较难听懂书面语，就因为听到的词语比较生疏，难以从语音音节激活、匹配和提取相关词语；听到的句子又比较复杂，头脑难以对之进行分析和监控，一时形成不了语感，就难免陷于“耳生则惑”的境地了。

2. 跳跃的大与小

聆听能力再强的人，也必然在听的过程中，有所跳跃，但这并不影响理解。这是因为人们的大脑记忆中存有许许多多的生活经验，其中包含各种各样的事件情节、人物形象，丰富多彩的日常生活等等，这些经验性的东西经过头脑的加工，已抽绎成为各类心理图式。人们凭借这些图式，可以越过跳跃的地方而把前后意思衔接和连贯起来进行判断和理解。这是听力理解之所以允许跳跃的心理原因。跳跃有两种情况，一种是主动跳跃，即舍弃无关紧要的词语，把有限的听觉感受的时间集中在有效的关键词语上，节省时间和精力，获取最有用的信息；一种是被动跳跃，即遇到生词和难句，被迫地跳跃过去，将前面已经听懂的语句跟后面即将要听到的信息遥相连接，从而达到大致的理解。后一种情况是比较常见的，而且会不会跳跃、善不善于跳跃，还能衡量学生听的能力和水平。所以汉语水平考试(HSK)的听力材料中总会掺有少量的新词和少量的新语法点，要求考生经过跳跃来理解材料的意思，在大致理解的基础上，攫取跟试题有关的信息而进行答案选择。但是词语和句子的跳跃必须有个度，超过了这个度，跳跃太大，信息脱节，即使头脑中贮存的图式再丰富,也无法衔接前后的意思,最后导致不知材料之所云的结果。书面语的词语丰富而多彩,句子冗长而复杂,即使用视觉去阅读,中间还可能唤醒其语音形式,尚且有一些难词、难句要猜测或跳跃,更何况是单一地用听觉去感受和接收,其词语和句子的跳跃,跨度自然就更大了。这就是外国学生听书面语朗读或新闻广播比较难以接受的原因。因而,让外国学生听新闻广播,一方面对他们所建构的词语模式要有充分的了解和估计,另一方面对材料的难度也应进行筛选和控制。

3. 理解的易与难

口头的话语比较朴素,很少雕琢,有点像白描,只具轮廓,外国学生容易听懂和理解。而书面语,叙述中夹有描写、抒情、议论的成分,语句比较凝练,有时还很含蓄,犹如锦绣,精致细腻,外国学生不易听懂和领悟。例如,书面语中的"西湖风景如画",在对话中可能说成"西湖的风景像一幅图画一样";书面语中的"堤上桃红柳绿",在对话中可能说成"堤岸上面桃花红,柳枝绿";书面语中的"湖上游船穿梭",在对话中可能说成"湖面上游船来来往往"等等。由书面语转化成口语,就像把文言文翻译成现代汉语,需把凝练的语句冲水化开,把含蓄内藏的意思用平实的词语表达和显露出来。这样,就为听觉的感知和接收创造了通俗易懂的条件。再则,口语的说话者和书面语的作者,在用话语或文字传递自己的意图时也有区别:说话者会不厌其烦,尽量把话说得通俗一点,清楚一些,把头脑里的意念平铺直叙出来;作者则力求精炼,没有多余的文字,把内涵丰富而深沉的思想感情浓缩于尺幅之中。这对于听者来说,在感知和接受口语时,话语的意思立即在头脑中得到整合而领会;而在感知和接受书面语时,即使勉强捕捉住了作者那浓缩而凝练的文字信息,还只是表面的领会,尚需用自己的世界知识和生活经验去想象和补充语句的深层含义。例如,听书面语:"衔远山,泛粼光,舟船点点，游客喧笑，好一派西湖美景。”如果没有观赏湖光山色的知识和经验，没有镜头摄像或欣赏画展和摄影展上展出的风景画和风景照的经历，那么对于作者所用的“衔”“泛”“点点”“喧笑”等词语难以产生共鸣，也难以体验作者那愉悦的心情。虽然听口语也需要世界知识和生活经验做铺垫，但那毕竟要浅近得多。总之，口语与书面语理解的难易，既取决于模式建构的充分与世界知识和生活经验积累的丰富，也与模式匹配和提取相关。口语通俗、直白，学习者匹配较为熟练，识别提取迅速，组合与系联就比较容易。书面语凝炼、含蓄，相对而言，学习者匹配比较生疏，识别提取迟缓，则组合与系联的效率自然降低，从而增加了理解的难度。

从语体对听力理解的影响可见模式的应用涉及诸多因素。就听力教学而言，语言模式的应用跟模式的建构、模式的匹配和提取密切相关，缺一不可。而事实上，语言其他技能的教学，诸如会话、阅读、写作莫不如此。

第五节　模式应用示例：关联词对欧美学生阅读理解的影响

阅读理解，由视觉神经接收外界的文字刺激，传递到大脑语言中枢，在那里进行编码和贮存、解码和匹配、提取和整合等一系列的心理加工活动，从而得以理解文字形式所蕴涵的信息和意义。汉语作为第二语言的阅读亦如此。文本阅读，须进行大量的模式建构、模式匹配和提取，通过语言模式的应用，最终才能完成阅读和理解的认知任务。

汉语文本通过句子把多个事件关联起来，并显示其中的种种关系。这种关联，有的是有形的，可依仗一些关联词语镶连；有的是无形的，只依靠句子内在意义的会合。阅读汉语文本，必定要接触和解析复句，而汉语复句内部分句之间的逻辑关系，就是通过无形的意合法和有形的关联词语来显示的。读者如果遇到意合法的复句，其中的内在关系要靠读者运用自己的世界知识去判别和推测；如果遇到有关联词语的复句，读者可直接凭借关联词语所显示的逻辑意义去推断。例如，在一个复句中，用上了“因为……所以”“虽然……但是”“即使……也”“如果……就”等关联词语，那么分句之间的逻辑关系和意义联系就非常清晰明了，读者一眼就能断定和理解。这正是关联词语反映了复句的各个分句之间的逻辑和意义，突显了复句的类型。汉语作为第二语言的阅读同样如此，复句的把握与理解关系到词语模式、句子模式以及思维模式的建构，关系到模式的匹配与提取。如果说，这是内隐的认知规律的作用；那么，外显的就反映在汉语书面语阅读的效率。要理解复句就必须把握复句内部分句之间的逻辑关系。复句中有大量用关联词语来显示复句内部逻辑关系的情况，因而，关联词对汉语作为第二语言的阅读理解产生重要的影响。

一、研究的问题

与日韩学生相比，欧美学生一般在汉语阅读，特别是篇章阅读方面比较容易遇到困难。除了汉字方面的障碍外，汉语书面阅读材料，尤其在比较正式的文章中大量使用的复句，在表意方面较单句复杂，逻辑性更强，更容易给欧美学生的汉语阅读理解造成困扰。基于经验，我们一般认为，掌握复句中的关联词是理解各分句间的逻辑关系、正确理解复句和篇章意义的关键。但对于欧美学生来说，关联词对理解文义的作用究竟有多大，尚无比较科学的测定和确切的论证。因此，本节尝试通过实证研究的方法，验证关联词对欧美学生阅读理解所产生的影响，[①]进一步论证语言模式的应用跟模式的建构、模式的匹配和提取密切

① 本节所进行的实证研究是与张蔚博士合作完成的。

相关。

二、研究方法

1. 研究对象

本研究的对象为华东师范大学对外汉语学院的欧美汉语进修生。总人数 37 名，其中前测 4 人，正式测试 33 人。被试为经过分班测试进入汉语中级班学习的学生，汉语水平为新 HSK4 级到 5 级(测试结束的一个半月后，班上水平较好的部分学生参加了新 HSK5 级考试并通过)。被试学习汉语时间为一年半到两年，上课使用的阅读教材为《桥梁：实用汉语中级教程(上)》(陈灼，2004)，基本反映了被试接受测试时的阅读水平。

2. 研究工具

(1) 选取测试题

研究采用实证研究的方法，验证复句中关联词的理解对欧美学生的阅读理解是否产生影响。研究选择了老版 HSK 初中等考试阅读部分 2005 年 12 月的真题和新版 HSK 5 级考试中的阅读和书写第一部分的模拟题共三篇阅读试题。这三篇阅读材料整体上难度适中，且均包含一道与关联词及复句关系的理解紧密相关的试题，例如：

“上中学的时候他就读了《二十四史》和《资治通鉴》，这两本书连大学历史系的学生读起来都感到困难，他却一遍又一遍地读。”

题：根据上文，《资治通鉴》是：

A. 很难读懂的法律书

B. 很难读懂的历史书

C. 给中学生读的历史书

D. 给大学生读的历史书

三篇文章中包含的三组关联词“连……都”“只要……都”“从而”都

属于汉语水平考试[①]甲级词。这三篇阅读理解原题组成卷 A，共计 12 小题。

(2) 替换关联词

我们将卷 A 中的三组与答题有关的关联词"连……都""只要……都""从而"分别替换为汉语水平考试丁级词词表中的，关系相同且意义相近的关联词"尚且""但凡……皆""甚而"。替换后不影响复句及文章的意思，但中级汉语水平的学生在课堂上尚未学习这三组关联词，从而给学生阅读理解造成困难。我们将这三篇经过修改的阅读理解题作为卷 B，与卷 A 相比，只是在篇章中进行了三组关联词的替换，试题和答案均没有变化。

3. 研究程序

(1) 前测

为了验证测试中所选用的六组关联词学生是否已经掌握，我们随机选择了 4 位学生进行了前测(这 4 人不参加后续的正式测试)。我们将包括这六组关联词在内的 15 组关联词制成一张列表，请这四名学生按已学过和未学过进行归类。结果，4 位学生全部学过 A 卷中的三组关联词"连……都""只要……都""从而"，而 B 卷中的三组关联词"尚且""但凡……皆""甚而"则都没有学过。我们由此判断卷 A 和卷 B 的关联词设计合理。

(2) 正式施测

我们将试题作为课堂练习，由任课教师发给学生当堂独立完成后回收，过程中不允许使用词典。在发放试题过程中，我们要求教师注意将卷 A 和卷 B 按 1:1 的比例发给欧美学生。由于中级水平的欧美学生数量有限，我们的研究历时一年，研究对象包含两届共六个平行班，每届均是在该学期结束前两周发放，保证学生汉语水平相近。共回收有

---

① 此处所指汉语水平考试(HSK)为 2010 年以前推行的老版汉语水平考试(HSK)。

效问卷33份,其中A卷17份,B卷16份。

三、研究结果

利用SPSS18.0对学生答题的正确率进行分析,发现能否正确理解复句中关联词对欧美学生的阅读理解产生了影响。具体结果如下。

1. 所有试题平均正确率

A卷17人全部12道题的平均正确率为81.37%,B卷16人全部12道题的平均正确率为76.56%,进行T检验,$p = 0.081$小于0.10但大于0.05,说明A卷和B卷的所有试题的平均正确率之间有差异但不显著。

2. 三道关联词试题平均正确率

A卷三道关联词试题的平均正确率为82.35%,B卷三道关联词试题的平均正确率为62.50%,进行T检验,$p = 0.000 < 0.05$,说明A卷和B卷的三道关联词试题的平均正确率之间有极其显著的差异。B卷的平均正确率明显低于A卷,说明由于学生尚未学习B卷中三道题所涉及的关联词,因而影响了对阅读材料的正确理解。

3. 三道关联词题与其他试题的正确率比较

A卷除三道关联词题外的九道题的平均正确率是81.05%,B卷除三道关联词题外的九道题的平均正确率是81.25%,进行T检验,$p = 0.227 > 0.05$,说明A卷和B卷除三道关联词题外的九道题的平均正确率没有显著差异,说明A卷和B卷所有试题的平均正确率的差异几乎完全来自于三道关联词题。

将A卷的三道关联词题与其余九道试题的平均正确率进行比较,$p = 0.161 > 0.05$,没有显著差异。将B卷的三道关联词题与其余九道试题的平均正确率进行比较,$p = 0.000 > 0.05$,有极其显著的差异,说明B卷三道关联词题的平均正确率明显低于其他九道试题。

四、原因分析

汉语阅读理解是在学习者已有的汉语词汇、句式等语言知识和汉文化常识的基础上进行的。一般阅读时采用了实词策略、语境策略和逻辑推理策略。[①] 也就是说，阅读者先把视觉接触的文字信息，通过匹配和选择，切分为词语，其中特别是概念和含义比较清晰、具体的实词，将这些词义连贯和组合起来，就形成了一连串的命题和句子，显示出一定的意义。这时，阅读过程就从实词策略过渡到了语境策略。当然，由实词所构成的语境，还只是某段话语意思的雏形，比较粗糙和笼统，尚需大脑机制的进一步加工：推敲上下句子之间的意义衔接和其中的逻辑关系。此时，标志词(关联词语和其他虚词)就会从中起着关键或重要的作用，它们能够使句子之间的逻辑关系更为明确。学习者凭借关联词可以推知上下句子中所蕴含的连贯、并列、递进、因果、假设、转折、让步等逻辑意义，从而更为准确地掌控和把握复句或几个句子之间的意义关系。这里，学习者已建构起来的关联词的词语模式同尚未建立或处于接收、消化阶段的新的关联词词语模式，对于句子意义的理解和把握是会有较大的差异。这是造成和产生上述研究结果的根本原因。

1. 已知关联词可促使句子之间的意义关系明朗化

A 卷中的三组关联词是学生以往学习过且熟知的词语，用在句子中的语法意义和语法作用也是学生经常领会和体验的。一看到这样的关联词，马上能推知句子之间的逻辑关系。如“强风将地面沙尘吹起，从而大气能见度急剧降低。”学生知道“从而”有因果的关联作用，即前面是因，后面是由因及果的推论。它带有某种描写性，因此肯定不是沙尘暴的定义。又如“只要……都……”这一组关联词，更是学生常用的假设句子，它们内部的逻辑结构乃是由假设推论其结果的关系。学生很快能把“不像现在有些书店的服务员只要有问题都说不知道”演绎为“不像现在有些书店的服务员，只要你有问题提出来，他们都说不知

---

① 张必隐. 阅读心理学[M]. 北京：北京师范大学出版社，2004：112，115－116，119.

道。"即是书店服务员回答不了读者或购书者提出的一些问题。由此可以断定他们的业务知识太少。这样,选择答案就比较有把握了。再如"连……都……"这一组关联词语,学生在课堂上或教科书里较早地学习和接触到,他们熟知这是汉语中特有的强调式。"连"后面跟的是强调的对象或项目,分别有强调主语、宾语或谓语的作用,①"都"后面的语句是就强调对象或项目而进行的描写或判断。他们读到"这两本书连大学历史系的学生读起来都感到困难,他却一遍又一遍地读。"就能够明白这里强调的是主谓短语"大学历史系的学生读起来",既然突出"历史系",那肯定是他们的专业书"历史书"了;同时进而也否定了"一般大学生所读的历史书"。

正是在这些已建构的关联词词语模式的导引下,促使句子之间的意义关系更加明朗化,有利于学生准确地阅读理解,从而选择答案时较少偏误。这就是A卷三道关联词试题的平均正确率高(82.35%)的根本原因。

2. 关联词改变句子语序对语义理解的影响

句子模式由结构、功能、关系三部分的线索所构成。语序提供了可供编码的结构区线索。汉语的句子语序一般来说是有定的,句中的词语孰前孰后有一定的常规,学习者阅读时也常常借助这样的语序来理解。但也有因强调的需要而作语序上的调整。例如"大学历史系的学生读这两本书也感到困难",这是极为多见的符合常规的句子,现在出于强调的需要,句子加上了一对关联词语"连……都……",于是语序也作了相应的变化,把"大学历史系学生读" 的对象"这两本书"提到了前面,句子变成"这两本书连大学历史系的学生读起来都感到困难"。② 由于这样的语法结构是学生熟知的,他们很自然地把注意的重心放在"大

---

① 李德津,程美珍.外国人实用汉语语法[M].北京:华语教学出版社,1988:608.

② 同上书,p.609.

学历史系的学生读起来”以及“感到困难”这两个短语上，从“历史系”和“困难”很快得出这是“(很难读懂的)历史书”，而不是“给大学生读的历史书。”

B卷上用“尚且”替代“连……都……”这一组关联词，也带有强调语气，因此“这两本书”也提到了句子的前面：“这两本书大学历史系的学生读起来尚且感到困难，他却一遍又一遍地读”。然而“尚且”这个关联词，是学习者没有接触过的、尚未建构的词语模式，因而阅读时只能跳跃过去。他们不知道用“尚且”也可把有关宾语提到句首。因此阅读时，“这两本书”和“大学历史系的学生”以及“读起来感到困难”之间是什么关系搞不清楚：是这两本书难读？是大学历史系学生难读？还是大学学生难读这两本历史书？这几种意义关系在测试的短时间里是难以确定和判断的，所以这道题的答题错误率较高。

3. 陌生关联词妨碍句子之间意义关系的判定和确立

B卷中“但凡……皆……”替换了“只要……都……”这组关联词，“甚而”替换了“从而”这个关联词。这些关联词都是学习者尚未建构的、陌生的虚词词语模式。他们阅读时，从心理词典和长时记忆储存的语言知识中都搜寻不到，无法匹配和提取出来跟实词的词义一起整合。① 唯一的办法就是干脆跳跃或胡乱猜测。例如“不像现在有些书店的服务员但凡有问题皆说不知道，只是叫你自己去查电脑。”学习者跳过“但凡……皆”这两个文言虚词后，将实词意义加合起来，结果搞不清是“服务员有问题说不知道”，还是“顾客有问题服务员说不知道”，因而答题的命中率自然就低。

再如A卷中的“强风将地面沙尘吹起，从而大气能见度急剧降低。”其中的“从而”是学习者熟悉的、已经建构的词语模式，他们知道“从而”

① [美]R. L. 索尔索. 认知心理学[M]. 黄希庭等译. 北京：教育科学出版社，1990：57－59.

可以连接和表示因果关系，属于描写性的语言，肯定不是下定义，因此很果断地把它排除在“沙尘暴”的定义之外。而B卷用“甚而”替换“从而”。“甚而”一词是学习者从未接触过的、尚未建构的词语模式，对它的意义和作用毫不知情，很可能猜测成跟“而且”相类的词语，整个句子意思是描写性的还是判断性的，一时把握不准，因而答题也可能出现错误。

阅读过程中，实词词语的熟悉度是关键，而虚词词语，特别是关联词语，对句子意义的理解和逻辑关系的判定，有着重要的作用。① 上述的实验已经证实了这一点。同时也启发我们，只有通过模式的应用才能真正落实模式建构、匹配和提取，从而实现汉语作为第二语言教学的根本目的。

① 张必隐.阅读心理学[M].北京:北京师范大学出版社,2004:119.

第八章　语言练习与语言实践

练习是训练记忆、思维和应用的有效措施。语言教学,如果光讲不练,即使外界的语言信息输进学习者的大脑记忆库,也只能作为一种静止的、没有活力的知识,需要应用时,很难激活它们。更何况大部分暂存在短时记忆中的语言信息,因为得不到及时的复述或再现而被淡忘、消失。任何一门课程,在学习过程中都必须得到及时的、充分的练习,在练习中巩固知识,在练习中发展知识,在练习中应用知识,语言尤其如此。外语教学和汉语作为第二语言教学都特别重视课堂内外的练习,把它作为教学设计的有机组成部分。汉语作为第二语言教学从外语教学中吸收并在自身实践的基础上,针对汉语的特点创造了大量行之有效的练习,这对于外国学生巩固和应用已学的汉语知识起着重要的作用。然而,这些练习还只是一种外显行为。对于教师来说,还应该了解其中隐含的认知规律以及接受知识的内化过程,这样才能自觉地、有意识地安排、调整练习的形式和练习的数量,使练习真正发挥巩固知识,并将知识转化为能力的作用。

第一节　语言练习设计的认知因素

根据认知特点,我们把汉语作为第二语言教学常用的语言练习形式归纳为下列几个方面,并就其所隐含的认知因素加以分析探讨。

一、扩散性练习

扩散性练习是由某个词语的意义联想和系连到其他有关词语的一

种练习。常见的有写出或替换同义词(如“雄伟的建筑”,由“雄伟”联想、系联到“宏伟、巨大”等词语),写出反义词(如由“清静”联想、系联到“热闹、嘈杂”等反义词),给名词配上量词(如“一座山”“一口钟”)等。

这类练习的认知机制是,当外界的语言刺激信息为大脑神经所接收,就会激活贮存于记忆中的与外界信息相同或相似的语言模板或模式。由于头脑中的词语是以词义网络形式链接在一起的,即相关的词语结节犹如用连线互相勾连而形成一张关系网。平时,“大多数结节都在长时记忆库中,缺少活性。当一个结节的任何要素被激活时,全部要素都被激活;一个结节还可以激活另一个结节。”[①]因而被激活了的词语模板或模式(如“浩瀚”),通过连线又激活扩散到相关的词语:同义词(如“浩渺、广袤、无垠”)、反义词(如“渺小、狭隘”)、类义词(如“渊博、深邃”)等。学生就可根据题目要求,在业已激活的词语中,选择合适的词语来替换、对照或搭配,造出诸如“浩瀚的大海”“广袤的原野”“渊博的知识”“渺小的人生”等词组或语句。经常进行这类训练,扩散的线路畅通而近捷,提取有关的词语模板或模式准确而迅速,就有助于词语的辨认和理解。

二、组块性练习

组块性练习是一种由词语扩展为词组的练习。常见的有:为名词配上定语(如 “陡峭的山壁”“来往的车辆”等),为动词配上状语或宾语(如“迅速发展”“发展经济”等),为形容词配上中心语(如“远大的理想”“宏伟的目标”)等等。

组块性练习实际上是在进行词组的搭配训练。我们剖析一下言语,不难发现,入句的词语多数是词组。学习者在遣词造句进行说话或写作时,要调遣有关词语把头脑中的意念表述出来,首要的任务是把词

---

① [美]R. L. 索尔索. 认知心理学[M]. 黄希庭等译. 北京:教育科学出版社,1990:106.

语合成词组,再整合为句子;而在听读话语时,如果能够以词组作为接收单位,则可加大短时记忆的容量,也就是说,“把记忆项目组合成组块,可以增加记忆容量”,①以便于大脑的接收、加工和整合、理解。因此,通过组块性练习,把学生头脑里语言网络中的一些词语结节同另外一些词语结节经常地联系在一起,自然地形成一个个神经活动型式(即组块),那么一旦需要时,就可把这样的模块(整个词组)一起提取出来加以应用。这样既便于理解语义,又方便组合成句子来表达,省却了临时把词语一个一个选取出来再进行搭配的时间。而词组这种组块,实际上包含和浓缩了有关的语法结构与内在的意义联系,词组积累得越多,学生对言语的反应也越快。

三、制约性练习

制约性练习是受上下文与语境的限制而判别并选择词语或词义的一种练习。常见的有:选词填空(如“2022 年冬奥会将在北京－张家口________。”从“主办、举行、举动、举措”四个词语中选择正确的词语填入空格。)和选择确切的词义(如“上海市政府和申城市民努力申办 2010 年的世博会,终于得到了世界组织的核准。”其中“申办”的语义是:A. 上海办理　B. 申诉办公　C. 申报举办　D. 声明举行。从四个备选项目中认定。)等等。

众所周知,“语境和上下文在语义分析中是一个主要的因素,在某种程度上限制了语句的语义关系,对于理解产生着重要的影响。”②语言心理学称之为语境或上下文效应。这种效应是无所不在的。“对于一篇没有上下文的语言材料,人们很难理解,甚至会发生许多误解现象。”“上下文可以帮助人们找寻恰当的语义关系,对句子做出合理的解

① 桂诗春. 实验心理语言学纲要[M]. 长沙:湖南教育出版社,1991:195.

② 彭聃龄. 语言心理学[M]. 北京:北京师范大学出版社,1996:162.

释。"[①]当语义中的某些片段被知觉后，就成为目标词的限制因素(如上述例子，"冬奥会将在北京一张家口"的语境，限定了后面的目标词"举行")。学习者借助这些因素做出猜测，将选择项(词语或词义)限制在与感觉信息相符合的范围内；并凭借自己积累的有关客观世界的知识(包括语言知识)，将其作用于当前所接受的语言刺激，就可从几种可能性中选出一个最可能的答案。(如上述的例子，"在北京一张家口"的上文，规定了目标词只能是"举行"。如果上文是"由北京一张家口"，则目标词就会落到"主办"这个词语上。)这类练习涉及对语境与上下文的把握，对当前所接受的语言刺激的正确判别，以及对世界知识的积累与应用，练习的效果密切关系到学习者理解水平的提高和交际表达的通畅。

四、组合性练习

组合性练习是一种按照汉语语序和规则将词语组合为句子的练习。常见的有:组词成句(即写一段简短的话语，将题目所提供的词语组织到句子中去)，给词造句(即规定一些词语，分别按规定的句式造句)，将无序的词语整理成句(即将散乱的词语按照一定的规则和语序重新整理为正确的句子)，等等。

汉语缺乏形态，词语在句子中的功能和作用基本上依靠语序来实现。汉语的这样或那样的句式，是由大量的同类句子归纳而成的，所归纳出来的某种句式的句子成分的横向线性次序，实际上就是该种句式的语序规则。诸如"把"字句、"被"字句、"比"字句、"有"字句、"是"字句、存现句、连动句、兼语句等等的语序都是如此归纳而获得的。在练习中对照母语，熟悉与掌握汉语的各种句式的语序，才能顺利地组合和产生句子。贮存于大脑长时记忆中的知识有陈述性知识和程序性知识。如果说各种句式的规则是陈述性知识，那么按照句式的语序产生

---

① 彭聃龄. 语言心理学[M]. 北京：北京师范大学出版社，1996:164.

出句子就是程序性知识。组合性练习的作用就是把陈述性知识转化为程序性知识。练习题提供了数个或十多个词语，由学生从大脑记忆网络中提取相关的句子模式，将现有的词语按句子的语序排列组合起来，生成句子，表达一定的意思。这类练习虽然是说话或写作的局部性训练，有点儿机械和呆板，但有助于提高表达能力。

五、聚合性练习

聚合性练习是按照某种句式的横向语序，对其中的句子成分进行词语替换的一种练习。其练习的主要形式是句子成分的词语替换，包括名、代词替换、形容词替换、动词替换、副词替换等等。例如，人们（可用代词“我们”或名词“同学们”等替换），非常（可用副词“十分”“极其”等替换），愉快（可用形容词“高兴”“欢乐”等替换），欣赏（可用动词“观赏”“参观”等替换），音乐（可用名词“舞蹈”“博览会”等替换）。

同类句式的语句，从纵向的聚合性来考察，可以得出能够充当该语序中各句子成分的词类。因为相同句式的语句，从纵向来审视，其中充当句成分的词语，其词性有定，其语义的类别（义类）如表示性质还是状态，表示具体动作还是抽象行为，表示处所、对象还是事物，表示程度还是范围等也大致有定，这就是聚合关系。[①] 聚合关系是词语替换的基础和先决条件。这些可替换的词语都在学生头脑的知识网络上，激活某一个（如“欣赏”），就能激活一串相关的可替换词语（如“观赏、赏识、赏光、玩赏、赏析、浅赏”等），任由学生挑选。这样，聚合性练习就可以训练学生自如地、多样地、恰当地造出多个句子来表达自己的意思。

六、转换性练习

转换性练习是由一种形式转换成另一种形式的练习。这类练习主要有知识转换、听说转换和命题与语言形式的转换。

---

① 朱纯.外语教学心理学[M].上海：上海外语教育出版社，1997：228.

1. 知识转换

知识转换的练习，常见的有：句式变换（如陈述句变换为疑问句，感叹句变换为反问句等），按语法规则造句（如按存现句、“比”字句等句式规则造句），等等。

上文说过，知识在头脑中的贮存形式有两类，即陈述性知识和程序性知识。学生通过教师讲解（或自学）所获得的语法项目还只属于陈述性知识，一般不能直接产生句子。不过该类知识可以充实、改变、完善学习者头脑中已有的知识结构，有助于接收和同化新的知识，加速对语言材料的理解。陈述性知识是静止的，没有活动能力的，激活的结果只是知识信息的再现；必须将它们转变为程序性知识，才有活力，才能应用，激活的结果是信息的转换、辨认或产生句子。[①] 汉语作为第二语言的语法教学，其任务不仅仅是传授语法知识，更为主要的是要促成陈述性知识向程序性知识的转换。

程序性知识包括型式识别和动作——次序程序。型式识别是指认识和区分内在和外部刺激的能力。[②] 主要表现在概括和区别上面。所谓概括是让一个产生式能用之于更多的场合，也就是说，“概括的机制会找寻共同条件，然后创造一个保存共同条件的产生式并删除其他任何独特的条件。”[③]比如，识别苹果的共同体条件为：圆圆的、香香的、红黄色的、味甜而带水分的。这里删除了红蕉、黄蕉、秦冠、富士等不同品种的独特条件。所谓区别，则与概括相反。“概括可以扩展一个程序的应用范围，而区别则限制这个范围。”[④]比如，在识别苹果的共同条件基础上再加上：果肉脆脆的（则是富士）；果肉酥酥的（则是黄蕉）。可见进

① 桂诗春. 实验心理语言学纲要[M]. 长沙：湖南教育出版社，1991：183.

② 同上书，p. 180.

③ 同上书，p. 188.

④ 同上书，p. 188.

行区别的结果是增加一个产生式的条件。概括和区别在学习和判断语法规则方面有较大的作用。例如，“哥哥比弟弟高”“哥哥比弟弟高五公分”“哥哥比弟弟高得多”三个例句，从概括角度看，它们都是“比”字句；从区别角度看，则同样是“比”字句，大同之中有小异：“哥哥比弟弟高”是一般的比较；“哥哥比弟弟高五厘米”“哥哥比弟弟高得多”，因为在形容词后增加了数量或程度补语这样的产生式条件，因而把比较的结果引向具体化。

动作—次序程序，是将陈述性知识(如一种句式或一个语法规则)分解为若干可进行操作的步骤，按照这些步骤产生所需的动作或行为(包括语言行为)。比如，汉语“比”字句的语序规则是：被比项 ＋ 比 ＋ 比项 ＋ 形容词。这尚属于陈述性知识，可以将其分解为下列几个产生式步骤：

(1) 如果　造“比”字句，在介词“比”前要有被比项
　　　　　且“哥哥”是被比项
　　那么　句子应为：哥哥比……

(2) 如果　造“比”字句，在介词“比”后要有比项
　　　　　且“弟弟”是比项
　　那么　句子应为：哥哥比弟弟……

(3) 如果　造“比”字句要有形容词作谓语
　　　　　且“高”是形容词
　　那么　句子应为：哥哥比弟弟高

设若学习者要造更为复杂的“比”字句，则需增添产生式步骤和条件。

(4) 如果　造“比”字句要用补语表示比较的具体结果
　　　　　且“五公分”(或“得多”)是补语
　　那么　句子应为：哥哥比弟弟高五公分(或“得多”)

运用系列产生式生成句子，这是一个缓慢的过程，中间可能经历很多挫折，最后才达到熟练和自动化。因此，这种知识的转换，可以说“是一个由陈述性知识指引的动作—次序过渡到由程序性知识指引的过程。”①

2. 听说转换

听说转换是把听到的内容加以答复或复述的一种转换练习。常见的练习形式有：问答式（提问和回答），视听说（边看画面边听话语，然后进行复述或对答），听后复述（听语料，按要求复述大意、复述情节或复述细节），等等。听是话语的输入。外界的语言刺激信息（比如“公司要招聘一名销售经理”这个句子信息）为听觉所接收，由听觉神经传导声音信息（比如 gongsi yao zhaopin yiming xiaoshou jingli 的音声）到短时记忆，经过编码加工，从长时记忆匹配和提取同声音刺激相似或相近的声音码（即跟上述的音声较为接近的声音）到工作记忆，通过单词处理器、句法处理器和语篇处理器的分析与综合，②将声音码转换成词语（如把 gongsi 转换成“公司”或“公私”，把 yao 转换成“要”或“邀”，把 zhaopin 转换成“招聘”或“照片”，把 xiaoshou 转换成“销售”或“消瘦”，把 jingli 转换成“经理”或“精力”），并按语法规则整合为语句（如将上述所转换成的词语，从语法和语义角度来选定词语，并整合为句子），从而进行理解或贮存。与聆听相反，述说是输出，是把头脑中的意念和想法，经过话语计划（酝酿说话内容，如：想应聘、有信心、这个职务）、话语建构（选择词语组合为语句，如：我有信心应聘销售经理这个职务）、话语执行（把语句转换成语音码，如：wo you xinxin yingpin xiaoshou jingli zhege zhiwu 的音声）三个阶段，③最后通过口腔发而为声。听是说的基础，听懂是大脑认知机制不断把接收到的言语信息进行解码的

① 桂诗春. 实验心理语言学纲要[M]. 长沙：湖南教育出版社，1991：189.

② 同上书，p. 353.

③ 同上书，p. 414.

结果(如将听到的音声通过解码,整合为:公司要招聘一名销售经理);回答是大脑认知机制对输入的言语信息做出的反应(如将头脑中的意念和想法组合成:我有信心应聘销售经理这个职务,并转换为语音传达出来)。听力理解,除了对外界的语言刺激信息进行接收和加工外,还要求听者把自己所积累的世界知识和生活经验补充、融入、赋予到所接收的话语中,从表层形式到深层意义,充分领会和理解说话者蕴含在话语中的意图和含义(如"华强公司靠打价格战来占有市场" 这句话,就要求听者有"打价格战"的知识和"不断降低价格来挤压对方"的商业经验来理解,才能深刻领悟"占有市场"的手段和含义);同时撷取其中的情节、精华和要点,或者重新组织话语来复述(如把上述话语改换成"华强公司占有市场,主要靠不断地降价来取得的"来表述),或者酝酿和构思对答的意向和观点,建构话语来应对和表述(如说出自己的意见"华强公司靠打价格战来取得市场是不能持久的")。听者和说者的角色不断变换,听和说的心理活动轮番进行,交际才得以有效实施。因而,这类转换练习,可以提高学习者的交际会话的能力。

3. 命题与语言形式的转换

命题和语言形式的转换是一种将头脑中的意念(即命题)转换成言语,或者将听到的话语析为若干个命题来理解的练习。常见的有:看图写话(即把图画刺激在头脑中引起的意念语言化),阅读后回答问题(即把阅读的语言材料命题化,并根据这些命题重新组织语句来表述和回答),复述(即把阅读的语言材料命题化,然后用自己的话语转述),等等。

命题相当于头脑中的一个意念,它是最小的知识单位。命题包含两个因素:关系项和主项。主项是命题的题目,一般由名词、代词充当,也可由动词、形容词充当;关系项是谓项,对主项起限制作用,一般由动词、形容词、副词充当。[①] 一句话中可以只有一个命题,如“学生学习”;也可以包含几个命题,如“新学生努力学习”,其中“学习”限制了“学生”,“新”也限制了“学生”,“努力”限制了“学习”,这个句子就有了三个命题。学习者说话,首先得在头脑中酝酿某个意念或想法(如酝酿了三个命题:有[我们,对手];竞争[三个,对手];有力[强]),然后再从长时记忆中匹配、选择和提取相关的词语,按一定的句法规则构建话语来表述(如上述命题转换成语言形式:我们有三个强有力的竞争对手)。学习者听他人说话,所接收的语言刺激信息传入大脑,经过单词处理器、句法处理器和语篇处理器的加工分析,最后贮存进大脑的往往是命题。以后回忆,表述时由命题再转换成言语形式,但可能已不是原句原话[②](如上述命题表述时可能说成:我们的对手有三个,都是强有力的)。所以语言形式转换成命题,或命题转换成语言形式,是学习外语、应用外语的必由之路。这种转换对于提高学生运用汉语思维和表达的能力,有着极为重要的意义。

七、思维性练习

思维性练习是一种组合句子为句群或段落的练习。常见的有:单句组合成复句(提供两个以上的句子,根据组合关系联成复句),关联词语造句(提供成对的关联词语,造双重复句或多重复句),句群或段落间加词语关联(显示语段间的逻辑关系)等等。

思维的最基本形式是由概念和判断构成的命题,而命题的外在表现是言语形式。复杂的思想,常由一连串的命题系联、推理而成,表现在外部的形式就是复句、句群、或段落。复句与复句之间,句群内部的句子之间,段落内部的句群之间都必须有机地、缜密地衔接和关联,形

① 桂诗春.实验心理语言学纲要[M].长沙:湖南教育出版社,1991:136.

② 彭聃龄.语言心理学[M].北京:北京师范大学出版社,1996:147.

成事理的相并、相承、相因等种种关系，这就是思维。虽然学习汉语的外国学生大多是成年人，具有娴熟的运用母语思维的能力，但对运用汉语思维还有个培养、发展和熟练的过程。这里牵涉到两个第二信号系统之间的联系和转换。“掌握外语和掌握本族语的神经机制是近似而有区别的”。①外国学生掌握母语是建立了本族语的第二信号系统，现在要学习汉语，那是要再建立一个不同于本族语的第二信号系统。本族语与目的语虽然同样属于第二信号系统，但毕竟是两种不同的语言系统，对同一个事物会有不同的观察点和文化差异，由此而归纳、建立起来的概念势必会有不同。很多表示事物、行为、性状方面的词语不一定完全对应(如“孤立”在“隔离”意义上相当于 isolated，而在“孤单”意义上则相当于 lonely)，即使是对应词，也可能没学过而没法提取，或学习不牢固而提取不出。而且两种不同的语言系统，其句法规则也有较大的差别。外国学生当其处于汉语的学习阶段，常常是先用母语思维，然后再转换成汉语来表述。由于概念的差异和句法的不同，给思维和转换带来一定的困难。例如，欧美学生想说：“冬天气候干燥，春天气候潮湿”这样的话，他们先用母语思维：the climate is dry in the winter, spring the climate is wet。然后转换成汉语，但由于他们提取不出“干燥”和“潮湿”两个词语，于是说成了：冬天空气没有水，春天空气水多。这样的转换自然不怎么达意。外国学生说话或写作中所产生的中介语现象，其原因多半在于此。因此，加强思维性练习，对提高学生的汉语水平和汉语能力至为关键。

练习是要把留存在学生短时记忆中的外语知识及时地通过复述和重现输入长时记忆的有关网络，并通过再现、分析和概括，加强这些知识被匹配和被提取的活力，达到熟练乃至自动化的目的。汉语教师了

① 朱纯.外语教学心理学[M].上海：上海外语教育出版社，1997：82.

解上述诸类练习中所包含的认知因素,可以增强设计练习和布置练习的目的性,也有利于调动学生做练习和完成作业的自觉性和积极性,从而更好地促进知识向能力的转化。

第二节　语言实践在促进口语自动化中的作用

如果说,上文所分析的语言练习是一种静态练习的话,那么走出课堂的语言实践则是一种动态练习。要使学习者掌握语言知识,具备语言交际的能力,仅仅停留在课堂操练上是远远不够的,必须创造条件让学习者走出课堂,到真实的社会交际环境中去进行语言实践。这里包括问路、乘车、购物、银行开户或取款、寄快递、买票、托运、登机、打电话、订房间、上饭馆、理发、看病、约会、旅游、社会调查、访问、座谈等等。语言实践要求学习者把学过的语言知识应用于生活实际,可以说是学习者语言知识的展现;但语言实践不光是语言知识的输出,在交际过程中学习者也能吸收活的语言和知识,丰富和充实个体头脑中的语言知识结构。同时,还能锻炼和提高适应各种语境和场合的交际能力和会话能力。语言技能高度熟练的结果,在口语交际中表现为口语自动化,这是汉语作为第二语言的口语教学最高目标。语言实践对促进口语的熟练和自动化起到了很大的作用。

一、语言实践能促进学习者熟练地或自动化地产生话语

语言实践能缩短话语产生的过程,有效地把陈述性知识转化为程序性知识并促使词语和句式经常处于活动状态,便于匹配和提取。

1. 缩短话语计划、话语建构、话语执行的阶段和过程

话语的产生一般要经过话语计划、话语建构和话语执行三个阶

段。[①] 例如,一个外国学生,参观了南京路步行街,看到步行街的热闹景象,他要把这个意思(即心理代码)用汉语说出来,就得选择汉语词语和句子:“许多人”“来来往往”“热闹得很”等,将其组织成一定的话语,然后由头脑的语言中枢根据词语的语音和句子的语调,指令口腔肌肉动作,发出语音串来表达。依照具体的语境,他可能说出“南京路步行街人很多,真热闹”这样的话,也可能说出“我在热闹的南京路步行街看见许许多多来来往往的人”这样的语句,也可能说出“许许多多的人来到了热闹的南京路步行街”甚至“南京路步行街人山人海,热闹极了”这样较为复杂的话语。汉语程度不同的人,经历这三个阶段所需的时间长短不同。初学或学习汉语时间较短的学生,从计划说话的内容到构建句子、最后发出话语声音把意思表达出来,需要较长的思索、选择、转换和翻译时间,因而说起话来,断断续续、连贯性较差。而学习汉语时间较长、平时操练比较充分的学生,由于花在这三个阶段的时间相应减少,说话的反应就比较快,表达比较顺畅。如果教学较多地注意到课外的语言实践,学习者实际的说话机会比较多,而且由于在课外大量不同的情景中与不同的对象进行会话实践,头脑中贮存的词语和句式可以自由而灵活地组合和运用,那么由一个意思(认知心理学叫做“命题”或“心理码”)转变成话语的多种句子形式,再转换成一串语音,其间的转变或转换过程就比较熟练,“熟能生巧”,有些乃至自动化,用不到冥思苦索,所需的时间也因此而大大缩短。

2. 有效地把陈述性知识转化为程序性知识

话语产生的几个阶段中最为重要的是话语的建构。它需要学习者把陈述性知识转化为程序性知识。也就是说,要依据陈述性知识的提示,将其转化为一系列产生句子的程序,学习者凭此生成有关的句子。

---

① [美]R. L. 索尔索. 认知心理学[M]. 黄希庭等译. 北京:教育科学出版社,1990:106.

汉语作为第二语言教学的课程，如阅读课、听力课、报刊课等，其间所涉及的词语和语法等等，在相当程度上都属于陈述性知识的学习，在阅读和翻译时可以发挥其作用，但它不能直接产生句子或话语，只有通过课堂训练和课外实践，促使这些知识转变成为产生式(即程序性知识)，它才能生成句子和话语。例如，外国学生学习汉语的程度补语，知道它的定义是：程度补语是在动词或形容词后面补充说明所达到的程度的成分，一般由形容词或形容词词组充当。这时候，这条语法规则对学习者来说，还属于陈述性知识，不能直接产生句子。那就需要把它变成一系列的产生程序：

带程度补语的句子一般是：主语＋谓语＋得＋补语

而且，其中的谓语是动词或形容词

所以，句子应是：主语＋动词(或形容词)＋得＋补语

而且，其中的补语是形容词(形容词词组)

所以，句子应是：主语＋动词(或形容词)＋得＋形容词(形容词词组)

学习者如果把有关程度补语的陈述性知识转化为上述的系列性产生程序，他就只要选定词语、确定其词性，填进相关的位置，就能根据需要生成带程度补语的句子。如选定“他家”作为主语，选定动词“布置”作为动词谓语，选定“很漂亮”作为形容词词组，最后就推导出了：“他家布置得很漂亮”这样一个带程度补语的句子。按照这个原理，人们说出的每一句话，都得从有关句型的系列性产生式，经过一步一步的推导，才得以产生合适的语句。这样，说话的速度会相当迟缓。但事实上我们平时说话，一口气可能要说好几句话，而且常常是脱口而出，似乎不费什么力气。这完全是平时大量的语言训练和语言实践的结果。不过，课堂上的训练毕竟受时间和环境限制，往往在头脑中一晃而过，记忆不深，而课外语言实践有比较多的机会和条件听到有关的词语和句式，也

有比较多的机会和条件学说、模仿并应用该类词语和句式。经过多次的反复实践，课堂上学到的语言知识，已从定义或概念自动地转化为程序性的系列产生式，学习者可以依此生出无数同类型的句子。从这个意义来说，课外语言实践具体化、程序化了课堂教学所接收的语言知识。再者，学习者在模仿一个句型进行造句时，一般要依据产生式的程序逐层推导才能生成一个句子，但是通过大量的练习和语言实践以后，这个句型已不是抽象的一些句子成分的先后排列顺序的公式，而是由许多例句诸如“生活过得很好”“汗出得多极了”“昨天我们玩儿得很开心”“孩子们的脸冻得通红通红的”……聚合、归结而成。换言之，头脑中的每一个句式里面都包含着许多相当熟悉的例句，句子公式和例句紧密相连为一体。一旦学习主体因说话需要，激活了某个句式，同时也就激活扩散到这些例句，它们一个个次第而出，学习者只要稍加替换和改造就能造出符合当时语境的句子。也就是说，琐细的系列产生式因例句的作用已合并为几个大的产生式，这些大的产生式已是扩大化或固定化了的公式，学习者只要运作一步或两步就可到位，用不到根据系列产生式慢慢地逐层推导而生出句子。

3. 促使词语和句式经常处在活动状态

课堂上学习的语言知识，虽然经过反复练习贮存到了大脑库中，但如果闲置而不经常去应用，就会压在底层而很难使之活动，当然也很难提取出来。课外的语言实践活动就能弥补这个缺陷。因为语言实践涉及的面比较广泛，诸如日常生活的、政治的、经济的、历史的、地理的、文化的等等，人们在交谈中都可能会触及，学习者所学的那些词语和句式都有机会应用到。例如，外国学生虽然学习了双重否定句，但练习机会不多，印象不深，因而大多回避这种句型，常常采用肯定句来表示。课外的语言活动提供了使用双重否定句的机会和条件，经过一段时日的实践，他们很喜欢用双重否定来强调自己所要表达的意思。如游览杭州,看到如画的风景,有的说:“到中国,不能不来杭州!”有的说:“杭州的景色没有人不赞叹的!杭州的山没有一座不可爱,杭州的水没有一处不纯净!”有的说:“杭州的山水没有不让人喜爱的!”有的说:“即使下大雨,苏堤也不会没有人来往,西湖也不会没有小船飘荡!”等等。语言实践促使双重否定的句型活跃在外国学生的头脑中,因而激活、提取它们来产生话语就比较容易。同样道理,头脑中经常活动的词语也容易提取出来组成话语。而且,由于这些词语之间经常的搭配和组合已经形成一定的规律或习惯,通过语言实践,学习者的头脑中存放的已不仅仅是一个个单词,而是一个个词组或更大的意义单位(组块)。例如,学习者的头脑中存放的“热烈”“热情”“热心”“热闹”等词语,由于语言实践的经常应用,头脑里形成了“热烈祝贺”“热烈欢迎”“热情招待”“热情帮助”“热心工作”“热闹一番”等组块,当学习者在交际中需要应用这些词语时,可以从大脑库中直接提取词语组块来装配句子,如:“客人来了,我们要热烈欢迎,热情招待。”“今天晚上我们去他家热烈祝贺他的生日,大家热闹一番。”等等,中间省却了好几个产生式,为话语的“一次成功”和“一步到位”奠定了基础。

二、语言实践促进学习者熟练地适应交际语境

语言实践能有效培养语感,丰富语言经验,提高交际反应能力;语言实践能够使语言知识的水平迁移向纵向迁移推进,促进学习者熟练地适应交际语境。

1. 有效培养语感,丰富语言经验,提高交际反应能力

口语包括独白和会话。独白可以预先作好充分准备,拟就发言提纲或发言稿,执行发言时,可以照本宣科。会话虽然也可作些准备,但多数是临时应变。而应变能力的好坏、高低,则要看学习者汉语语感的强弱和语言经验的多寡而定。课外的语言实践有助于语感的培养和语言经验的充实。语感是对语言的一种感性反应,它并不偏重于对话语

中的词语和句式进行细致的分析，而是对话语作整体的感知。说话者凭着这种语感，听到话语，不用大脑作多少分析和计算，就能迅速地判断句子的含义；想要表达，不用大脑作多少组合和运算，就能迅速地说出合适的话语。当然，语感的培养不是一蹴而就的，它要经过许许多多次的反复训练和说话实践，才能逐步形成。例如，外国学生初学"除……之外，……"的句式，只知道这是"排除"句，至于前后两句之间是减去、除掉还是加合、补充关系，总觉得难以把握和分辨。经过大量的阅读和听说实践以后，学生们慢慢悟出"除……之外，都……"式是减除关系，"除……之外，还……"是加补关系。但是像"除你之外，大家都没吃饭"跟"除你之外，大家还没吃饭"这两句却都是减除关系，于是学生进一步体会到"排除"句中带否定词的不管是用副词"都"还是"还"，都强调统一之中有所例外。通过这样的语言实践，接触了大量的"排除"语句，记住并领会了"排除"句的形式变化和意义关系，从整体上感知这样的句式，这就是语感。汉语中级水平的学生，听到比较复杂的"排除"句："除了经理以外，还不见得有什么人敢这样命令我。"大多数人能意识到这是"除了经理以外，还没有人敢这样命令我"的变式。正是"排除"句的语感的作用，使他们能准确而迅速地判断出整个句子的内部关系及其所包含的意义。而学习者说话要用"排除"句时，也因有语感的作用而不必过多地依赖产生式，能够直接造出各种"排除"句。

交际反应能力的提高，许多地方得益于学习者所积累的语言经验。语感实际上也是一种语言经验，不过它是语言经验中最为熟练、乃至自动化了的部分。初学汉语的外国人，汉语语言经验甚少，因之，听不懂别人的说话，也说不出自己想表达的意思。到了中年级，情况起了变化，基本上能用汉语同他人进行交流，这其中语言经验的积累和丰富起了很大的作用。一个作用是提高了补充和预期的能力。会话中常有这样的事，对方一开口，话还没说完，有语言经验的人就能预知对方将要说什么。例如，一些外国学生逛街，其中有一人说："哎呀，糟糕——"其余的人大都已测知：发生了什么不好的事情。此人如果接下去说："钱包！"其余的人就会凭语言经验补足"钱包丢了"或"钱包忘了带"之类。此人如果盯着手表说："时间。"其余的人就会凭语言经验补足："时间来不及了。"此人如果拍自己的脑袋说："约会！"其余的人就会凭语言经验测知"把约会忘了"，等等。也就是说，某种情境调动了学习者的语言经验，在他们的头脑中已把种种可能出现的不好的预兆统统调动、浮现了起来，因此能够根据片言只字预期和补充对方的说话。这种预期和补充的能力，使学习者能十分敏锐地感受对方的话语和情绪，加大了理解的准确度。

语言经验的另一个作用是提高了应对和回应的能力。会话中说话的双方，一问一答，一说一应，构成了一组组对话，认知心理学称之为相邻对子。这些对子类型很多，起着不同的功能，如问一答，打招呼一回应，建议一反应，断言一认可，表扬一谦逊，请求一承诺……，它们不仅有协调会话的作用，还有着各自的目的和作用。① 这些对子的前一句话，可称为施为性话语(即功能性话语)，后一句话可称为承接性话语。说话者，同一个意思(即命题)可用不同的句式和不同的语调来体现其功能，应答者也可用不同的词语、习用语、词组和短句来回应和表态。语言实践愈多，语言经验愈丰富，相邻对子的组合和句式的变化也愈成熟。如询问、征求对方"今天是否来"这样的意思，语言经验丰富者可用下列多种句子来表示："你今天来不来？""你今天来吗？""你今天来还是不来？""你今天能不能来？""你今天来得了吗？""你今天可以来吗？"而经验丰富的应答者则可回应："行。""是。""一定来。""准来。""可以。""能。""让我考虑一下。""如果没有其他事就来。""一定要来吗？""非得

① [美]R. L. 索尔索. 认知心理学[M]. 黄希庭等译. 北京：教育科学出版社，1990：423.

来不可吗?”等等。对话的双方若能够这样自如地、富有变化地组合相邻对子,其交际反应能力无疑已从熟练走向自动化了。

2. 使语言知识的水平迁移向纵向迁移推进

语言知识在与原先学习情境相类似的新情境中应用,叫作水平迁移;在与原先学习情境不同的新情境中应用,叫做纵向迁移。[①] 水平迁移,是在同一学习水平上的迁移,其结果并不产生新概念与新规则;纵向迁移,是在不同学习水平上的迁移,其结果将产生新的概念和规则(即创造性地解决问题)。[②] 外国学生从课本上或书本中学到的语言知识,一般都伴有一定的情境,因而贮存在学习者大脑库中的语言知识往往是语义编码和形象编码的结合物,学习者将其提取出来进行说话时,最初总是在与记忆中的情境相类似的情境中机械地模仿应用,远离相同的情境就可能出错或者说不出来。例如,外国学生学习了“饿得受不了啦!”,领悟“受不了”这个词组含有“忍不住”的意思,于是在上课接近中午十二点时或上饭馆迟迟不见上菜时也会说:“饿得受不了啦!”。但如果情境有变化,就把握不准了,如听到饭店的音乐响起而说:“我一听音乐,就受不了想跳舞”,把“受不了”跟“忍不住”完全等同起来了。这个阶段,模仿多于创造,不能超越原先学习情境的范围,尚停留在水平迁移的基础上。当然,这个阶段能模仿得正确已是十分的不易。以后经过多次进入各种不同的情境,并在这些情境中接触或运用这个词组,反复地实践,在无意学习或偶然学习中将这部分语言知识推广应用到其他情境,赋予这些语言知识以新的意义和作用,这时已从水平迁移转入纵向迁移了。例如,教师布置的作业较多,外国学生嚷嚷:“这么多作业,我受不了啦!”;上课时外面声响太大,外国学生不满地说:“我的耳朵受不了这么大的声音!”;老师批评班里学生学习成绩不好,外国学生

① 桂诗春.实验心理语言学纲要[M].长沙:湖南教育出版社,1991:195.

② 同上书,P.67.

暗暗嘀咕:"我们受不了这样严厉的话!"等等。从外国学生的这些话里可了解到他们对"受不了"含"禁受不住"和"忍受不了"的意思已有深入的领悟,同时也掌握了这个词语可带宾语的用法。由于不同的语境丰富了词语的内涵,交际实践扩大了词语的应用范围,学生们对这个词语的使用已由机械模仿发展到了灵活运用的地步。从这个意义上来说,学习者口语自动化可以说是将学到的语言知识不断地从水平迁移推进到纵向迁移的过程。

三、语言实践可以促进学习者熟练地转换和扩展话题

语言实践可以促进学习者熟练地转换与扩展话题、关联及衔接句子、整合和离散句子。

1. 促进学习者熟练地提出话题、转换话题和扩展话题

交际会话,相邻对子固然重要,但它只是简单地表述某个意思;复杂一些的思想和意念就得插入叙述性话语来表达。叙述性话语的主干是主语和谓语,认知心理学把主语称为框架或话题,把谓语称为嵌入或展开,[①]它是说话人述说事件、见闻、体会等内容的话语。叙述性话语可以列举,可以介绍,可以解释,可以说明,可以溯原因,可以谈效果,可以下结论等;表达的句式也富于变化,可以单句(包括各种句型),可以复句(包括各种关系),可以句群。外国学生能自如地应用这样的叙述性话语,涉及用汉语思维的问题。一个外国学生直接用汉语思维,一定要把所学的词语和句式,在大量的语言实践中经历从模仿到熟练,进而达到自动化的过程;否则驾驭不了如此长、如此多的汉语句子,也很难流利地述说如此复杂的思想和意念。因此,学习口语比较成功的外国学生,一般都比较注重与社会人群接触、交谈。例如,有一日本学生,是公司的职员,课外经常出入酒吧、咖啡厅、茶室、网球场等交际场所,尽可

---

① [美]R. L. 索尔索. 认知心理学[M]. 黄希庭等译. 北京:教育科学出版社,1990:436.

能多地接触中国人，闲谈、聊天、询问、打听……，他的口语突飞猛进。在一次热门话题讨论会上，他对中国的衣食住行，一口气说了半个多小时。衣着方面，他谈了男女衣着的审美；饮食方面，他介绍了自己吃过的中式点心和特色菜，抒发“吃在中国”的感受；住宿方面，把中国住房的宽敞跟日本住房的狭小作了对比；出行方面，联系自己碰到的交通事故述说出行中的所见所闻。每个话题的展开，或以时间先后为序，如从中国的四季变化来谈饮食的区别；或以不同地点为视角，从不同角度来观察和介绍住房的外观和内部陈设；或从自己的心理变化来评述，如根据自己的惊讶—紧张—松弛的心理变化来叙述交通事故的发生、发展和处理的过程。除了个别语句稍嫌生硬外，话语的起承转合都比较自然、老练。学习才一年多的日本学生能如此流利地说上一席话，毫无疑问是得益于大量的语言实践。实际的交际生活，提供了许多素材，使他有较多的机会来设计话语、构建话语和执行话语，从而能熟练地运用这三个过程，并缩短了花在这三个过程上的时间。同时，大量的语言实践，也使他懂得如何提出话题、如何展开话题和如何承接话题，在发言过程中恰到好处地插入“我以为……”“至于”“说到”“另外”等等词语，使话题非常自然地得以提出、转换、展开、继续。如果说学生在课堂教学中是一种被动接受，在提出或展开话题方面重在机械模仿，那么课外的交际实践则是一种自然接受，可以学习或操练更多的提出、转换、展开话题的说话技巧和方法。

2. 促进学习者熟练地关联和衔接句子

话题的展开，一般由句群来承担。而句群的许多句子之间必须有所关联和衔接，否则就成了互不相关的或者脱节的游散句子，述说的意思就会变得模糊和含混。学习者从课本上学到的关联词语，如“因为……所以”“虽然……但是”“如果……那么(就)”等，较多地应用于简单的复句。而复杂的意思，需要好几个复句(即句群)来表述，这就形成了多重复句。多重复句，需要用好多对的关联词语来系联。这是学习汉语的外国学生所难以把握的，常出现误连(关联词语用错)、失粘(该用关联词语的地方没用上)或冗杂(层次混乱，语句芜杂)等现象。课堂教学虽也加以训练或纠错，但课堂上有限的、单一的情境或人为的、模拟的情境，需要应用多重复句来表述的机会不是很多。而课外的人际交流会遇到种种复杂而多变的情境，它会诱导学习者自然地产生表达的愿望，这样，使用多重复句的机会就多了。不过，开始展开话题时，往往习惯用鱼贯式(一个复句接连一个复句)的方法来表述。例如，来自韩国公司的一位学员在评价新来的同事时说：

因为他是个新手，所以经验不足。因为他不善于交际，所以工作起来遇到一些困难。如果能虚心学习，努力工作，那么也会取得好的成绩。

另外一位老学员，在中国学习和工作多年，接触类似的事情比较多，也多次听到中国人对同类事件的表述，常有意无意地模仿中国人所说的复杂的话语，纠正和完善个人的语句，于是能比较熟练地运用包容式(一个大复句里包含几个小复句，小复句内还有小小复句)的方法来表述。上述的话语，到他的口里，就说成：

他虽然是个新手，经验不足，而且他的个性又不善于交际，所以工作起来会遇到一些困难。但是如果能虚心学习，努力工作，那么也会取得好成绩的。

很显然，包容式的多重复句比鱼贯式的几个复句的连接，更富逻辑性。能够熟练地应用包容式的学习者，他已完全能直接用汉语思维，排除了用母语转译的中间环节，可以说是外语学习趋于成熟的一种标志。

3. 促进学习者熟练地整合和离散句子

语言表达是由命题(头脑中的意念)转化为语句的一种心理过程。

这个转化表现在学习个体身上有快慢、高低之别。初学汉语的外国学生，说话需依靠母语转译，由命题向目的语语句转化的速度自然缓慢，生成的句子也比较简单。汉语中级水平以上的学习者，由命题向目的语语句的转化时快时慢，句子的表达顺畅之中还有生硬之处。这是因为他们在用汉语思维中间还时而夹杂用母语转译的成分，在形成语句时还有一些词语和句型不太熟练的缘故。这时候，如果能让学习者参与大量的语言交际实践，他们遣词造句的能力就会得到很大的提高。这种能力，除了上述所说的句子的关联与衔接之外，还有句子的整合和离散。一般来说，头脑中的一个命题转化为一个句子，或者几个命题分别转化为几个句子，由这些相互有内在联系的几个句子加合起来表述一个完整的意思，这是句子的离散。但是，同一个意思的表达并非只有一种离散的语句模式，根据情感和强调的需要，可以把几个命题纳入一个句子，也就是把几个离散的句子合并为一个较大的复杂句，这就是句子的整合。表达不太熟练的学习者，往往使用离散句较多。例如，一位学习了半年汉语的美国学生，在谈上海的饮食时说：

我很奇怪。我跟上海人一起吃饭。他们喜欢吃小的螃蟹。但是小的螃蟹有一个奇怪的名字。小的螃蟹叫大闸蟹。吃大闸蟹的时候很麻烦。但是他们不喜欢吃大的螃蟹。

另一位表达比较熟练的学生，同样谈这个话题，使用整合句较多：

跟上海人一起吃饭时，我奇怪的是上海人喜欢吃小的螃蟹而不喜欢吃大的螃蟹。小的螃蟹却叫大闸蟹，吃的时候很麻烦。

这里牵涉到命题和语句表达的交叉关系。句子的整合程度越高，也就是说句子中的修饰、补充成分越多，其所包含的命题越多；句子的离散程度越高，也就是说，句子都是简单的主谓句，其所包含的命题就越单一。学习汉语的外国人，在将大命题转化为主干句，小命题转化为修饰、补充成分时，囿于母语的思维习惯，常不能同时到位，往往先摆好主干句，然后往句子里填入其他成分。也就是说，有一个从离散到整合的思考和组合过程。只有通过大量的语言实践才能将多个命题直接转化为有主干句和修饰、补充成分同时整合而成的语句。[①] 但这并不是说，整合句一定优于离散句。这两种形式在语言表达上各有各的长处。语言实践经验丰富的学习者，他们能根据表达的需要，巧妙地把整合句和离散句配合起来使用，以加强话语的感染力和说服力。

课外的语言实践是课堂教学的延伸，是整个教学链中不可或缺的重要环节。学习汉语的外国学生通过语言实践可以提高所学目的语的运用能力，甚至达到语言运用自动化的程度。因此，汉语作为第二语言教学在重视课堂传授和训练的同时，还需提供并创造条件让学生尽可能多地在真实的语境中参与语言实践活动。

语言练习和语言实践，从某种角度而言，前者偏重于静态的操练而后者则着重于动态的练习。语言知识通过大量的练习与实践，经过多次再现和复现，即多次在头脑中编码和解码，就能从短时记忆贮入长时记忆，成为学习者头脑中语言网络结构的一部分。语言练习和实践，尽管形式不同，但在巩固记忆，将所学习的语言知识转化为语言能力的过程中都起到了应有的重要作用。

① 彭聃龄．语言心理学[M]．北京：北京师范大学出版社，1996：98．

第九章　教材的认知因素

课堂教学的内容,主要体现于教材。教材是课堂教学的蓝本,它是达到教学目标的依据和保障。语言跟其他学科诸如历史、地理、政治、经济、自然科学等科目不同的地方是,其他学科的教材主要通过语言文字这个载体,介绍、陈述、阐发有关的学科内容,这类学科的课堂教学的目的也是让学生理解、接受、记忆这些内容。而语言教材,语言文字所表述的内容并不是课堂教学的重点,作为载体的语言文字倒反而成为教学的重心。因而语言教材首先得考虑字、词、句、篇这类语言因素的安排和展示以及它的复现频率。至于教材所涉及的话题内容,往往是随机的、灵活的,一般只作为接收语言知识、训练语言能力的情景手段。当然,蕴含于其间的文化知识与文化背景也是需要学生作为知识内容来积累和记忆的。

课堂内的一切教学活动都是围绕着教材而展开的,教材一般通过选文和一定的体例编排而成。教师讲解课文,必须研究并吃透编者的指导思想和意图,根据课文内容的深浅、难易和多少,并结合学生的语言程度和接受水平,来撰写和实施教学方案(简称教案)。学生学习课文,在教师的指导下,接收、内化和记忆语言文化知识,并将其转化为自己的语言技能。

第一节　教材的认知含量

一部教学比较有效的汉语教材必然包蕴着相应的认知含量,较大程度地符合学生的学习规律和认知心理活动。尽管教学效果的优劣与教师的执教方法有着密切的联系,但如果所使用的教材比较合理和科学,教学就能收到事半功倍之效。因此,编写教材或者选择教材首先要考虑的是教材所包含的认知含量。

一、教材应力求促使学生迅捷地接收和编码语言信息

汉语作为第二语言教学主要使用的是听说读写诸种课型的教材。外国学生学习汉语或从书本上接收和获取语言信息,或从音带光盘上听取和理解话语意思,其心理活动是将自已视觉或听觉注意到的语言信息通过神经系统接收下来进行一系列的加工。所谓的信息加工,就是把接收到的字形(或词形)和语音等线索进行编码,然后通过神经元的传导进入大脑,在那里得以解码和组合成为方块字或音节(声韵调的集合)。同时运用学过的世界知识和语法知识将所接受的信息整合为有意义的语句,从而得以理解。一篇课文乃至一部教材要让学生有效地、较快地掌握,编写时就必须在学生的信息接收和编码上下功夫。

1. 突出语言重心,合理分配注意资源

一篇课文包含着许多语言因素,如果平均使用力量,学生的视觉和听觉都会感觉疲劳,导致大脑的加工负担过重,也就是信息容量超载。这样,神经系统就会在兴奋的同时产生抑制,从而出现拒绝接受(即拒载)的情况,学生会因此而失去学习的兴趣和积极性。因此,教材的生词量和语言点要有所控制,生词量太大,语言点太多,不利于学生的信息接收和编码。

上课时,学生的注意力是很宝贵的。只有为学生所注意的内容,才能被接受和编码,让学生集中注意力于适当的而不是过量的内容,教学效果自然就好。反之,就会因超载而导致拒载,浪费学生的注意资源,得不偿失。好的教材,好的课文,学习的重心明确而突出,生词的出示

和语言点的显现比较有序，既能唤起和利用学生的注意力，同时又能让学生合理分配自己的注意资源。

陈绂、朱志平(2009)主编的《跟我学汉语》，[①]课文篇幅不长，出现的词汇量基本上控制在20个词以内，比较符合中学生的认知水平。实验表明，十年制学校从四年级到六年级，学生对具体材料的识记，从50%增至80%，对抽象材料的识记从68%增至192%。[②] 但是我们不应对青少年抽象识记词的能力作过高的估计，特别是人的“高级”认知系统加工信息的能力有限，人们从外部世界提取信息，最后只有一小部分感觉线索能够被选择出来做进一步的加工。因而教材的课文和生词有一个合适的量，对学生的感觉和认知能发挥更大的作用。

2. 调动多种感觉(视觉、听觉、动觉等)同时发挥作用

人们接收和编码语言信息，往往不单纯是某一感官的活动，大多数的情况是视觉、听觉、动觉一起参与，共同发挥作用。比如学习一个生词或辨别某个单词，必然要识记其形，默念其音，甚至书写或回忆其笔顺等等，几种感官将得到的信息线索传递、汇集于大脑，才能在那里整合、扎根、储存，进入个体的心理词典。认知心理学认为，人的大脑加工信息是在工作记忆中进行的，而工作记忆是沟通专司接收的短时记忆和专司储存的长时记忆的桥梁，它有一个中央执行系统，负责调节下属的视觉空间模板和语音环，将视觉获得的空间图像和听觉获得的语音特征等等线索综合起来，形成某种神经类型，即成为某一知识。[③] 如果一篇课文或一部教材，其内容和语言点能够多方面地刺激学生的多个感官，加深他们对语言知识的印象，就有利于语言知识的积累和掌握。

---

① 陈绂，朱志平. 跟我学汉语[M]. 北京：人民教育出版社，2009.

② 朱智贤. 儿童心理学[M]. 北京：人民教育出版社，1979：206.

③ 杨治良，郭力平，王沛，陈宁. 记忆心理学[M]. 上海：华东师范大学出版社，1999：102.

如刘珣主编的《新实用汉语课本》[①]的练习，包含看图说话和交际练习两个部分：看图说话刺激学生的视觉、动觉，而交际练习则着重于刺激学生的听觉、动觉。多种感官结合，则语言知识的掌握和能力的培养更为加强。电子版的汉语作为第二语言的教材，充分利用科技手段，将认形、听音、书写等环节有机地结合在一起，其中也包蕴了多种感觉共同作用的认知原理。

3. 强化形音义以及语境的多种线索编码

人们接收外来的语言信息，编码线索越多、越充分，就越能识记、储存和匹配、提取。编码有语义编码和情景编码两大类。语义编码是人们头脑中形成的有关客观世界的概念和意识，同语词的空间码和语音码互相联系的一种心理活动。持不同语言的人，有很多概念或意识是相同、相近的，但表达的书写形体和念读的语音是截然不同的，必须通过联想或对比，乃至机械背诵，将形、音、义三者结合起来。但由于汉字有形体特征而无音声标志(即使声旁的声音也是外加上去的)，学生学习中文生词不能像背英语单词那样可以照着字母拼读，所以识别和记忆其形音义较为困难。因此，还须用情景(包括语境)编码来辅助和衬托，丰富它的编码线索。具体而言，是让单词在词组或句子中出现和显示。因为语境或情景比较具体生动，在记忆单词时连同词语所出现的语境或情景一起进入记忆，使用时容易勾起回忆和启示、限制语词的意义。国外中文学校所使用的《生活华语》(*Living Mandarin*)教材，[②]用儿歌将词语串联起来，使情景编码与语义编码紧密结合；单词也尽可能以词组的形式出现，如“小青蛙”“小小青蛙”“肚子大”“大大的肚子”“在哪里”“像什么”等等，有意识地把单词语境化，以引起孩子们的想象。

---

① 刘珣.新实用汉语课本[M].北京：北京语言大学出版社，2007.

② 此例由作者2007年在加拿大多伦多讲学期间访问当地中文学校，经实地随堂听课获得。

二、教材须有助于学生识记、保持、储存、运用语言知识

课堂教学是外国学生学习汉语的基本途径和主要渠道，汉语教材是外国学生在课堂上汲取汉语知识的重要来源。因此，教材必须由浅入深、循序渐进地编选汉语知识和文化内容，有意识、有计划地编排和出示语言点，规定或建议语言训练的重心和形式。汉语作为第二语言教材既要方便教师的课堂执教，又得有助于学生识记、保持、储存和运用汉语知识。简言之，它必须符合语言教学的规律，包蕴和隐含相应的认知因素。

1. 在重现和再认中巩固和记忆知识

人们接收外界的语言信息，不是一下子就能牢记不忘的，“前读后忘”是经常发生的现象。因为人的大脑中有两种主要的记忆机制：短时记忆和长时记忆。短时记忆是以遗忘为其主要特征的，这是由于短时记忆的容量很小，要接纳新的信息，或者是拒绝超载的部分而不予接收，或者是把原有的旧信息挤走，腾出空间容纳新信息。语言信息从短时记忆进入长时记忆并最终成为一种知识储存进大脑，必须经过重现和再认，即进行反复和多次的编码，使之成为固定的神经类型——某一知识，才能实现。

汉语作为第二语言的教材必须重视和关注所教内容的重现和复现。比较好的如周小兵的《中级汉语阅读教程》[①]，正课文所出现的主要生词，尽可能在副课文中再度出现，并在该词语底下画一横线，以期引起学生的注意。再如刘珣主编的《新实用汉语课本》，语法系统循序渐进，不断重现。第一、二、三册解决基本语法，第四册加以补充和加深，并过渡到第五、六册的语段教学。整个语法系统安排的特点是不断重现知识和深化知识。知识的重现或再认是促使短时记忆贮存的信息往

① 周小兵. 中级汉语阅读教程[M]. 北京：北京语言大学出版社，1999.

长时记忆转移的控制过程。没有重现或再认的过程,知识信息在短时记忆中会很快衰减和淡化,直至遗忘。而有意识地在教材中安排重现,就能使进入短时记忆的信息在尚未彻底遗忘之前顺利地输入长时记忆,从而消化和巩固所学的语法知识。

2. 迅速建立目的语心理词典和语言知识网络结构

进入长时记忆的语言知识不是杂乱无章地任意堆放于大脑一隅,那样寻找和检索起来会比较麻烦。常见外国学生说话和回答期期艾艾,实际上是在思索和选择学过的、合适的词语和句式。如果语言知识的存放较有规律,就容易寻觅,反应迅速敏捷;反之,则迟钝缓慢。这涉及汉语心理词典的建立和语言知识网络结构的充实、调整。成年的外国学生早已建立起自己母语的心理词典,现在学习外语得另外再建目的语的心理词典。当然母语心理词典和目的语心理词典之间是相互沟通的。随着所积累的中文词语的增多,就有条件独立创建汉语心理词典。此时的中文词语很可能依拼音音序排列,或者依偏旁部首系联。充分利用汉字或中文词语的形和音,检索就容易得多。而心理词汇的词义是被安放在与心理词典密切相关的语义网络里的。语义网络属于知识网络结构的一部分。知识在大脑中的储存是分门别类的(当然也会有门类交叉的情况),因而语义的储存也是有条不紊地系联在一起的。他们或者按词的性质归类,或者依同义、反义、类义群集相聚。当检索到词语的形或音,有关词义通过形音线索而被唤醒,会在头脑里显示和排列出来,个体就可从中选择和应用。

有效的汉语作为第二语言的教材,致力于正音(读音比较,连音练习)、正字、词义辨析、同义词替代、同义词近义词的比较与辨析、反义词对照等方面的编写,这些内容实际上是在帮助学生迅捷建立汉语心理词典和充实、调整语义网络结构。

3. 培养和提高匹配与提取语词的能力

外国学生认读中文材料，有一部分是新词语，需要重点学习和掌握；有一部分是业已学过的词语，需要经过辨认，在个体的心理词典中寻找与之相似或相近的词语，这就是匹配。匹配无误的，就提取出来，在工作记忆中同新学的词语一起整合成语句，从中攫取信息，从而得以理解。同理，外国学生用汉语写作，先酝酿意念，根据表述意念所需要的词语，也得从心理词典中匹配和提取出来加以应用。匹配不当，提取错误，学习者会重新进行再匹配和再提取，直至正确为止。因此匹配与提取能力的大小和强弱，决定着外国学生运用汉语的水平的高低。

语言信息的编码线索与匹配和提取相关。某个词语的编码线索越多、越充足，则匹配和提取就越快越准确。汉语作为第二语言的教材较多地出现组词、词语扩展、选词填空等练习，以及一些读写的训练，如徐文静、施琳娜主编的《我的汉语教室》[①]，练习形式丰富，其中蕴含着一系列认知心理活动，可以培养和提高外国学生匹配和提取汉语词语的能力。

4. 努力实现两种知识的转化

进入长时记忆而被储存起来的知识有两种：陈述性知识和程序性知识。外国学生通过教材而获得的知识，如文字、语音、词语、语法规则、文化内容等等，大都是陈述性知识，只解决“懂”或“知道”的问题；而真正能够运用这些知识于阅读、写作、说话、听辨，则要经过一定的训练，将陈述性知识转化为程序性知识，这才算是真正的掌握。

汉语作为第二语言的教材所编写的课文、生词、语法等，让学生学习和接收，基本上尚属于陈述性知识；如果要学生真正掌握，并能熟练

① 徐文静，施琳娜. 我的汉语教室[M]. 北京：人民教育出版社，2007.

应用，必须通过一系列听说读写的操练或训练，使之转化为程序性知识。练习可以帮助实现两种知识的转化，因此教材练习的设计和编写包含着相当重要的认知含量。戴桂芙主编的《初级汉语口语》①，练习部分在读音方面，除了近似语音对比练习、课文重点句子的练习以外，还包括变调练习，句子语调与重音练习，使语音知识通过一系列操练真正转化而为口头交际所用。语法方面，重视句型中同类功能词语的替换练习。整个课文的练习紧扣教材而有延伸，很好地发挥了促进两种知识转化的作用。

三、教材要有利于文化的交融和整合

语言和文化是紧密相关的，不仅民族的传统文化影响着本民族语言的发展，而且不同民族由于文化的交流，也会促进语言的变化和渗透。汉语作为第二语言的教材在展示中华文化的同时，也要考虑国外文化的因素，在文化内涵、思维习惯、意识观念等方面，顾及彼此的异同，力求两者的交融，以提高教材的可懂度和可接受度。这些问题涉及人们大脑的长时记忆中认知系统的运作。认知系统的构成：一是传递系统，负责语言信息的接收和传递；二是知识系统，积累和储存世界知识（包括文化和语言），由传递系统获取的知识就分门别类地储存在这里；三是策略系统，主管学习方式和方法的调整和更换，保证学习循着有效途径实施和进行；四是表达系统，专管从知识系统提取词语，加工为句子，进行书面或口头表述。在四个系统之上，还有一个监控系统，从宏观和微观两方面控制、支配、监视、督促下面各个系统之间的协作和配合，认知心理学称之为元认知。

如图所示：

① 戴桂芙.初级汉语口语[M].北京:北京大学出版社,2006.

学习者的认知系统

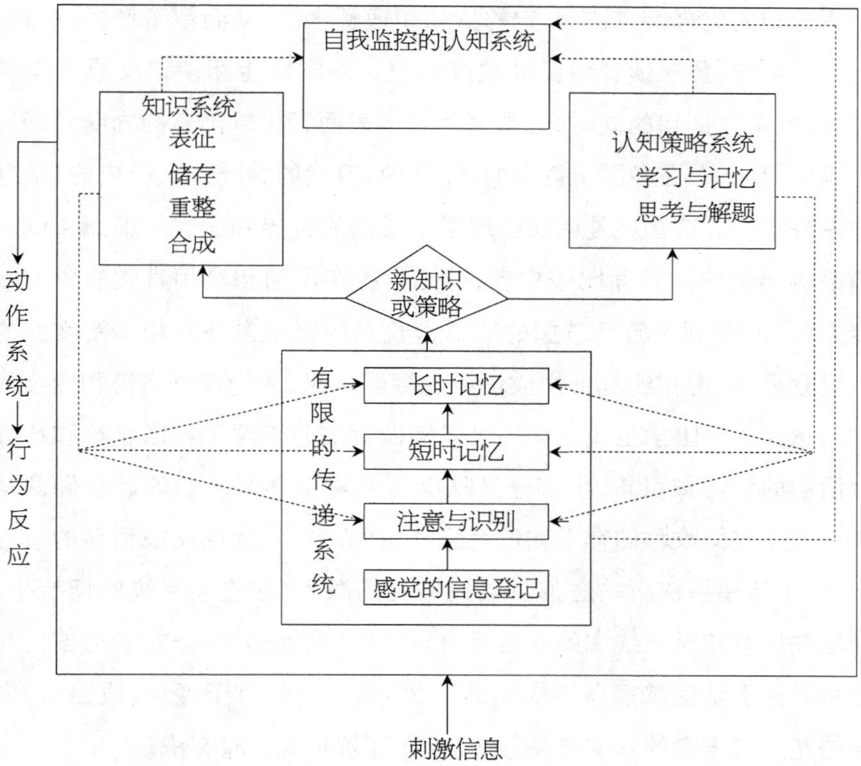

外国学生学习汉语、吸取中国文化、适应中国社会生活，就是这五个系统相互运作的结果。汉语作为第二语言的教材若能充分考虑和体现这些认知系统的协调和合作，注意下列几个方面的有机结合，其认知含量自然就能得以提高。

1. 语言直觉因素与非语言直觉因素的有机整合

外国学生理解一篇课文，表面上是由字而词、由词而句、由句而段、直至全篇的阅读和理解，但是他们所理解的内容绝非是一个个词语和句子意义的简单加合，实际上远远超出文字形式的表面意思。但凡作者行文时，总有诸多省略，不可能把每个具体概念或某些文化内涵详细讲述一遍。为求文字的简洁,往往主观地设想读者对其书写的文字(包括概念和文化背景)具有一定的认知和理解水准,从而留下许多缺省和跳跃的地方,要求读者自己补缺或填空。外国学生阅读课文或中文语料,接触中文词句的同时,必须赋予文字表面意思以丰富的内涵和深层的思想,其中有许多属于哲学的、经济的、自然的、社会的、历史的、地理的等等知识。这些就是认知心理学上所谓的世界知识。一篇课文或一篇语料涉及的知识面比较广泛,外国学生在学习和利用直觉的语言因素之外,还要利用自己掌握的非语言直觉的因素去补充和丰富字面的表层意思,挖掘和钩沉课文或语料的深层内涵,才能真正懂得和领会其中的意义。外国学生头脑中的世界知识大部分来源于本国学校和社会生活中的学习和积累,小部分是从汉语教材中学习汲取的。它们都是由传递系统接收和储存于知识系统之中的。在阅读课文或语料的过程中,由于传递系统所输送的词语或语句的激发,在监控系统的调节下,唤醒并调取知识系统中的非语言直觉因素(世界知识)一起参与剖析与理解。由于学生掌握世界知识的个体差异,他们对于课文(或语料)内涵的充实与丰富的水平参差不齐,因而理解也就有深有浅。

汉语作为第二语言的教材,特别是阅读教材,常利用注释、提示和思考题等形式,提供课文背景线索,提示课文的要点与中心思想,启发学生思考较为深层的问题,例如刘珣主编的《新实用汉语课本》[①],课文段之前会有一小段背景介绍,提示文章发生的情景及主要的事情,以及文化背景知识。这样,有意识地让外国学生把语言直觉因素与非语言直觉因素交融、整合在一起,以求达到认知和理解的最高限度。

2. 文化的差异和融合

由于民族文化的积淀,不同民族有着自己特有的文化习俗和文化

① 刘珣.《新实用汉语课本》[M].北京:北京语言大学出版社,2003.

传承。不同国家的人群,在文化层面上都表现出或大或小的差异。正是这些差异,在一定程度上影响着彼此的交际,或困惑,或误解。因此,学习另一国家的语言,同时也需要学习该国家的文化,唯此,才能用目的语正确而恰当地进行交流或交际。

文化可分知识文化和交际文化。知识文化是陈述性知识,可以通过课文或语料由传递系统传输进知识系统,藉此了解该国的文化(诸如一个国家的政治、经济、历史、地理、教育、卫生等等)与本国的差异。交际文化大多表现为程序性知识,虽然同样也由传递系统接收和传入知识系统,但它们必须通过反复的运用转化而为程序性知识。比如,在汉语的交际中,如果对方感谢你的帮助,那么你应回应:"不谢""不客气",或"应该做的"等客套话语。诸如此类的交际文化积累多了,外国学生通过表达系统用汉语交际就会比较熟练和得体。他们会避免用本国的习俗和理念去理解对方的用意,也不会用本国的交际习惯硬要求对方适应和理解。

汉语作为第二语言的教材应力求做到文化与语言水乳交融。在展示语言的同时,安排和融入有关中国的知识文化和交际文化,并编写和营造一定的语境,实现中华文化知识向程序性知识的转化,提高外国学生用汉语交际的能力和水平。例如刘珣主编的《体验汉语生活篇》和《体验汉语文化篇》[①]就很好地体现了这一点。前者通过课后最后一部分"你知道吗?"引出相关的中国文化内容,如在初次介绍时,谈及中国人的姓氏特点等。后者更注重文化内容,每一课分词语、习俗等部分,一方面学习基本的用词句型,另一方面介绍中国文化的特点,并注意到由浅入深。

总之,汉语教材作为第二语言学习的材料除了应当体现其被公认的实用性、系统性、科学性、趣味性等等以外,还必须注意其隐含的语言学习的认知心理过程和心理规律。教材中的认知含量是提高教学针对

① 刘珣.体验汉语生活篇、体验汉语文化篇[M].北京:高等教育出版社,2007.

性和有效性的重要因素，值得进一步探讨和深化。

第二节　海外少儿中文教材与儿童心理

随着汉语国际教育事业的开拓，海外中文教学发展迅速，而中文教学中至关重要的教材也成为广大海外教师最为关注的热点。在海外中文教材的编写中，少儿中文教材由于受众面广，长期以来编写出版又远少于成人教材，因而成为海外中文教材中急需发展并加强的部分。

海外少儿中文教材编写有其不同于一般海外中文教材的特点。它涉及语言学习的获得方式、学习兴趣、少儿心智发展以及认知发展等方面。

一、语言学习的自然获得与教学获得的差异

海外少儿的中文学习与中国少儿相比存在着自然获得与教学获得的差异。从认知心理的角度分析，人类语言的获得可以分为自然认知和教学认知两大类。母语的习得主要是自然认知，而外语的学习则以教学认知为主。语言学习的自然获得与教学获得的差异影响到教材的编写。

幼儿在日常生活中获得语言。每一天，他们都通过自己的感觉器官来感受和认识世界。他们习得的语言，都是和周围环境有着密切联系的，有些是他们已经熟悉的事物，有些是他们正要学习的东西。一般说来，儿童习得母语（或第一语言）的过程是一种自然认知的过程。幼儿往往先“听”，后“说”。即先听成人说话，理解话语的意义，然后学习说话。儿童入学前已具备听说的能力，入学以后，在“听说”无虞的基础上，开始学习阅读和书写。海外少儿的中文学习是第二语言学习。当然有一部分华裔子女的中文学习类似于母语学习，因为在家里父母可能说中文的普通话或方言。但即使如此也不完全等同于中国境内儿童

的母语学习。这是由于海外中文学习一方面没有语言社会环境,另一方面学生在家庭以外(有时也在家里)运用所在国的语言。他们的中文学习基本上是以教学认知为主的。教学认知不同于自然认知,它是有意识的,带有一定的强制性质。就少儿而言,有时候,有意学习的效果不如无意学习,因为它需要意志的控制,而少儿的自控能力往往比较差。相对于自然认知,教学认知在时间上是有限制的,不像自然认知,随时都有机会和条件;在内容方面,教学认知是有计划、有规律的,特别在容量上,一般都经过了浓缩;因此海外少儿中文教材,与母语为中文的少儿教材相比,应该降低要求,放慢教学进度。不能如母语教学那样,因为后者是有听说基础的。海外少儿中文教材应当分层级逐步提升,特别是汉字的出现,不能一下子出得太快太多。我们曾看到国内出版的供海外少儿学习的中文教材,一年级的课本里已经有大量的汉字,这些汉字大都笔画繁多,少儿不易识记和书写。例如有一篇这样的课文:[①]

蜜蜂和蚂蚁商量大事情,
蜜蜂用树叶写了一封信。
信上三个洞蚂蚁看不懂,
赶紧写回信也咬三个洞。
蜜蜂收到信还是看不懂。
赶快学写字,写字很有用。

这个儿歌立意很好,说出了学习写字的重要性。但是让六七岁的海外儿童认读和书写这些如"蜜蜂""商量""事情""懂"等等汉字,难度实在是太高了。且不说还要孩子们理解和记忆这些词语的发音和意义。我们认为海外少儿中文教材起步门槛要放低,进度应减缓,每篇课文要控

① 本课文是本书作者2007年在加拿大讲学期间,在一个中文学校听课时,当堂记录的。

制汉字的量以及识记和书写汉字的难度。以适应于海外少儿中文学习的教学认知特点。

二、教材内容与学习兴趣相结合

汉语教材的内容与学习兴趣的结合，在少儿阶段，尤其对于海外少儿，显得尤为重要。

1. 兴趣的作用

兴趣是人对客观事物的一种积极的认识倾向，是一种复杂的个性品质，它推动人去探求新的知识，发展新的能力。兴趣是在一定社会生活和教育影响下发展起来的。[①] 儿童心理学认为，要使儿童积极地学习，首先要培养儿童的正确的学习动机和学习态度，对学习的社会意义有深刻的认识。但是单凭这一点是不够的，对小学儿童说来，只靠对学习的责任感是不行的，还要培养儿童对学习浓厚的兴趣。只有这样，学习才会成为儿童自动追求的东西，而不会成为沉重的负担。儿童的学习兴趣在鼓舞和巩固儿童的学习动机、激发儿童学习的积极性上，起着巨大的作用。[②] 大部分海外中文学校学生每星期学习两小时左右的中文。各中小学若设置中文课程，每周课时不等，但少有超过四个小时的。除了课堂内，中文在课外没有相应的语言环境。因此中文教材的趣味性，成了吸引学生来学习以及能长时间坚持下去的重要因素。教材编写要考虑从低年级开始，帮助学生提高中文学习的兴趣。

2. 趣味性在教材中的体现

教材能吸引学生，深受少年儿童的欢迎，甚而至于让学生爱不释手，首先就在于能引起学生的兴趣。教材的趣味性不仅仅在于几个笑话，一些幽默故事，优秀教材的趣味性体现在内容、形式等各个方面。

---

① 朱智贤. 儿童心理学[M]. 北京：人民教育出版社，1979：25.

② 同上书。

(1) 内容贴近生活,开拓知识视野

儿童掌握知识,特别是小学低年级学生往往借助于他们的生活经验。凡是跟他们的日常生活与活动行为有关的,例如春秋寒暑四季的轮回、阴晴雨雪天气的变化、从学校到家的空间距离、上课放学的作息时间等等,都容易加以记忆、理解和掌握。同时,他们也常常会主动将所学习的知识与他们所熟悉的周围环境相联系,如跟学校的老师、同学发生的事件相联系;跟个人、家庭或社会中发生的事件相关联等等。例如,儿童课外读物中有这样一个儿歌:天下雨,一点、两点、七八点,xili xili xilili;天打雷,一声、两声、七八声,honglong honglong honglonglong。由于读起来琅琅上口,声音比较形象,内容又贴近生活,儿童很感兴趣。而且"雨"中的四点(雨点角度),"点"下的四点(数量角度),"雷"中的"雨、田"(雨中落下一块东西),"声"字的形状(如话筒),可加以引导产生联想。[①] 字形记得牢,学习效果就容易提高。反之,需要抽象思维和时间想象参与的、离他们的生活经验距离比较远的知识,相对而言,学习起来就会有些困难。因此,教材的课文内容编写要尽可能地切合生活现实,要有较强的情节性和趣味性。例如,有的教材编排了到小朋友家做客、父亲和母亲对孩子的不同的爱的方式、暑期夏令营活动等等,这些都是学生极为熟悉的生活。这一类内容能发挥学生已有的世界知识和生活经验的作用,预期和猜测情节的展开以及词语所包蕴的意义,有助于学习、理解课文和掌握语言知识。再如,教材的阅读篇目《给太阳找朋友》(太阳的朋友是影子、太阳的朋友是被子,太阳的朋友是——),告诉儿童自然现象和科学生活常识,培养学生观察生活、了解世界的能力,开拓知识视野。

当然我们希望教材能尽量和儿童的已有经验联系起来,与儿童的

---

① 此处的联想,概指由字形而引发,并不拘泥于汉字的字源或本意。

兴趣联系起来,但是不能保证所有内容都能吸引儿童。为了知识传授的系统性和科学性,教材中会出现一些儿童不感兴趣的内容。而且由于儿童的个体差异,我们无法要求教材中的内容被所有儿童都喜爱。对于儿童没有兴趣的内容可以通过练习设计、多媒体等现代教育技术的运用等方式使它和儿童感兴趣的东西联系起来,因为有些兴趣可以间接地由于对活动结果的追求而引起。例如我们可以设计多媒体课件,让学生做一些练习,而对练习的正确结果加以奖励,以此来激发学生的学习兴趣。

编写海外少儿中文教材应当熟悉海外少儿的生活,了解他们的兴趣和少儿兴趣发展的年龄特征。儿童心理学研究表明:游戏因素在小学低年级儿童的学习兴趣上起着一定的作用,而到中年级以后,这种作用就逐渐降低。[①] 儿童学习的兴趣会从具体的、经验性的知识转向抽象的、理性的知识,转向那些需要思考的、内容新颖并逐步趋于复杂的教材。

考虑到中小学生的兴趣爱好,教材内容有较强的趣味性,难易适当,这对调动学生对课文内容的注意,增强学习的驱动力有很大的作用。普通心理学将注意分为有意注意和无意注意。有意注意是有意识地调节和控制自己的注意,使自己的注意集中在必须注意的事物上,而不为外来的不相干刺激所左右。无意注意一般是事物本身引起人的注意而无需有意识地控制。在中学生的学习上,有意注意与无意注意是互相轮换的,兴趣在无意注意中有巨大作用。中学生尤其是初中生,一旦对某种活动感兴趣,就能长时间地、积极地从事这种学习或活动。实验表明在适当的教学条件下,少年稳定地保持注意 40 分钟是毫无困难的,[②]所以教材课文内容的趣味性,是适当地利用无意注意,以期引起中

① 朱智贤.儿童心理学[M].北京:人民教育出版社,1979:28.

② 同上书,P.201.

学生的学习兴趣,借以保持对汉语学习的良好状态。另外,从记忆的角度看,有兴趣的材料刺激性强,留在大脑皮层上的痕迹深,更有利于记忆和巩固。

(2) 形式图文并茂,直观形象

海外少儿中文教材要改变专供成人学习教材的那种呆板、拘谨、枯涩的格调,代之以生动、活泼、形象的风格。教材可以图文并茂,力求以直观形象的形式把知识传授给学生。

对儿童心理的研究表明:教材的直观性,可以保证儿童对所学内容有完整、鲜明而精确的表象,使儿童所掌握的知识具有更坚实的感性基础。[①] 例如对儿童实词的教学,教材就可以利用图片、照片等,让学生将所学习的词语同具体事实挂起钩来。学习成语,可以用图画(包括组画)形象地展示其中的故事和情节,同时揭示该成语所包含的意义,并以造句来显示它的用法。这样的学习,不仅形象地理解了语言知识,也了解了许多中华文化知识,还能为口语表述增色不少。但是应当注意,直观教材的形象与实际事物必须相符合,如果不注意相应的细节,例如比例失调,将鹰画得与画眉差不多大,反而会产生相反作用,给儿童造成错误的表象。

相对成人教材来说,儿童教材往往表现出用文字表述的少,用图片提示的多的特点。这一特点同样可以在初中学生的教材中有所体现。中学生特别是少年期感觉性和观察力有了较大的提高和发展。15 岁前后,视觉和听觉的灵敏度甚至可以超过成人。在初中时期,学生由看过而记住的东西,比由听来而记住的东西多 1.66 倍。这中间,实验进一步证明,少年对具体材料的识记指标仍高于对词的材料的识记指标。[②] 因此,教材中适当地用图片加以展示或提示,是符合中学生的认知特点

① 朱智贤.儿童心理学[M].北京:人民教育出版社,1979:78.

② 同上书,P.199.

的。当然，直观材料的出现，尤其是在大量出示图片的同时，也应注意到增加逻辑思维的成分，以充分调动、利用和分配中学生的注意资源，发展他们的抽象思维能力。

二、教材编写要顺应少儿心智的发展

海外少儿中文教材的编写要考虑和顾及到儿童少年生理上和心理上的发展。

1. 顺应生理发展的过程

一般儿童六岁上学。这个时期的儿童且不说心理方面，即便是在生理上也正处于生长发育时期。教材的编写应充分考虑儿童的生理成长特点。例如，小学低年级儿童手的骨骼肌肉的发展还未达到成熟的程度，因此，此时不能胜任要求细致肌肉动作的活动，例如复杂的书写；同时也不能胜任需要持久的用力的工作，例如需要长时间才能完成的超过儿童生理承受能力的大量书写任务。为了培养儿童熟练的书写技巧，必须循序渐进地进行教学。在美国，幼儿园的学龄前儿童，主要是学习画图、音乐和舞蹈，26 个英文字母要学习很长时间，每周只学几个字母，书写也不做过高要求，只是让儿童像画图似的模仿着写一点。升到小学一年级，才有正式的书写要求。有鉴于此，中文教材在汉字的书写教学上应由易到难，笔画由简到繁。先出现用米字格或田字格书写的汉字，再出现用空格框住的汉字，这样比较便于模仿。中国传统汉字书写的描红本正是符合了儿童生理发展的需要，可以考虑编写这类训练汉字书写技能的辅助教材。对书写的要求不能太高，要控制书写的量，每次书写的时间不能太长。应当随着儿童手部动作的发展，逐步提高要求。

2. 顺应心理和认知发展的过程

儿童少年随着身体的生长发育，心智也在逐渐成熟。教材的编写也应当顺应这一自然发展的规律。

(1) 识记

一般而言，小学时期，特别是低年级和中年级，具体形象记忆占主要地位。儿童识记具体的材料或抽象的材料时，主要以具体事物为基础。但是通过学习，词的抽象记忆在不断地发展，对词的抽象材料记忆的增长率逐渐超过对具体形象材料记忆的增长率。进入中学阶段，逐渐转变为主要以抽象概括为基础。我们在关注从儿童到少年记忆变化的同时，也应注意到，词的具体形象记忆和抽象记忆两者是相辅相成的。因此，教材内容的选择和安排，尤其是词语的记忆要充分考虑这一特点。课文的词汇量，包括课文篇幅都受到感觉和认知的限制，在一定时间内作用于学生的感觉线索过多，就会超载；对过多的事件进行加工，也会超载。虽然初中学生对词的抽象识记能力有了进一步发展，实验表明十年制学校从四年级到六年级，学生对具体材料的识记，从 50% 增至 80%，对抽象材料的识记从 68%增至 192%。① 但是我们不应对青少年词的抽象识记能力作过高的估计，特别是人的“高级”认知系统加工信息的能力有限，人们从外部世界提取信息，最后只有一小部分感觉线索能够被选择出来做进一步的加工。因而不论教材的生词，即便是课文，也应有一个合适的量，这样才能使学生的感觉和认知发挥更大的作用。

(2) 重现或复述

所谓的重现是把相同的刺激再次或多次地刺激大脑神经系统，加深大脑皮层的痕迹。它是加强记忆、防止泛化、转化能力的最有效的手段。知识的重现或复述是促使短时记忆贮存的知识信息往长时记忆转移的控制过程。没有重现或复述这个过程，知识信息在短时记忆中会很快衰减和淡化，直至遗忘。而有意识地在教材中安排重现或复述，就

① 朱智贤. 儿童心理学[M]. 北京：人民教育出版社，1979：206.

能消化和巩固所学的知识。重现或复述也是防止知识泛化的有力措施。随着学习的深入，学生所接收的语言知识越来越丰富，很容易把在甲情况下适用的规则扩大到乙情况中去，造成规则的泛化。因此，不论儿童还是少年，在学习中都必须重现和复现所学的知识。

海外少儿中文教材的编写尤其应加强重现或复述。这是因为一方面海外的中文学习缺乏相应的语言环境，另一方面在学习时间上也十分有限。由此，教材在语言知识和技能掌握的要求上，切忌追赶进度、追求数量，把目标定得过高，更不宜同母语少儿的语文学习进行比照。①而事实上，这是两种不同的语言学习，不具备严格意义上的可比性。教材应当有一定量的重现率，帮助学生回忆、整理和巩固所学的语言知识。而且知识，特别是重点内容的反复出现和加深，可以避免泛化现象的发生。同时通过重现或复述的催化作用，促进所学的语言知识转变为应用能力。

(3) 练习设计

大量的练习和使用是母语学习的特征之一。语言技能的掌握要达到自动化的程度，没有什么秘诀，需要的是大量的重复练习。认知心理学的研究表明，要使某项认知技能达到自动化，唯一的方法是不断地大量练习。母语技能是用这种方法达到自动化的，外语技能也不例外。②海外少儿中文教材应加强练习设计，保证练习的量。

练习的设计和记忆有密切关系。教材中的课文和语言知识只是提供学生学习的资料，这些资料信息量大，而且大多进入短时记忆，这是相当容易遗忘的记忆暂存库。一般必须通过大量的练习，重现和复现所学的每一项知识，才能消化和巩固这些知识，进入长时记忆，真正成为学生知识网络结构中的东西。因此有必要设计足够量的练习来帮助

① 作者在海外讲学时，曾多次被询问："这相当于中国几年级学生的语文水平？"

② 江新. 对外汉语教学的心理学探索[M]. 北京：教育科学出版社，2007:271.

学生巩固知识，并将所学的知识转化为技能。

练习的设计关系到能力的培养和转化。知识向能力的转化，练习是重要手段。以语法点或句法为例，在其转变为能力之前，是一种纯知识（或者说是一种陈述性知识）。这种知识当然也很重要，是转化为能力的基础。但如果不进一步促使它转化，那么它始终停留在纯知识这个层面上，缺少运用的活力。而通过大量练习可以把纯知识转化为学生的能力（即程序性知识）。

教材的练习设计应是渐进性的，符合认知的过程。学龄初期的儿童可以以游戏的形式来进行练习。随着年龄的增长、认知的发展，逐步由直观形象过渡到联想和想象以至于概括抽象。美国旧金山中美国际学校设计的一些教材辅助练习就考虑到与学生年龄的增长与认知发展相符合，注意练习的渐进性。例如，在中国传统节日——春节来临之际，该校结合不同年级学生的学习水平设计了包饺子的活动。各年级的练习分别是：

一年级小学生：看饺子的形状和品尝，并认识“饺子”这个词；

二年级小学生：看饺子的形状和品尝，并认识和书写“饺子”这个词；

三年级小学生：看饺子的形状、品尝并认识和书写“饺子”这个词，以及扩展跟饺子相关的一些词，例如“好吃”“香”“味道”等；

四年级小学生：看饺子的形状和品尝，书写跟饺子相关的一些词，并组成句子。

五六年级学生学习包饺子，书写一些跟包饺子相关的词和句子，并将几个句子联成一段短文。

七八年级学生学习包饺子，并写一篇包饺子的短文（记叙过程）。

九年级学生学习包饺子，并写一篇包饺子的短文(记叙过程和感想)。[①]

教材的练习设计应充分利用情景，让学生根据情景生成完整的句子，上文所举饺子的例子就能予以说明。学生经过这样的操练所掌握的句子，可以应用到不同的情景之中。也就是说，学生可以由同情景应用的水平迁移，扩展到不同情景运用的纵向迁移。

教材的练习设计还应具有系列性，并注意各练习之间的相互关联，使练习有步骤地进行，以完成知识到能力的转化。

儿童少年从小学到中学，他们的身体在不断成长发育，心智也在不断成熟。中学生是少年期到青春初期的阶段。一般来说，少年期是 11－12 岁到 14－15 岁(初中学生)；青年初期 14－15 岁到 17－18 岁(高中学生)。初中阶段学生主要特点是：半幼稚、半成熟的时期，是独立性和依赖性、自觉性和幼稚性矛盾错综的时期。高中阶段学生的特点是：有关的认知能力，例如对客观事物的注意范围已达到一般成人水平，能在比较复杂的活动中很好地分配自己的注意；辩证逻辑的思维开始形成。[②] 海外少儿中文教材要针对小学生和中学生不同的特点来选材和编排：它的内容和主题应是中小学生比较感兴趣的；它对知识的安排，易于为不同年龄阶段的学生所接收；它的练习设计，可以启发学生的思路，促使他们独立完成作业。教材应重视客观效果，要有吸引力，能激发学生学习汉语的独立性和自觉性，在汉语知识的学习、语言技能的掌握以及中华文化的汲取等各方面都有理想的收获。

---

① 本例是作者 2007 年 3 月参加由旧金山中美国际学校举办的全美汉语教学研讨会期间，该校中文部教师交流介绍的。

② 朱智贤. 儿童心理学[M]. 北京：人民教育出版社，1979：189.

第十章 汉语教师教学能力培养

教学目标的实现、教学任务的完成，有赖于教师主导性的教学工作。而作为教学的主导者，教师本身就有一个知识的自我完善和教学能力的培养过程。张斌贤等学者在阐述教师个体专业性发展时认为：教师个体专业性发展是包括专业思想、专业知识、专业能力和专业自我在内的教师自身素质的提高和专业自我的形成。[①] 教师的专业能力，毋庸置疑，首先应体现于教学能力。因此，教学能力的培养与获得也是汉语作为第二语言教学的教师培养的重要任务。教学能力的培养首先应明确教学能力的内涵，了解教学能力在教学中具体表现在哪些方面；同时还需要知晓学生学习语言的心理过程和认知规律，掌握教学的认知原理；如是，通过大量教学的实施和体验，在实践中提高教学能力。

第一节 汉语作为第二语言教学能力的培养

汉语作为第二语言的教学能力既具有一般语言教学能力的本质属性，也包含了第二语言教学能力的特质。

一、汉语作为第二语言教学能力的定义和内涵

担任汉语教师，特别是汉语作为第二语言教学的教师，必须经历一个专业思想和专业知识的不断完善以及教学能力培养发展的过程。专

① 全国十二所重点师范大学联合编写.教育学基础[M].北京：教育科学出版社，2002：118—119.

业知识的完善主要指学习和掌握汉语知识、辞章知识和中国文化知识，这是教学汉语的专业基础。教学能力的培养包含两个方面：一是知识转化为应用能力，能进行汉字的说解、词义的辨析、语法的分析等等；一是知识转化为教学能力，能采取一些教学步骤和方法，将汉语知识有效地输入外国学生的大脑，并通过各种形式的操练和实践，培养他们的汉语交际能力和运用能力。

由此可见，教学能力的培养，牵涉到知识的完善和知识的运用，以及教学的组织和展开。汉语作为第二语言教学能力可定义为：教师所具有的组织和开展教学活动、剖析和分解教材内容、让学生理解和获取知识并转化为应用能力的一种本领和技能。

这个定义的内涵包含了三层意思：

1. 运用一些教学方法来组织课堂教学。例如上课时能驾驭和采用直接法、认知法、交际法或综合性的教学方法，运用讲练、讨论等教学手段展开教学；

2. 师生互动分析和理解教材。教学能力不只体现在教师独自讲解和授业方面，更主要的是反映在引导学生参与教材的分析，即开展师生互动，或问答、或质疑、或讨论来理解课文和语言点；

3. 促使学生掌握和应用汉语语言知识。教师要善于开展各种教学活动，让外国学生尽可能迅速而有效地理解课文，接收汉语知识，并转化为应用能力。

二、教学能力的体现

教学是否能提升并获取较好的效果，很大部分取决于教师教学能力的施展和发挥。而教师要施展和发挥自己的教学能力，就必须理解和掌控学生的“学”，懂得他们学习语言的心理过程和认知规律，才能更有实效性和针对性地进行“教”。在教学中，教学能力常具体体现在以下几个方面：

1. 能针对学生注意力分散而进行调整

学生的注意力是一种资源，在某段时间里注意资源是有一定限度的，能否合理调配和使用，直接影响学习效果。为此，教师要了解和摸清学生注意力分散的原因，并采取一定的对策。

(1) 教学内容的投放是否恰当

学生学习和接收知识信息，都要付出一定的注意力，才能承载这些内容。过量的教学内容，必然要付出过多的注意力，注意资源因此而消耗殆尽，从而引起机体接收机制的饱和与超载，进而产生拒载的情况，于是后续的内容就难以被接收和消受，导致学习的停滞或故障。对此，教师要及时施展调整教学内容的能力，舍弃一些次要的东西，将学生的注意力集中到最重要的知识上面。

(2) 教学节奏的安排是否合理

课堂教学的环节与步骤之间应该有一定的节奏，过于松弛疲沓固然不可，过于紧张而没有喘息时间也不行。紧张的课堂节奏，造成学生身心无限疲劳，神经细胞由兴奋转入抑制，精神涣散，注意力无法集中。而且由于注意资源没有恢复和调整的时间，学生疲于应付，很难获取较好的学习效果。对此，教师要施展合理安排节奏的本领，将一堂课分成若干节奏段落，段落之间有些空隙调节一下紧张的情绪，使教学有张有弛地进行。心理学研究成果中的首位效应和近因效应显示，人们在开始学习时注意力集中，容易识记；而学习到某个知识项目末尾的信息，相对来说在认知中是最近的，也不易遗忘。学习过程中处于中间的知识内容在记忆中往往比较淡漠。因此，要充分利用认知心理中的首位效应和近因效应。教学中，节奏段落安排得好，不仅注意力可得到休整和调节，而且由于有多个节奏段落，等于有了多个首位效应和近因效应，学习自然容易取得良好的效果。

2. 能针对学生学习容易遗忘而采取措施

学生新接收的语言信息和知识,非常容易遗忘。这是因为感觉机制(视觉和听觉等)刚接触的东西都暂时性地安置在短时记忆之中,而短时记忆的容量太小,新信息极易被后续的信息排挤出去而造成遗忘和消失。只有通过复现和再认,才能在新信息遗忘之前输入长时记忆并因而得以长久贮存。对此,教师要发挥自己的教学能力,积极采取措施,尽可能把短时记忆中的信息及时转移到长时记忆之中。信息转移的有效举措有:

(1) 组织复现和再认的教学活动

防止学生遗忘的有效措施莫过于组织复现和再认的教学活动。复现是重复出现学过的知识,属于"温故"的强刺激;再认是在不同语境中识别新学的知识,属于"应用"的强刺激。两种举措都能强化新的信息刺激而在学生头脑中留下深刻的印象。教师在上新课过程中能及时地、有意识地开展复习和辨认新知识的教学活动,就能保证有更多的信息得以巩固。

(2) 提供新知识更多的编码线索

新知识,例如词语,乃是以音、形、义等线索编成语音码、空间码、语义码而存放记忆库,输入时的编码线索越多(比如同形词和同义词的比较、词与词的组合和搭配等等),记忆就越巩固。如果教师在开展复现和再认教学活动时,能提供有情节或情景的语料,例如学习"经济"这个词语,提供市场和商业的情景,就容易引起学生的联想和识记。他们在对新知识编码时,会连同情节和情景一起编码进去。语义编码和情景编码两者的结合,增加和增强了编码线索,有助于新知识的巩固,也有利于新知识的提取和应用。

3. 能针对学生接受新知困难而改变方法

学生接受新知一般采用的是同化或顺应方式。同化是在旧知的基础上接纳新知,即新知为旧知所同化,条件是新知与旧知是相关或相联的,同化的结果是深化或细化了知识。顺应是原有的知识结构中没有新知的元素或成分,缺乏同化的条件,需要调整知识结构空出位置来接纳新知,顺应的结果是逐步完善知识网络结构。如果学生接受新知困难,往往是同化或顺应出了问题。为此,教师需要改变教学方法,为学生接纳新知创造条件。

(1) 唤醒学生的旧知,开发同化条件

学生不能接纳新知,有时是与新知有关联的旧知没有激发出来,或者虽然旧知被激发却与新知关联不起来,导致可以同化却未能同化的缘故。例如,学习留存在现代汉语的文言虚词“于”,学生觉得难度较大。“于”在“寒于水”“生于忧患”“于己有利”“求教于人”等语句中各有不同的意义,除了理解有困难,亦很难掌握。这时,教师应运用问答、导引、比较、回忆、语素关联等方法辅助学生将旧知从脑海中钩沉出来,例如把现代汉语的虚词“比、在、对、向”等一起唤醒和调动起来,跟“于”进行比较(如:比水寒冷、在忧患中出生、对自己有利、向人求教),让学生体会“于”有这些虚词的作用,于是新知“于”跟旧知“比、在、对、向”关联到了一起,就容易理解和识记。可见,教师能把沉睡在学生记忆库中的有关旧知唤醒并调动起来,可以让学生较为顺利地同化和接纳新知。

(2) 对比母语与汉语的异同,创造顺应条件

外国学生学习汉语,常常用母语的语言知识去同化汉语知识,因为两种语言中有些相同和共通的东西。例如母语为英语的学生,学习汉语生词时,常从母语中找出对应或相应概念的词(如汉语的“快”对应于英语的 fast、quick;“慢”对应于英语的 slow 等);学习汉语语法,也尽力将它们跟母语对照,寻求其中的规律(如汉语的主动宾句跟英语基本类似;汉语的形容词谓语句,不像英语那样一定要加“是”动词系联等)。但是不同的语言系统毕竟有着种种差异,汉语中有许多特殊现象,母语

是无法同化它的。这正是外国学生接受比较困难的地方。对此,教师应运用对比的方法,说明汉语的特殊之处(例如介绍和讲解汉语中凡有处置意义的句子,都使用“把”字句把宾语提前以显示强调,很少把宾语留在动词后面的,这跟英语有很大的不同。),让学生在原有的知识结构中留出位置,顺应和接纳汉语中的新知。

由此可见,教师处理课堂教学的能力,对于学生能否顺利而有效地接收和识记新知识是举足轻重、至为重要的。

4. 能针对学生汉语应用能力薄弱而加以引导

学生在课堂上学习和接收新知,尚属于陈述性知识,只解决“是什么”的问题;而要应用这些知识,则必须将它们转化为程序性知识,即解决“怎么用”的问题。程序性知识是将陈述性知识分解为一步步的推导公式,依照这些系列化的公式,组合词语,生成句子,表述思想。而外国学生学习汉语,往往所接受的知识尚未经过程序化,或者程序化了却不能熟练推导和应用。对此,教师必须引导学生将陈述性知识转化为熟练的程序性知识。

(1) 强化程序性知识

陈述性知识通过同化或顺应,学生一般能较快地接受;程序性知识的接受还需要有一个转化和熟练应用的过程。程序性知识的基本规则是:在什么条件下,可以进行怎样的操作。例如,学生了解了汉字形旁“心”及其变形,知道凡是带心旁的汉字大都与“思想、情绪、心理活动”有关,教师就可列举一些词语如“想念、感情、思慕”等等,让学生根据这个程序推测其意义。语法规则亦是如此。程序性知识的建立和熟练要通过很多次的练习和训练,教师必须有这种教学能力去促成学生转化和掌握程序性知识。

(2) 指导语言知识迁移

学生学习和应用汉语知识,集中反映在语言知识的迁移方面。把学过的汉语知识，应用在跟教材同一情景或语境之中，带有模仿的性质，这是水平迁移。例如，学过“蔚蓝色的天空”，造出“鸟儿在蔚蓝的天空中飞翔”。当然，这仅仅是初级的应用，教师应运用自己的教学能力，引导学生把学到的汉语知识应用到跟教材不同的情景或语境之中，带有创造性质，即进行纵向迁移。例如把“蔚蓝”这个词语应用到大海，造出“轮船在蔚蓝的海洋中行驶”这样的句子。学生的汉语知识(或某个语言项目)从水平迁移提升到了纵向迁移，这才算是真正的掌握。

以上四个方面比较集中地体现与反映了教学能力的作用。此外，如何端正学生的学习动机和态度，如何保持学生的学习兴趣和动力，如何根据学生的不同认知风格而进行因材施教，如何组织和开展学生的课外活动，等等，都需要教师有相当的组织能力、管理能力和教学能力。

三、教学能力的培养途径

教师进行教学的基本条件是必须具备相应的知识，“其中不仅有理论性知识，而且更重要的是实践性知识”。[①] 许多教师，特别是新手教师，已经具备相当的专业理论知识，关键在于如何用好这些知识。“传统师资培养方式不是以教师在实践情境中面对的具体问题为中心，而是以理论知识学习为主，然后加上实践技能的训练，基本形式是授课，课程的实践性体现得不充分。”[②]因而教学能力的培养有必要加强针对性，提高实践性。教学能力的培养可以通过以下途径加以实施。

1. 明确和把握教学任务

明确和把握教学任务，即：对教学对象要有充分了解，对教学目标要有清晰认识，对教学内容要有充分把握。汉语教师首先要了解和研究自己的教学对象的一般学习特点和学习汉语的难点，为掌控课堂教

① 陈向明.实践性知识：教师专业发展的知识基础[J].北京大学教育评论，2003(1)：104.

② 张园.培养对外汉语应用型硕士的教学实践能力——建设以实践性知识为基础的课程[A].国际汉语教育人才培养论丛(第一辑)[C].北京：北京大学出版社，2008：129.

学提供最基本的条件。

其次,对教学目标要有清晰认识。就语言教学而言,不外乎明确在所教学的时段内语言知识的讲授以及语言技能训练的重点难点等具体任务。

再者,充分把握教学内容,就是要分解和剖析语言材料(课文)。课文是情节内容和语言形式的统一体,教师的"教"和学生的"学",都是透过语言文字来攫取其中蕴涵的各种信息。教师必须善于分解课文的语句(如解释生词和分析句子)和剖析篇章段落(如划分层次段落和分析文章结构),才能提高教材的可懂度,为学生所理解与接受。教学决非是采用"你读、我读、大家读"或照本宣科式地"读一句讲一句"那样的简单方式所能奏效的。而这方面恰恰是一些新手教师的通病,他们面对教材,往往不知如何处理,反映了他们缺少分解和剖析课文的能力。教师培训中往往采取集体备课的方式,一方面可以集思广益,对教学目标有清晰认识,更重要的是可以培养新教师处理课文的能力。

2. 掌握教学的实践性知识

"实践性知识"(practical knowledge)首先是由 Elbaz 提出的,她认为这是教师以自己独特的方式拥有的一种特别的知识,强调教师知识的"实践性"。[①] 陈向明认为,实践性知识是教师对自己的教育教学经验进行反思和提炼后形成的,并通过自己的行动做出来的(enacted)对教育教学的认识。[②] 她把教师的实践性知识归纳为六个方面的内容,即教师的教育信念、教师的自我知识、教师的人际知识、教师的情境知识、教师的策略性知识和教师的批判反思知识。[③] 江新、郝丽霞在对对外汉语

① Elbaz, F. The teacher's "practical knowledge": Report of a case study. *Curriculum Inquiry*, 1981(11): 43—71.

② 陈向明. 搭建实践与理论之桥——教师实践性知识研究[M]. 北京:教育科学出版社, 2011.

③ 陈向明. 实践性知识:教师专业发展的知识基础[J]. 北京大学教育评论, 2003(1):106.

教师的实践性知识进行分析的时候，将对外汉语教师的实践性知识归纳为七个所涉及的领域，这七个领域是：语言学知识、一般教学知识、语言教学知识、关于学生的知识、跨文化交际知识、文学文化知识、关于机构的知识。① 综上所言，教师的实践性知识更多地来自于教学实践，具有独特的个性，与教师个人的认知与情感等有着十分密切的关系。汉语作为第二语言的教学能够顺利进行，除了教师应掌握一般意义上的学科专业知识以外，其实践性知识起着十分重要的作用。在汉语作为第二语言教学中，教学的实践性知识一般包括教案的设计、教学活动的组织和课堂学习气氛的营造等等。掌握这些知识，并能在教学实践过程中应用，对于培养和提高教学能力，有着重要的意义。

(1) 设计和拟制教案

教师备课，就是研究课文，研究学生和研究教法，并将研究结果设计为可以操作的教学环节和教学步骤，形成书面计划，这就是教案。说得形象一点，教案就像拍摄影视片的分镜头剧本，既要展现故事内容(课文)，又要顾及观众(学生)的接受水平。教案设计的好坏，直接影响上课的质量和效果。对一个汉语教师而言，能把所教的内容和所采取的教学活动及教学方法紧密结合为可实施的教学计划，这也是极为重要的教学能力和基本功。有些教师培训活动强调集体备课，共同设计教学活动，这正是有意识地培养教师的教案设计和教案拟制的能力。

(2) 组织和开展教学活动

教学必须有秩序、有步骤、环环相扣地展开，这里包含着众多的教学方法和教学活动，需要教师去计划、组织和协调，保证教学顺利而有效地进行。教师独讲，学生光听，自然无需多少组织教学的才干，但效果肯定不理想。有经验的教师，其教学能达到极佳的境界，就因为他们

---

① 江新、郝丽霞. 新手和熟手对外汉语教师实践性知识的研究[J]. 语言教学与研究，2011(2).

有能力组织和驾驭课堂教学活动，用多种教法，采取有效措施，引导学生学习和识记课文内容和语言知识。

（3）掌握和营造课堂学习气氛

学生的课堂学习是一种高效的脑力劳动，它必须在一定的学习氛围中进行，过于散漫或过分紧张都不利于学习活动的展开。因此，教师要掌控课堂的气氛，随时加以调整，以调动学生的学习积极性。教师在实施教案的过程中，可能会碰到一些难以预料的情况，诸如学生听不懂，有的表情茫然，有的提出疑问，有的思想不集中，等等，这就要求教师能灵活应对学生的各种反应，能根据学生的反馈，调整和营造学习气氛，改变或改进教学。

通过教学实践，可以把有效的、能够提高教学能力的具体方法归结为“实践、研究、尝试、观摩”八个字。实践各种课型（听说读写），各个年级（初中高）的教学，若能接触东西方众多国家的学生则更为有益；研究一些教材，从中汲取养料，譬如生词的解释、语法的讲解、练习的编写、思考题的提出等等；尝试和开展多样的课堂教学活动，例如讲读式、讲练式、讨论式、合作交流式、先行组织者式、提问质疑式等等，体会这些教学范式的特点和操作细则，以及需要注意的事项；观摩有经验教师的教学，吸取其长处，用以借鉴、提高自己的教学工作。

3. 进行教学反思

在培养教学能力的过程中经常进行反思，可以“把专家型教师或同行有价值的教学经验与自己的教学经验产生同化或顺化过程，形成自己在教学情境中的专业技能”。[①]教师培训中运用的一些方法，诸如新教师分组演练语言点的教学，展示自己学到的教学技巧，进行互评；或者拍摄教学录像，互评互议，推敲和探讨，这些都是很好的进行教学反思

① 傅道春．教师的成长与发展[M]．北京：教育科学出版社，2001：33.

的举措，能使受训教师很快具备相应的教学能力。再者，可以组织汉语教师尤其是新教师，对其他教师的教学案例或教学日志进行分析，并引导他们在教学实践中有意识地进行对照与反思。

在教育和教学的相关理论基础上，通过对教学实践的反思，提出解决问题或进一步加以完善的方法和举措，既能使教学更为合理、有效，也"有利于教师经验和知识的重新构建"，[①]从而培养和提高教师的教学能力。

教学能力的培养，除了在理论上进行充分认识与阐述，还可以通过具体教学实例的展示和分析，从感性到理性进行进一步的诠释。以下两节，将通过汉语作为第二语言教学中使用频率较高的词语教学和情景设计来具体分析、印证教学能力的内涵、教学的认知心理基础以及在教学实施中教学能力的表现，从而使教学能力培养的阐释更为具体、更具有针对性和说服力。

第二节 图式与汉语作为第二语言教学中的词义传达

图式理论是认知心理学的基础理论之一。图式作为心理学的概念，最早是由英国心理学家 F. Bartlett 于 1932 年在《记忆》(*Remembering*)中提出：人的记忆能够把各种信息和经验组织成认知结构，形成常规图式，储存于人们的记忆之中，新的经验可通过与其对比而被理解。[②] J. O'Malley 等人(1990)进一步阐述："图式是长期记忆中信息储存的一种方式，是围绕一个共同题目或主题组织起来的大型信息结构，其规模大于命题网络。图式的典型结构是按层次组织，使信

① 汪琦. 浅析反思型教师与汉语国际教育硕士培养[A]. 国际汉语教育人才培养论丛(第一辑)[C]. 北京：北京大学出版社，2008：86.

② Bartlett F. *Remembering* [M]. Cambridge University Press，1932.

息子集归入更大,包容更广的概念之中。”[①]图式在信息的输入与输出中,在知识的组织中,起着十分重要的作用。图式与语言,特别是第二语言的词语教学有着密切的关系。在第二语言的词语教学中,词义传达通常被人们称之为“释词”。我们认为,“释词”往往着重于教,强调如何把词义解释清楚。而“词义传达”则不仅要“传”,即如何教,如何解释词义,也关注到“达”,涉及学习者对词义的理解和接收。

一、图式的内涵与作用

所谓图式是综合事物诸种特征的一种方法。信息输入和输出的过程都有图式的参与。图式作为一种心理组织,集合了关于事物的具体构成的知识,如事件的空间构成,时间构成,故事的情节构成等等。这些知识结构的内部联系是很紧密的,有很强的整体性。[②] 以事件图式为例。事件图式是以事件为单元的等级层次结构。这里的知识单元是事件,一个事件由若干个下一层次的小事件组成,而每个小事件又由若干个更细小的下一层次的事件构成。如乘坐公共交通车(公交车)的事件。

候车:乘客走到车站。乘客在站台排队等候。公交车缓缓驶来。乘客依次上车。乘客买票(投币或刷卡)。乘客找座位坐下或找地方站立。

行驶:公交车起动。公交车沿途停靠。车上广播(或售票员)报下一站站名。

下车:公交车到站开门。乘客由另一门下车。

换车:同站换车——乘客看公交车多个站牌的简图。乘客注视过来车辆的号牌。乘客选择所需车辆上车。

---

① O'Malley, J. M. et al. *Learning strategies in Second Language Acquisition* [M]. Cambridge University Press, 1990.

② 彭聃龄. 语言心理学[M]. 北京:北京师范大学出版社, 1991:210.

异站换车——乘客下车后打听换乘车辆的车站位置。乘客寻找到车站。乘客继续在车站候车。乘客又上车继续行程。

到达：公交车到站开门。乘客再次下车。乘客步行寻找(包括打听)目的地所在。

以上是乘坐公交车的事件图式的一般活动过程。人们(包括乘客、司机、售票员)基本上都遵循这个图式进行活动。把这些关于乘坐公交车的知识储存在头脑中，以后当语言材料中涉及乘坐公交车这类事件时，人们就会自然地想到它的一些细节，从而明白它的含义。社会生活中有无数诸如此类的活动过程，它们包含着丰富多彩而又带有一些规律性的事件结构。事件图式以及相应的场景图式、故事图式等等，在语言材料的理解和记忆中具有预期、意义内化、储存提取等组织作用。曼德勒(Mandler，1983)等人证明，对事件材料的回忆要比对概念性材料来得好，这是因为材料纳入事件图式后获得了紧密的心理联系。①

图式是认知的建筑块件(the building blocks of cognition)，②多个定义或多个命题可以组合为一个图式，多个相关的图式联合在一起就成了一种知识。因而某种知识可以分解为多个或一系列的图式来认知和理解。换言之，掌握了多个或一系列的图式(即块件)，将其综合起来，就是掌控了某种知识。以下例电话交谈为例。

甲：中秋节快到了，我想去看看老师，你说买什么礼物好？

乙：当然是月饼了。

甲：我也曾想到，但是老师年纪大了，送太甜的月饼合适吗？

乙：椰蓉馅的不是很甜。要是老师不爱吃甜的，可以买肉馅的

① 彭聃龄.语言心理学[M].北京：北京师范大学出版社，1991：208.

② D. Rumelhart. "Schemata: the building blocks of cognition", in J. Guthrie (Ed.). *Comprehension and Teaching: Research Reviews* (Newark, Delware: IRA), 1981: 3—24.

月饼。

甲:听说杏花楼的月饼很出名。

乙:是的。但是如果你想买咸的月饼,可以到淮海中路的长春食品商店,那里的肉馅月饼很不错。不过肉馅月饼不是广式的,是苏式的。

甲:好啊,你能陪我去吗?

乙:当然可以。这样,你先坐地铁到火车站,然后转乘104路公交车,在陕西南路淮海中路站下。我在那儿等你,然后我们一起去买。

这段对话之所以交流比较顺利,是因为说话的双方彼此都掌握和利用了头脑中的图式:有关中秋节送礼的图式;有关月饼有外皮和内馅、外皮有苏式和广式之分、内馅有甜馅和肉馅之别等图式;有关乘车、转车、公交线路的图式,等等。说话者一方能接受和采纳另一方的建议,就是依据图式所提供的知识,按照自己的判断和评估做出合适的处理和回应所致。

在汉语作为第二语言的词语教学中,词义的传递,即词义的解释和说明,应用得比较多的一般是实物(包括图片)匹配、寻找母语的对应词、下定义揭示含义、描写词语的性质和概念等等方法。比如中文生词"月饼",可以出示实物或图片,让"月饼"与实物联系起来在头脑中生成印象;也可以找母语的对应词或者下定义来解释。一般教科书上把"月饼"翻译为 moon cake,但这样的译法并不对应,外国学生看了往往不知所云。当然还可以借助于工具书,补充为月饼是中秋节专用食品(esp. for the Mid-Autumn Festival)①,但依然语焉不详,外国学生还是不甚

① 朱原,吴景荣.《精选英汉汉英词典》[M].商务印书馆、牛津大学出版社,1986:544.

明了。而如果下定义:圆形有馅的点心;再补充一句:中秋节应时的食品[①],则比较具体一点了。然而这也还只是停留在事物表面的层次上,没有揭示中秋月饼的真正含义。中秋月饼的特殊含义至少包括了:月饼像月亮一样圆;月饼象征家人团聚;月饼包含嫦娥奔月的故事;月饼是中秋佳节的应时礼品等一系列命题。简单地下定义已无法涵盖属于知识和文化范畴的内容,而运用图式来解释、记忆和理解,通过多方面、多角度地深入分析,可以让人体会到中秋月饼深层的文化内涵和完整的概念。而学习汉语的外国学生也可以凭借图式来思维、理解、进行交流。

二、图式与词义传达

在汉语作为第二语言的教学中,词义的传达与图式的存取密切相关。词义传达包括词义的传递(解释)和词义的晓达(理解)。

1. 图式与词义的传递

在汉语作为第二语言的教学中,词语的解释和说明是接触、认识汉语生词的第一步,外国学生了解一个生词的含义、概念和用法,多半是在词义传递的教学中完成或打下基础的。继而通过复现、再认,储存进大脑保持和记忆,并在后续学习中提取以及应用。词义传递的方法比较多,诸如出示实物(或图片)、下定义、同义词对照或反义对照、找出学生母语的对应词、入句法、描写法等等。其中找出学生母语的对应词、入句法、描写法就涉及对图式的利用。

找出学生母语的对应词(或词组),是最为精简的词义传递的方法。乍看似乎与图式无关,其实是充分利用了学生在习得母语词语时所获取的图式。例如"安静"对应于 quiet,教师一经指点,英语国家的学生

---

① 中国社会科学院语言研究所词典编辑室.《现代汉语词典》第五版[M]. 北京:商务印书馆,2005:1682.

马上能领悟其含义及其用法。因为他们在学母语 quiet 时已经附加给该词一些图式，比如：安静！(Be quiet!)；保持安静 (to keep quiet)；老人们愿意过安静的生活(live in quiet)等等。由于母语词语的迁移作用，英语国家的学生学习中文词“安静”后，能较快地、自如地应用这个词语，这应该归功于学生头脑里已存图式的积极作用。

描写法是针对某些概念比较复杂的词语，采用多方位、多角度的描写方式解释其丰富的内涵。例如中文词“春意”，很难用一句话概括，光说它是“春天的景象”，过于笼统和抽象。如果用描写法，借助相关的图式，学生就可比较具体地去体会。我们可以从春天的状态(万物生长，百花竞放)、春天的气温(春暖花开，春江水暖)、春天的自然景色(青山绿水，群莺乱飞)、春天人们的服饰(色彩鲜艳，面料轻薄，款式多样)、春天人们的心情(生气勃勃，喜逐颜开)、春天男女的恋情(春心荡漾)等不同视角去描写和展示有关春天的图式，以突出“春意”的特色和含义。

入句法，也有称之为语境法的，是把需要解释的中文词语放在一个或几个句子中来领会。脱离语境的词语，孤零零地念读和解释，学生有时不易理解和把握，特别是一些形容词语和比较抽象的动词，下定义和解释都不容易讲清楚。如果将该词语放在一定的句子或话语中，即放在相同或不同的语境里呈现，借助于图式，则能较好地帮助学生加以理解。例如中文词语“报恩”在句子中：

> 爸爸妈妈教育、培养我们兄弟俩很辛苦，我们长大后一定要报恩，让他们生活得幸福。

这个句子的前半部分“爸爸妈妈教育、培养我们兄弟俩很辛苦”描述了父母养育孩子的辛劳，可以激活学习者一系列关于父母抚养儿女的事件图式，体现“恩情”；句子的后半部分“让他们生活得幸福”则能让学习者联想到幸福生活的场景图式或故事图式，从而很好地体会和理解“报恩”一词的意义和概念。

再如描写中秋节的句段："秋季，天高气爽，风轻云淡，夜里的月亮越发明亮。在农历八月十五这一天，一轮圆月就显得更加皎洁"[1]。这一段文字中"越发"和"皎洁"这两个词义的传递，通过上下文语境的描述引出关于秋天的图式，可使其变得易于理解。"天高"和"云淡"增加了月亮的透明度，从而使秋天的月亮比平时更加明亮。"越发"一词的词义由于在上文"天高气爽、风轻云淡"的情景图式中得到了关联和照应，使人能十分形象地加以理解。同样"皎洁"的词义，也可以通过上文"夜里的月亮越发明亮"以及"一轮圆月"这些情景图式联想到"明亮的圆月"，从而体会"皎洁"的词义。

借助于图式进行词义传递，是充分调动学生头脑中的图式，并将其生活经验的感觉与词语意义建立起特殊的关系，从而将语义编码表象化，由此帮助学生正确领会词义，促进记忆。而图式化（或者说情景化、语境化）了的中文词语，由于具有各种不同联系的事物可以产生各种不同的联想，不仅容易贮存、记忆，也方便需要应用时提取，还可以在此基础上举一反三，扩大词汇量。

2. 图式与词义的晓达

汉语作为第二语言的词义传达的实现，是词义传递（解释）和词义晓达（理解）共同作用的结果。因为语言理解不是被动地接受语言刺激的过程，而是一个主动加工的过程。语言理解是由语言感知提供的输入信息与已有的认知结构相互作用的结果。[2] 词义的理解是建立在新知识和已有知识的相互联结上的。新知识的理解一般采用同化和顺应两种方式。同化指学生将新知识有效地整合于已有的知识图式之中。顺应指当学生遇到不能用已有的图式来同化新知识时，便对已有的图

---

① 华东师范大学对外汉语教研室.《基础汉语续 25 课》[M].华东师范大学出版社，1989：261.

② 彭聃龄.语言心理学[M].北京：北京师范大学出版社，1991：141.

式加以修改或重构,以适应新的知识。[①]

从图式的角度进行分析,词义的晓达(理解)与图式的建构有密切关系。由于图式是人类知识高度概括抽象的认知结构,因而图式与人类生存的自然环境和社会环境,尤其是群体文化与生活习俗有着紧密的联系。不同民族和文化背景的人们之所以能够沟通,是因为在他们的认知结构中存在着相应的具有共同性的思维形式和一定的具有重合的图式。在词义的理解上,重合的图式如:汉语的"隔墙有耳"和英语的"walls have ears";汉语的"趁热打铁"与英语的 strike while the iron is hot。汉语的"白昼"与日语的"白昼(はくちゅう)";汉语的"歌手"与日语的"歌手(かしゅ)"等等,因为表达方式基本相同,所以不会构成理解障碍,词义能顺畅晓达。

然而,由于学习者所处的自然地域的差异,社会文化背景和生活方式的不同,所形成的人们的认知图式也会有相异之处。这种图式的差异,如图式错位、冲突或缺省等,对第二语言的词义理解和晓达会产生一系列影响。

图式的错位如:汉语的"红茶",在英语中表述为"black tea"(按字面义当理解为"黑茶");汉语"朴素的衣服",在英语中表述为"quiet clothes"(按字面义当理解为"安静的衣服");而英语"busybody",按字面意思在汉语中可以理解为"大忙人",可是在英语中的词义却是"爱管闲事的人"。[②] 再如汉语的"农民",在日语中表述为"百姓(ひゃくしょう)"。"农民"和"百姓",在汉语为母语学习者头脑中呈现的是两种完全不同内涵的图式;汉语的"心算",在日语中表述为"暗算(あんざん)"等等,亦如此。日本学生曾造出这样的句子:"孔乙己身材很高大,青白

① 李维.认知心理学研究[M].杭州:浙江人民出版社,1998:49.

② 邓炎昌,刘润清.语言与文化——英汉语言文化对比[M].北京:外语教学与研究出版社,1989:157.

脸色，真是好看的样子”。[1] “青白脸色”的中文语义是形容一个人脸色不好，常因气愤、疼痛所致或显示一种病态。而日本学生会认为“真是好看的样子”，不能不认为是由于不同的社会文化背景和审美观念而形成的图式的差异或错位给词义理解带来的偏差。

除了图式的差异，更容易引起误解的是图式的冲突。所谓图式冲突是指学习者认知结构中已建构的图式与蕴含了目的语文化的图式相悖，学习者以母语文化图式来理解目的语词语的含义，由此造成误解。例如，孔雀在中国被人们看作是禽类中一种美丽的鸟，因而孔雀也就成了美丽的代名词。但是在英国，孔雀却是祸鸟和淫鸟。孔雀开屏这种生物的自然行为也被赋予“自我炫耀”和“吹嘘”之意，于是就有了代表贬义的 as proud as a peacock（像孔雀一样的骄傲）的说法。[2] 再如，作者 2000 年在美国讲学，美国中文学校的老师提出，“愚公移山”这个成语美国学生无法理解；把它作为课文来学习，学生更无法接受。美国学生认为愚公根本不必挖山，搬家就能快速解决问题，而且“子子孙孙挖下去”更是不可思议。这种图式冲突来源于对愚公移山这则寓言故事深层次的文化含义的误解。作为中国古代寓言故事，愚公移山要弘扬的是锲而不舍、坚韧不拔、持之以恒的精神以及牺牲自我、造福他人的美德（当然也蕴含了中国人难舍家园、难离故土的“根”的情结）。而美国学生在他们母语文化背景下形成的是求变化、讲效率的生活观和价值观。搬家、换工作乃至移民都是他们应对生活中的变化、寻求更好发展的行为方式，以致成为一种被公众所接受的较为普遍的社会现象。因而当他们遇到“愚公移山”这个成语时以母语文化的图式来理解其词义，必然形成图式冲突。

除此之外，图式的缺省也是值得在汉语作为第二语言的词义理解

① 吴丽君．日本学生汉语习得偏误研究[M]．北京：中国社会科学出版社，2002：309.

② 杜学增．中英（英语国家）文化习俗比较[M]．北京：外语教学与研究出版社，1999：237.

中引起重视的。例如阴阳、节气、三伏、三九;中医的“寒”与“热”等等,外国学生头脑中缺乏与该类词语相适应的图式,由此形成图式的缺省而无法理解词语的含义。

上述所列种种提示我们,在汉语作为第二语言的教学中,有必要对词义的传达加强必要的拓展,帮助学生了解中国的历史、民族文化、生活方式和社会习俗等,建构相应的图式。同时,词义的晓达不仅关乎不同文化间的图式匹配,也关系到学习者头脑中业已储备的图式。汉语作为第二语言教学的对象,有相当部分是成年人。成人的知识和阅历都比较丰富,这些丰富的知识和经验已经形成图式储存在他们头脑的记忆库中。因而可以引导外国学生在理解词义的时候,根据已有知识进行修改、重构或添加,将词义所传递的信息与自己头脑中相应的图式加以联系,从而正确理解所学词语的词义并准确运用汉语词语。

图式现象充分体现了人类已有的认知结构在处理外界信息时的主动作用,这种作用贯穿于信息加工的全过程。[①] 在汉语作为第二语言的词语教学中,充分利用图式,不仅可以有效地帮助我们搜索和提取信息,也可以帮助我们更好地加工信息,建构更为全面、清晰的图式并由此提高词语教学的效果。

第三节　汉语作为第二语言教学中的情境设计

汉语教师的教学能力直接关系到汉语作为第二语言教学的实施。进行汉语教学,广博的知识素养、扎实的语言功底固然重要,而教师设计教学的能力的发挥,更关系到汉语教学的成效。汉语作为第二语言教学显示,汉语教师的教学能力,尤其是教学设计的能力会直接影响到

① 彭聃龄.语言心理学[M].北京:北京师范大学出版社,1991:217.

教学效果。本节将结合两例海外汉语教学的实例,对汉语教师的教学能力,特别是第二语言教学中常用的情境设计进行分析阐述。

案例 1

亚洲一公立学校;母语环境;教学对象:小学生;汉语水平:初级;教师:本土汉语教师,该教师曾是该校学生,毕业后留校任教多年。

这是一堂阅读课,教师首先简要回顾了上节课的内容,然后进入新课《中国的小武术家》的学习。教学过程为:1 生词学习——教师领读生词;逐个讲解生词,如:对手、观众、愿意、打得过,拳头、胸部等等。生词讲解基本上采取词义解释的方法。生词讲完后,教师选择其中的几个词请学生造句,但是大部分学生造的句子都有错误,有个别学生完全造不出句子。于是老师又把这些词的意思重新说了一遍,然后自己造了几个句子给学生听。2 学习课文——教师领读,学生跟读;教师串讲课文。教师尚未把课文串讲完,下课的时间到了,于是教师匆匆收场。

案例 2

亚洲一公立学校;母语环境;教学对象:中学生;汉语水平:准中级;教师为中国大陆派出的汉语教师。

这是一堂写作课。教学过程为:1 教师说明本课的教学目的:学习记叙文/游记中移步换景的写作方法,教师板书“——游记”。2 教师简要讲解游记的写作要点。3 教师放映学生暑期到中国参加夏令营,游览上海豫园的视频。4 学生分小组讨论,然后写作文,教师巡视。5 教师点名让学生读自己写的内容。写作结果:大部分学生写了三句或四句话,有两个学生只写了一句话,还有几个学生只是在本子上写了几个词语。

上述两个案例的共同之处在于:教师都有比较明确的教学目标,但教学效果却不理想。究其原因,教师没有很好地设计和运用有效的教学方法来实施教学。古人云:“工欲善其事,必先利其器。”好的教学设计能帮助教师顺利完成教学任务,获得理想的教学效果。因而教师教学设计能力的培养与提高,是进行有效教学的基本保证。

一、情景设计在语言教学中的作用及认知原理

语言教学离不开情景设计,汉语作为第二语言的教学尤为如此。情景设计的重要性是由其在语言教学中的作用及其所蕴含的认知原理所决定的。

1. 情景设计在语言教学中的作用

第二语言教学是结构、功能和情景相互作用、互为因果的。语言有其内部法则,循序渐进地揭示和掌握,才能让学习者学会某种语言;语言是思维和表达思想的工具,必须让学习者把握它的各种表达功能,才能细致入微地传达个人的意念和情感;语言又是人们交际的重要手段,语言交流须依赖和凭借一定的场合或情景才能进行与展开。倘若语言结构离开具体功能,句子就只能表示陈述、疑问、感叹等句式,无法表现诸如问候、介绍、提议、批评、商讨、感谢等多种表述功能;而语言功能如果不在情景中展开,就无法连缀成话语,彰显其表达上的作用。可见,情景对于语言表述有着极其重要的作用和意义。

汉语作为第二语言的教学历来重视情景设计和情景教学,这不仅因为情景是实现语言功能不可或缺的重要因素,还因为伴有情景的话语和语言知识,学习者更易记忆和掌握。因此,汉语作为第二语言教学的情景设计,发展到今天,业已成为汉语教师应当具备的一种基本教学能力。

2. 情景教学的认知原理

第二语言教学实践显示,含有情景的语句和在一定情景中学习的语句容易习得和掌握。这其中蕴含着诸多认知原理,涉及编码线索和

语言应用迁移等心理活动。

(1) 编码线索

信息在头脑里是以一种编码的形式来表征的。也就是说,留存于长时记忆中的信息并不是“我们所看见的刺激的实际摹本,而是将它“‘编码’或转化”,“就像电码将字母转化为一种特殊的点线序列一样。”[①]认知心理学认为编码有两种方式,一种是情景或情节编码(即非言语的表象过程);一种是语义编码(即言语的符号过程)。有的信息适宜于情景或情节编码,如影视、图画、运动、表演等;有的信息适宜于语义编码,如语法、逻辑、理论等。但多数情况是进行语义和情景双重编码,如地理知识辅以直观地图,生物知识伴以实物、图片,历史知识融入情节故事等等。即使是语法规则,除了文字描述,常利用线性图表来加强记忆。生词解释,定义之外,还需实物、图片的联系,以及将其放入语句(或语境)以显示其意义来加深认识和印象。人们通过某种情景或某些意念,能够很快回忆出以往储存的知识,就是依赖诸种情景的、语义的编码线索得以激活、匹配和提取。编码的线索越多、越丰富,就越能记忆和储存,越能搜索和提取。美国认知心理学家罗伯特·索尔索认为“在对一个复合刺激编码时……可以注意其颜色、形状、大小、或距离,可以注意它的名称或与它有联系的其他许多事情。”[②]这段话启示我们,编码要注意不同方面、不同角度的线索,诸如空间(场合和环境)的、时间(长短和顺序)的、语音(声韵和节奏)的、外观(颜色和大小)的、内在(性质和功用)的等等。例如,学习成语故事“守株待兔”,就需要注意下列诸多线索:有“守(守候)株(树木)待(等待)兔(兔子)”的字义和语音线索;有“守株一待兔”连动式的语法结构线索;有成语所包蕴的寓言故事情节线索;有误认偶然为必然的哲理线索;有由此生发出的墨守成

① [美]R. L. 索尔索. 认知心理学[M]. 黄希庭等译. 北京:教育科学出版社,1990:389.

② 同上书,p. 309.

规的思想线索等等。这些线索经过编码，并由视觉、听觉、触觉等感觉神经细胞传输而汇总于大脑，便在长时记忆中储存了这个完整的成语知识。而教师在教学中加以举例应用，为这个成语添加应用的情景，则可加深学生的理解。如："当今市场形势严峻，如果我们公司仍然采用老办法来经营的话，无疑是'守株待兔'。""习惯势力使我们总是在原地'守株'，这样做是'等待'不到'兔子'的。"由于有了成语本身所蕴含的故事情节，加之教师增添或营造的情景(或语境)，这个成语信息的情景编码就很充分了。学习者以后需要应用时，从故事情节线索就能快速激活这个成语，从情景或语境线索就能反应出具体的应用场合和方式。可见，情景设计在接受新知识方面具有重要的意义。

(2) 语言应用迁移

学习语言，编码和记忆固然是第一要务，然而提取和应用则更具现实意义。语言应用的水平迁移，即把在某一情景或语境中学到的言语应用到同一情景或语境中去，平时教学训练的模仿造句，就属于此类。例如"过热"一词是在"连续的高温，导致天气过热，行走街上，小心中暑"的语境中学习的，学生依例句模仿，造出"这几天天气过热，容易中暑，不宜旅游。"这样的句子。另一种是纵向迁移，即把在某一情景或语境中学到的言语应用到不同情景或语境中去，训练中的自由造句或要求在所提示的新情景中造句，就属于此类。例如，学生在教师的指导和启示下，造出"遇到问题，头脑不能过热，要冷静思考。""她的体温过热，必须去医院检查。"这些句子。从"天气过热"迁移到"头脑过热"、"体温过热"，学生在不同的情景或语境中灵活应用了"过热"这个词语，已经有了新的创意和扩展。语言学习的过程，实际上是不断把水平迁移的东西，上升和飞跃到纵向迁移的层面上来。情境设计，就是为这种语言应用的上升和飞跃创造与铺垫诸种条件，以便更好地实现汉语学习的目的。

前文所展示的案例1,在词语学习时,教师除了单纯地进行释义以外,如果设计大量情景来帮助学生理解词语的意义,并在此基础上加以运用,则会显示出完全不同的教学效果。例如,可以以运动员的比赛情景展示"对手"的词义;可以通过图片、多媒体或视频展示武术运动和比赛场景,并由此讲解"观众""打得过"等词义。情景的应用,不仅能增添编码的信息线索,便于学生理解,尤其对小学生而言,由于年龄和生长发育的生理原因,他们的语义编码尚需假以时日;而情景比较具体生动,在记忆单词时连同词语所出现的情景一起进入记忆,使用时也容易引起回忆并启示、限制词语的意义,[①]从而帮助他们正确运用所学的词语,并从水平迁移过渡到纵向迁移。

二、情景设计的元素、规则与应用

一个情景,无论是虚拟的,还是真实的,一般由背景、时地、环境、人物、事件和主题等六大元素组成。这六个元素,如果设计时比较周详和明确,那么所设计和营造出来的情景,容易为学生所认可和接受。如果设计出来的情景模糊不清,其教学作用也会相应减弱。诚然,情景设计可以提高教学质量,但也有它的适用性。一般而言,情景较多地应用于阅读、对话、写作和练习。

1. 情景设计的元素

情景设计围绕着"背景、时地、环境、人物、事件和主题"等六大元素进行考虑和安排,这样设计出来的情景,即使虚拟成分较多,也是明确的、清晰的、有定的,可以成功地辅助教学。

所谓背景,大而言之,是指展开某一情景所依托的历史条件、政治因素、经济形势、地理环境等等;小而言之,是指事件处于某种具体情势

① 徐子亮.试论对外汉语教材的认知含量[A].第十届国际汉语教学研讨会论文选[C].沈阳:万卷出版公司,2012.

下而展开的某个场面。前者较多地应用于阅读课文,例如,教学课文《读孔乙已》,[①]就有必要进行“封建制度和读书人命运”的背景描述和讲解,否则学生很难理解孔乙已这个典型形象的所作所为。后者较多地应用于会话或写作,以充实说话和作文的内容。

所谓时地,则是时间和场所。时间指情景发生的年代、季节、月份、日子、星期、白昼(上下午)、黑夜等等,当然这些大大小小的时段和时点不一定要求齐全,有时也可用某种活动的“之前、之后”来替代,如早饭前、午饭后、上班前(后)、课后(前)、出发前(后)等等。场所,指情景展开的地点和场合。常见的有城市、乡村、山上、河边;机场、车站、码头;商店、影院、银行、邮局、医院;操场、教室、办公室等等。这是情境设计必须明确的,它直接牵涉到教学活动的进行。

所谓环境,指情景展示的天气(阴晴、雨雪、风力、温度等)、地理(山川、湖泊等)、绿化(树木、花草等)、设施和布置(公共设施和室内装潢等)、交通(附近的公路、桥梁、城市的公交和地铁等)、人群活动(流量、喧闹、安静等)等等,设计时可选择某些相关因素编织进某个情景。

所谓人物,指的是参与情景活动的角色,如同学、同事、同行、朋友、经理和职员、教师和学生、营业员和顾客、家长和子女、演员和观众等等。由于学历、职历、地位的不同,他们说话的用词、口气、语调也会有差异,所以人物角色的规定,对教学活动的开展关系也很密切。

所谓事件,指在某种情景下发生和展示的故事或情节。它包含着事件的起因、变化和结果,也是教学活动诸如会话和写作的主要内容。设计时对于事件的过程可详可略,有时只作一些提示,让学生去自由联想。

所谓主题,是指人物在某种情景下活动的目的,或者说是人物进行

---

① 刘珣.新实用汉语课本 4[M].北京:北京语言大学出版社,2004:86.

某个话题的主旨。有了明确的主题,所设计的情景就比较有意义。

一个情景,一般含有上述六个元素。但并不是说,设计的每一个情景都非得面面俱到地按着六个元素一一做出规定不可,可视实际需要选定几个元素来构思和营造某个情景。例如,配合课文《不见不散》[①]的"约会"功能意念,可以设计和营造这样的情景让学生组织对话:星期四晚上甲打电话给乙约他周末一起看戏;朋友甲约朋友乙参加节日聚会;老同学回国,同学甲约同学乙到老同学下榻的宾馆见面,等等。这些情景中,时间、地点、人物、事件、主题等元素交代得很清楚,是明线;而背景和环境等元素没有明提,是暗线,可供学生联想,给他们留有发挥的余地。

会话教学中语言环境的应用离不开语境的设计。这是因为各个学习阶段都有特定的新目标和学习内容,再加上学习个体的差异,会话教学就必须设置有针对性的语言环境或者是特定的情景以完成教学任务。语境的设计要考虑提供有交际价值的学生熟悉的场景和生活片段,减少随意性和盲目性。以下是在语境设计中尤其应当重视的几个方面。

(1) 语境设计要有开拓性或延续性

所谓开拓性即能够开拓学生的思路,起到引导启发的作用;延续性即环境可以提供给交际双方的对话以延续的条件。例如"你在百货公司买衣服,挑了半天总算选中一件使你满意的衣服,付钱时却发现钱不够"。再如"你到了一个城市,给朋友打电话,他搬家了,接电话的是陌生人"等等。这类语境不仅仅停留在"购物、付钱""给朋友打电话"这类比较固定的会话模式上,由于设置了一些意外的细节,可以使会话在固有的形式上有所开拓和延伸,这类情景设置对于中高级会话训练尤为

① 刘立新.汉语快易通——中级口语听力[M].北京:北京大学出版社,2003:63.

适宜。

(2) 语境设计要处理好会话双方的输入性与输出性的技能训练及其比重

所谓输入性与输出性的技能训练,即听与说的技能训练。有些语境设计可能只提供给交际双方中的一方以较多的表达机会,也就是一方有较多输出性操练机会,而另一方则只是当听众,接受信息,练习的是输入性的技能。例如“给中国同学介绍你们国家最有特色的食物”或者“中国同学给你们介绍中国的名胜古迹”等。在这类语境中进行的会话,往往一方是主讲而另一方是听众。因此要避免设计这类语境,使交际双方都有适当的输入性和输出性技能的训练机会。

(3) 语境的设计应当有针对性

所谓针对性即所提供的情景对会话双方的交际要有所指定。例如“在保险公司您与办理保险的公司职员对话”“在某某公司的晚宴上,大家谈话、祝酒”等,这一类语境设计得太宽泛,没有一定的针对性。在保险公司,你是去咨询、投保、还是理赔,会话双方的话题没有所指内容。晚宴上的谈话,人物(包括职业、身份)、事件(什么性质的宴会,是欢迎会、饯别会还是庆功会?)都没有限定,这样的会话训练教师难以控制,学生无从着手。

(4) 语境的设计应该明确、具体化

为进行会话技能训练而设置的语境应该是明确的。例如表示感谢的语境:“在去机场的路上,朋友开车把你遗忘在住处的护照送上”“出院的时候,你跟为你治疗的医生和护士告别”等等,这类语境时间、地点、人物、事件都交代得很具体明了。有些语境如“你和朋友很久没有联系了,这次见面互相询问对方的情况”“你和同学交流学习方法”等,在这类语境中展开交流,双方的话语可长可短,三言两语即能打发,长篇大论也未尝不可。所以这类语境的设置应该细化,尽可能明确谈话的要点。再如，把影视片段作为一种语境，会话练习要求学生就这些片段谈体会。这一类练习应该给出具体的语境，在语境的规约下进行操练。

语言环境在会话教学中是一种无所不在的外部条件。如果能充分地运用这个条件，就能使学生正确理解词语的语义，尽可能恰当得体地选用各种句式，减少语病，丰富语言经验，从而提高语言的运用能力。

2. 情景设计的应用

在教学中，情景设计较多地应用于阅读、对话、写作和练习。

应用于阅读。阅读课文涉及的内容较为复杂，时间跨度也较大，文化上的差异常成为理解的障碍，因此，一般需要作时代背景的描述。例如，配合课文有关子女的教育问题，就需介绍中国的生育政策和教育制度这些大背景，否则教学和讨论难以开展。

应用于对话。会话课，让学生组织对话，是常用的一种教学手段。而组织什么样的对话，就需要设计一定的情景来规定。例如，在机场遇到飞机晚点或推迟起飞，因而交谈近日的恶劣天气；又如，在地铁站候车而谈论交通的拥挤和堵塞；再如，去商店购物而谈论生日礼物，等等。

应用于作文。命题作文，教师需对学生作些引导和启示，这就应规定某种情景。例如要求学生写一篇关于应聘面试的习作，就要设定招聘的单位、职位、要求，以及面试的人数和面试发生的情况等等。这样学生作文就有比较充实的内容。又如，观看影像资料后作文，也要引导学生讨论和议定时间、地点、人物、事件和主题等等，让学生能够抓住资料中的东西而有话可说。

应用于练习。练习中的看图作文和看图说话，实际上是用图画来体现情景。特别是几幅相连的组画，更具有情节性。而组词成话或选词成话，则需提供一些情景，让学生练习时参考，教学就更有成效。如练习中列出一些词语“环保、绿色、卫生、污染、净化、损害、健康”等，要求学生组词成话。教师就可营造“工厂排放污染”和“菜农喷洒农药”等情景，让学生在不同的场合练习和应用这些词语。

结合情景设计的应用，我们可以发现前文案例 2 所存在的问题。案例 2 也运用了情景来帮助学生写作，比如“教师放映学生暑期到中国参加夏令营，游览上海豫园的视频。”教师利用视频营造了情景，但是学生并未写出教师所期望的段落或文章来。除了语言积累和表达的问题以外，仅就情景设计而言，也存在着若干需改进之处。其一，教师不能只展示情景。换言之，仅仅放映一下视频是不够的，在组织学生进行讨论时，应该引导学生议定时间、地点、人物、事件和主题等，让学生能够抓住视频中呈现的内容而有话可说。其二，应该结合游记(文章)的要求，对所展示的情景加以分析。其三，情景设计应该注意到适用度。经了解，这个班级当时参加中国夏令营活动的学生只是一部分，还有近半数学生未参加该项活动。所以情景设计除了以上海豫园为例以外，还应该设计为该国学生所熟悉的情景，这样才能让全体学生都有内容可写。

三、情景设计能力的训练和培养

第二语言教学的实践业已证明，含有情景的语句和在一定情景中学习的语句容易习得和掌握。因此，教材的编写，语言点常常伴随着一定的情景出现，这为教学提供了条件和方便。但是教材所出示的情景往往有较大的限制性，而社会生活的情景是生动的、无限的。学生学到的语言不能只在教材规定的情景中使用，还必须在丰富的社会交际活动中灵活运用。欲达此目的，教师必须进行多方面的情景设计，以满足教学之需，从而让学生把学到的语言知识从水平迁移(运用于与教材相同的情景)推向纵向迁移(运用于与教材不同的情景)。

增强与提高教师营造和设计情景的能力，可以从以下几个方面去努力，即：培养教师积累较多的情景图式；训练口头描述情景的能力；训练捕捉课堂内外的实地环境和情景;学会制作和运用图画情景或多媒体情景。

1. 积累较多的情景图式

情景是某种场合下人们的行为和活动;图式是带有类化的活动步骤或程序。例如人们乘坐地铁上下班,自动售票、刷卡、楼梯上下、候车、登车、行驶、到站、下车、刷卡出站等等,就是一种情景图式。有了一定的情景图式,学生就可进行与此有关的语言交流活动。教师头脑里如果积累较多的情景图式,营造和设计情景的能力就会大大增强,课堂教学也会因此而变得生动灵活。情景图式可以在阅读中积累,参阅现有的各种汉语教材,撷取其中的多种情景设置和设计;可以在实践中积累,通过课堂教学和课外活动,把握一些常用的情景图式;也可以在生活中积累,做有心人,多观察生活情景中的活动程序。

2. 增强口头描述能力

情景设计有两种,一种是实地情景,另一种是想象情景。想象情景是虚拟的,它须由教师加以口头描述,以引起学生的联想,从而唤醒他们以往的生活经验。因此,教师的口才对营造某种情景起着决定性的作用。增强口头描述能力应多练习讲述和复述故事情节、渲染周围环境或某个场合、交代清楚某个场景的人物关系,等等。情景的口头描述还应注意突出重点,抓准关键,以免拖沓的描述分散学生的注意力。

3. 训练捕捉、改造课堂内外的实地环境

虚拟的情景,学生会有不真实的感觉,开展交流活动往往提不起兴趣。因此,利用或改造课堂内外的实地环境也是必须的。比如,利用门窗、桌椅、讲台、黑板,把教室设想为图书馆、阅览室、宿舍、电影院、邮局、银行等,以引起学生的联想;而运动场、车站、码头、机场、马路等则适宜于在空旷的场所去营造,因为利用野外的花草树木、桥梁建筑、河道石块,更能激发学生的想象力。当然,这方面的设计和营造能力,教师只有多加实践才能获取,并在实践中提高捕捉情景的机动性和灵活性。

4. 学会制作和运用图画情景和多媒体情景

制作和应用图画和声像来营造某种情景,效果明显优于描述和想象。因为这样的情景可以与语言高度结合,促使学生学习时进行两种编码——语义编码和情景编码。由于情景和语言同时存放于大脑,因此,一旦外界有相同的情景刺激,就能较为快速地回忆起学过的语言文字。这就是第二语言学习之所以特别推崇利用图片和多媒体进行教学的原因。鉴于图片和多媒体的制作技术性较强,训练和培养得由简而繁,其程序大致可为:(1)搜集并利用与情景有关的图片;(2)学习绘制教学示意图;(3)训练拟写展示语言点的文字稿;(4)学会构思并在电脑上进行声、像、文字的合成。

诚然,教师不应该期望所有的学生都以相同的方式完成学习任务。而且教师应该根据学生的学习风格、学习偏好及个性发展来设计课堂活动包括视觉式的、听觉式的、动作式的、互动式及分析式的。[①] 因此,设计情景既要考虑到教学任务的实施,也应考虑到学生的语言水平和学习能力。这样,情景设计就并非是一种简单的教学方法,它是语言教师教学能力的体现。在语言教学界,情景设计并不是一个新的话题,此处之所以不吝篇幅,除了将情景设计放到汉语作为第二语言教学的教师能力培养层面进行新的阐释,更寄意于说明培养和提高汉语教师的教学能力,乃是汉语作为第二语言教学的重要而长久的任务。

① Marion Williams & Robert L. Burden. 语言教师心理学:社会建构主义模式[M]. 张红,王新译. 北京:外语教学与研究出版社,2011.

参考文献

毕继万.第二语言教学的主要任务是培养学生的跨文化交际能力[J].中国外语,2005(1).

毕继万.跨文化交际与第二语言教学[M].北京:北京语言大学出版社,2009.

陈绂,朱志平.跟我学汉语[M].北京:人民教育出版社,2009.

陈向明.实践性知识:教师专业发展的知识基础[J].北京大学教育评论,2003(1).

陈向明等.搭建实践与理论之桥——教师实践性知识研究[M].北京:教育科学出版社,2011.

戴桂芙等.初级汉语口语(下册)[M].北京:北京大学出版社,1998.

戴桂芙等.初级汉语口语[M].北京:北京大学出版社,2006.

邓炎昌,刘润清.语言与文化——英汉语言文化对比[M].北京:外语教学与研究出版社,1989.

杜学增.中英(英语国家)文化习俗比较[M].北京:外语教学与研究出版社,1999.

傅道春.教师的成长与发展[M].北京:教育科学出版社,2001.

浮根成.中级汉语分类阅读(科技篇)[M].北京:北京大学出版社,2010.

桂诗春.实验心理语言学纲要[M].长沙:湖南教育出版社,1991.

胡裕树.深化汉语的词法研究[J].语言教学与研究,1994(4).

胡裕树.现代汉语(第5版)[M].上海:上海教育出版社,1995.

华东师范大学对外汉语教研室.基础汉语续25课[M].华东师范大学出版社,1989.

华东师范大学心理学系.心理学[M].上海:华东师范大学出版社,1984.

江新.对外汉语教学的心理学探索[M].北京:教育科学出版社,2007.

江新,郝丽霞.新手和熟手对外汉语教师实践性知识的研究[J].语言教学与研究,2011(2).

李德津,程美珍.外国人实用汉语语法[M].北京:华语教学出版社,1988.

李公宜.汉字信息字典[M].北京:科学出版社,1988.

李维.认知心理学研究[M].杭州:浙江人民出版社,1998.
刘立新.汉语快易通——中级口语听力[M].北京:北京大学出版社, 2003.
刘珣.体验汉语生活篇,体验汉语文化篇[M].北京:高等教育出版社,2007.
刘珣.新实用汉语课本[M].北京:北京语言大学出版社,2007.
彭聃龄.语言心理学[M].北京:北京师范大学出版社,1996.
戚雨村等.语言学百科词典[M].上海:上海辞书出版社,1993.
全国十二所重点师范大学联合编写.教育学基础[M].北京:教育科学出版社,2002.
邵瑞珍.学与教的心理学[M].上海:华东师范大学出版社,1990.
申莉,周士宏.谈汉语国际推广中文化认同的实现[J].国际汉语教育,2013(2).
汪琦.浅析反思型教师与汉语国际教育硕士培养[A].国际汉语教育人才培养论丛(第一辑)[C].北京:北京大学出版社,2008.
王珊.关于对外汉语课外延伸教学的思考[A].中国对外汉语教学学会第六次学术讨论会论文选[C].华语教学出版社,1999.
邬志辉.关于教学环境的几个理论问题思考[J].东北师范大学学报,1995(3).
吴丽君等.日本学生汉语习得偏误研究[M].北京:中国社会科学出版社,2002.
吴仁甫.汉字的识记[A].对外汉语教研论丛[C].华东师范大学出版社,1999.
徐文静,施琳娜.我的汉语教室[M].北京:人民教育出版社,2007.
徐子亮.对外汉语教学心理学[M].上海:华东师范大学出版社,2008.
徐子亮.试论对外汉语教材的认知含量[A].第十届国际汉语教学研讨会论文选[C].沈阳:万卷出版公司,2012.
徐子亮,吴仁甫.实用对外汉语教学法[M].北京:北京大学出版社,2006.
杨治良,郭力平,王沛,陈宁.记忆心理学[M].上海:华东师范大学出版社,1999.
叶奕乾,祝蓓里.心理学[M].上海:华东师范大学出版社,1996.
查有梁.课堂模式论[M].桂林:广西师范大学出版社,2003.
张必隐.阅读心理学[M].北京:北京师范大学出版社,2004.
张伯棣等. 英语分解式词汇表[M].北京:商务印书馆,1962.
张园. 培养对外汉语应用型硕士的教学实践能力——建设以实践性知识为基础的课程[A].国际汉语教育人才培养论丛(第一辑)[C].北京:北京大学出版社,2008.
张志公.现代汉语(中册)[M].北京:人民教育出版社,1982.

中国社会科学院语言研究所词典编辑室. 现代汉语词典(第五版)[M]. 商务印书馆,2005.

周小兵. 中级汉语阅读教程[M]. 北京:北京语言文化大学出版社,1999.

朱纯. 外语教学心理学[M]. 上海:上海外语教育出版社,1997.

朱原,吴景荣等. 精选英汉汉英词典[M]. 商务印书馆,牛津大学出版社,1986.

朱智贤. 儿童心理学[M]. 北京:人民教育出版社,1979.

迈克尔·葛里高利,苏珊·卡洛尔. 语言和情景(语言的变体及其社会环境)[M]. 北京:语文出版社,1988.

[德]威廉·冯·洪堡特. 论人类语言结构的差异及其对人类精神发展的影响[M]. 北京:商务印书馆,2011.

[美]John B. Best. 认知心理学[M]. 黄希庭主译. 北京:中国轻工业出版社,2000.

[美]R. L. 索尔索. 认知心理学[M]. 黄希庭等译. 北京:教育科学出版社,1990.

[苏] A. B. 彼得罗夫斯基. 普通心理学[M]. 北京:人民教育出版社,1981.

伊. 阿. 凯洛夫等. 教育学[M]. 北京:人民教育出版社,1957.

Marion Williams, Robert L. Burden. 语言教师心理学:社会建构主义模式[M]. 张红,王新译. 北京:外语教学与研究出版社,2011.

Bartlett F. *Remembering* [M]. Cambridge: Cambridge University Press, 1932.

Collier, M. J. & Thomas, M. *Cultural Identity: An interpretive perspective* [C]. Ed. Y. Y. Kim. & W. B. Gudykunst. P99—120.

Cortazzi, M. & Jin, Lixian. Cultural mirrors: materials and methods in the EFL classroom[A]. *Culture in Second Language Teaching and Learning* [C]. Cambridge: Cambridge University Press, 1999.

Elbaz , F. The teacher's " practical knowledge ": Report of a case study[J]. *Curriculum Inquiry* 11(1981): 43—71.

O'Malley& J. M. et al. *Learning strategies in Second Language Acquisition* [M]. Cambridge: Cambridge University Press, 1990.

D. Rumelhart. Schemata: the building blocks of cognition[A]. *Comprehension and Teaching: Research Reviews* [C]. Ed. J. Guthrie. Newark, Delware: IRA, 1981. 3—24.

后　记

本书是在《汉语作为外语教学的认知理论研究》的基础上进行的修订和增补。

《汉语作为外语教学的认知理论研究》出版于2000年，是本人撰写的第一本学术专著。当年，凭着对对外汉语教学事业的满腔热忱，带着长期一线教学的诸多问题，更多次参加学术会议（诸如由世界汉语教学学会举办的历届国际汉语教学讨论会、中国对外汉语教学学术讨论会等），进行广泛的学术交流而获得许多启示（特别难忘的是迄今为止，国际汉语教学讨论会唯一的一次在境外召开的会议——1999年在德国汉诺威召开了第六届国际汉语教学讨论会。那次会上，本人作了大会主题报告：外国学生汉语学习策略的认知心理分析），在深入学习和钻研的基础上撰写了这本著作。书成之后，曾获得很多前辈学者的肯定、鼓励与褒奖，也有不少同辈学人和同行与本人进行咨询、交流与探讨，更有众多学生在阅读中产生难点和问题求教。这以后，在不断的教学实践与科研中，又陆续发现了一些书中言犹未尽、需要充实或修正之处。于是在接下来的十多年中，在接着撰写出版的《对外汉语教学心理学》（华东师范大学出版社，2008）、《汉语作为第二语言的学习研究：认知模式与策略》（北京大学出版社，2010）、《欧美学生汉语阅读教学研究》（北京大学出版社，2013）等著作中分别从学习或教学的角度尽可能地就相关问题进行了进一步的探讨和阐述。即便如此，心中还是常有牵挂，并逐渐萌生了修订该书的愿望。随着时间的推移，这种想法越来越清晰与明确。

多年来沈岚老师先后担任了我的三部著作的责任编辑。随着长期的作者与编辑的互动与合作，彼此之间的交流日益深入。我曾经把修订该书的想法告诉她，但又为一些客观因素而犹豫，也曾有动笔而又作罢的波动。感谢沈岚老师，她给予我很多鼓励，也曾中肯地、实事求是地帮助我进行分析。她的意见总是让处于纠结中的我释然，而更多的，是她的耐心等待。2015 年 12 月在上海召开世界汉语教学学会会员大会暨第十二届国际汉语教学研讨会，我与沈岚老师在会上再次相见。这次见面又提到了修订《汉语作为外语教学的认知理论研究》一书之事，在沈岚老师的支持与帮助下，最终确定了修订事宜。

原以为修订一部书一定比新写要来得简单与容易。然而真正做起来却发现其实不然，事情远不如想象的那么简单。《汉语作为外语教学的认知理论研究》出版至今已 16 年之久，期间国际汉语教育事业有了卓著的发展变化。这不仅仅涉及教学——从内容到对象都有了很大的改变，科研方面也有了长足进步与深入拓展。原书中在当时颇具创新意义的一些内容在现今的学界已经变得习以为常、人人皆知。修改是必须的，但同时摆在面前的问题是如何翻出新意。经过反复思考，对全书的内容进行了较大的调整，重新拟定了新的章节目录。目录可说是这本书的大纲。大纲的修改，内容的确定，先后数易其稿。甚至有一次已经完成了两章的内容又全部弃之重起炉灶。在一遍遍的推敲、琢磨、思索中，全书面目日渐清晰，内容日趋完善充实，并最终形成了目前的书稿。

修订后的本书，有较大的变化。全书共十章，其中四章是新增写的内容，它们是第一章语言学习的心理过程、第四章汉语作为第二语言的课堂教学特点、第九章汉语教材的认知因素、第十章汉语教师教学能力培养。在原书基础上进行充实的章节有：原关于模式构建与匹配的内容现扩充为两章，并增加了模式应用示例：语体对听力理解的认知影响、关联词对欧美学生阅读理解的影响这两节。对于课堂教学的节奏、语言练习设计等内容进行了充实，并增加了语言实践在促进口语自动化中的作用这一节。此外删去了原书关于认知层级、教学设计与反馈、学习策略与应用策略等内容。

新内容的增加，一方面是从多年的教学中得到的启示，正所谓教学相长；特别是这十多年来指导硕士生和博士生，在给学生上课、指导论文、解答各种问题的过程中引发的思考。另一方面是近十年来国际汉语教育事业的飞速发展，海内外的多次讲学、国际汉语教师的培训、学术交流、以及担任汉语出国师资的选拔面试考官等各项工作都给予研究以及本书的撰写带来众多的启发，使自已在研究的过程中不断发现问题并力求解决问题而有所收获。

学无止境，研究也是无止境的。从当年进入对外汉语教学领域至今，倏忽间已度过整整三十五载春秋。可以说，人生中最美好的年华都奉献给了这份事业。在本书即将付梓之际，衷心感谢前辈师长、同辈学人以及所有给予帮助的人们；特别感谢我的学生，因为给你们授课，因为要解决你们带来的各种问题，极大地激励和推动我去进行探索、寻求答案，从而不断深入与开拓。

希望这本新书能够有益于读者，并赢得大家的喜爱。

徐子亮　二零一六年孟夏